# HANDLARZ WSPOMNIEŃ

## albo bitwa poetów

Jan Subart

# HANDLARZ WSPOMNIEŃ

## albo bitwą poetów

(transkulturowa powieść poetycka)

Warszawa 2009

JEDEN ŚWIAT
wydawnictwo

Wszelkie podobieństwo bohaterów książki do prawdziwych osób i wydarzeń jest przypadkowe.

Sub-Art

Prowadź nas drogą prostą,
drogą tych, których obsypałeś
dobrodziejstwami, na których nie jesteś
zagniewany i którzy nie błądzą.
Koran, Sura 1

Projekt okładki i nadruku płyty: Albina Horbaczewska

Fotografie zamieszczone na skrzydełku okładki pochodzą z archiwum artystów. Fotografię autora wykonała Julia Schumacher.

Konsultacja merytoryczna: prof. Marek Dziekan



Powstanie powieści współfinansowała niemiecka fundacja
**KUNSTSTIFTUNG ➲ NRW**

Warszawa 2009
Wydanie pierwsze
Skład i łamanie: Wojciech Ochocki

Wydawnictwo JEDEN ŚWIAT
ul. Dobra 28, 00-344 Warszawa
tel. (022) 827 76 02, tel./fax (022) 635 38 04
info@jedenswiat.pl
www.jedenswiat.pl

ISBN 978-83-89632-51-7
ISBN 978-83-89632-55-5 (płyta)

# Spis treści

# ROZDZIAŁ I

## SALIM I JEGO KSIĄŻĘCA BIAŁOŚĆ

Pusty kram, sprzedaję świeże, sprawdzone i prawdziwe wspomnienia – szyld nade mną, a we mnie?

Polifonia.

Wspomnienia się należą.

Wieczór w Akabie. Wtedy Mirek, nie, przepraszam, przecież to Jan jest bohaterem »Handlarza«, Mirek przyjechał na pustynię do pracy, Gas-Seek Inc., czyli poszukiwacze zaginionego gazu, biedny Mirek, przez tę podróż jego życie stanęło na głowie, dziennik prawdę powie, opowiadał Janowi, który jest bohaterem Jana, a jeszcze Kerim ze swoim pustym kramem wcisnął się jak kiepski żart.

Urzeczywistnił się.

Ale powieść napisał Jan.

A może wymyślił Piotruś Pan?

Mężczyzna i chłopiec, który nie potrafi się zdecydować...

Mówi Jan: U Raszida z Aleksandrii przeczytałem, co o Dżamili z Trypolisu napisała Malicha z Asmary.

»cześć mój szlachetny jak się masz?

mam nadzieję wszystko ok u ciebie ja w każdym razie dużo dziś myślałam o tobie więc byłam wreszcie w bimaristanie w aleppo gdzie nie zdążyliśmy pójść razem ale opowiem ci innym razem :-)

w ogóle sporo myślę o tobie

słuchaj ja bardzo chętnie wyjechałabym do niemiec polski czy któregoś z tych pięknych europejskich krajów żeby dalej studiować chciałabym zobaczyć jak tam wygląda jacy są ludzie jak żyje się w takim zimnym klimacie więc chciałam zapytać cię czy wiesz jak to zrobić żebym przyjechała gdzie mam pójść?

daj mi znać czekam na odpowiedź od ciebie

poza tym muszę ci coś powiedzieć o naszej przyjaciółce dżamili więc będziesz się śmiał no nie wiem powiedzieć ci czy nie teraz nie mam już wątpliwości ta pani jest z tych którym obsunęła się noga więc ona ciągle umawia się z nowym mężczyzną i ciągle przynosi prezenty przykro mi dżamila okazała się niedobrą kobietą i lepiej żebyś o tym wiedział od początku wydawało mi się że ona ma jakiś taki dziwny nos

dużo miłości ode mnie malicha«

Malicha pisała po angielsku, jakby to był arabski. Bez kropek i bez dużych liter.

Do »C@feinternet« przyszedłem z Salimem, który raz w tygodniu umawiał się na telefon z narzeczoną z Moskwy. Dzwoniła koło dziesiątej. Mieliśmy jeszcze czas. Przed wejściem przelaliśmy resztę piwa do puszek po Coli, aby Raszid nie kazał nam wypić przed drzwiami. Lokal nie miał koncesji na alkohol. Raszid kilka lat temu wyemigrował z Egiptu i w Akabie otworzył kawiarnię internetową. Na parterze ustawił kabiny telefoniczne, a na piętrze ogrodowe stoły z komputerami i plastikowymi fotelikami.

– A jak będzie, jak w zeszłym tygodniu – zaczął Salim, ledwo przeczytałem emaila Malichy – jak znów nie będzie mnie słyszeć?

Mimo późnej pory, na dworze był żar. Po drodze trochę wypiliśmy. Wejście po krętych, chwiejnych schodach sprawiło mi trudność.

– Co ma być?! – zapytałem rozdrażniony. Nie chciałem znów słuchać o jego dziewczynie. Ktoś by się raz spytał o moją! Zresztą, zabawa kłamstwem nie sprawiała mi już przyjemności. – Na pewno się uda – dodałem na odczepnego. Nos z emaila Malichy nie dawał mi spokoju. Sprytna dziewczyna. Chciała mnie zniechęcić do Dżamili.

– Mówiłem ci? Lubov ma trzydzieści pięć lat. Może jest za stara... – naciskał Salim.

A właśnie, jaki nos miała Malicha?

– Jak sądzisz?

Zapomniałem, jaki miała nos. Malicha była murzynką, więc pewnie krótki, na dole rozwarty.

– Na zdjęciach ci się podobała...

Nie! Już wiem! Zadarty nos z garbkiem. Trochę krzywy. Nasada ostra, o linii niknącej pośrodku czoła. A może to jest nos niedobrej kobiety... Skąd mam wiedzieć?!

– Czyżby? – zapytałem bardziej siebie niż jego.

– Może z Lubov jest coś nie tak – powiedział – skoro jeszcze nie znalazła męża.

Ja bym się obraził, gdyby ktoś rozmawiał ze mną tak, jak ja z nim.

– No, dopiero skończyłem dwadzieścia, wiesz... Ona mi pisze takie piękne listy. Nazywa mnie swoim kochaniem... Tylko, cholera, wszystko po angielsku! Próbowałem z rosyjskim, ale mało czasu. Zresztą, jak mam sobie poradzić? A ona po arabsku: nic. To trudne... Nie mogę od niej wymagać. Wiesz, że po rosyjsku Lubov znaczy miłość?

Niech mu będzie. Opowiem:

Rok temu Miłość przyjechała z wycieczką do Akaby. Salim był ich przewodnikiem, kiedy nurkowali na rafach. Śmiał się, że widział tylko rurkę i tyłek. Ona też musiała się dużo śmiać. Potem przyjechała jeszcze raz, specjalnie dla niego. Zapłaciła za pokój, przez kilka dni mieszkali razem. To był najszczęśliwszy tydzień w moim życiu, mówił mi później Salim.

– Ma dobrą pracę w koncernie. Jest farmaceutką. Specjalistką. Dużo zarabia...

Miłość pokazywała fotografie rodziców, mieszkania w centrum i daczy za miastem. Moglibyśmy tam mieszkać razem, mówiła. O nic się nie martw, nauczysz się rosyjskiego i wszystko będzie dobrze. W końcu to nie jest takie trudne.

Miłość obiecała zaproszenie.

– A ja tu jestem... sprzątaczem! – wybuchnął Salim. – Jeszcze oprowadzam wycieczki. Czasem z nimi nurkuję, ale to rzadko. Nic na stałe. Jak myślisz, ona chce, żebym się do niej przeniósł. Nie znam tam nikogo. No i musiałaby mnie utrzymywać. Ale co ja jej tu dam? Przecież ona nigdy nie nauczy się arabskiego. Żebym chociaż miał dobrą pracę... gówno! – splunął na podłogę. – Kobiety to mają łatwo. Dają wieczorem dziurki i tyle. Pięć minut, to nie fatyga. Siedzą w domu i o nic ich głowa nie boli. Ciesz się, jak w międzyczasie nie dają innemu. Bo kobieta nie nasyci się mężczyzną, tak jak oko nie nasyci się patrzeniem*... – przytoczył poetę. – Może tam u was tak nie jest, co?

Zawahał się.

– Czasem wolałbym urodzić się kobietą – powiedział ciszej. – Hajtnęliby mnie z kimś, a potem dawałbym się utrzymywać...

– Jak niewolnik – pomyślał... Właśnie, kto to myślał?

Salim bardzo dbał o swój wygląd. Codziennie rano starannie golił się zostawiając wąski zarost wzdłuż górnej wargi i przy kącikach ust prostopadle w dół, aż do brody. Miał zgrabne, smukłe dłonie i paznokieć małego palca dłuższy niż pozostałe. To znak, że jestem kawalerem – mówił. Mosiężna skóra, dyskretnie umięśnione ciało i gęste włosy przypominały orientalne postacie Gerome'a. Noszona tyłem na przód baseballówka, wytarte, szerokie dżinsy

---

* W tradycji literatury arabskojęzycznej cytaty nie są wyróżniane cudzysłowem ani kursywą. Czasem autor w ogóle nie podaje ich źródła. Jest w tym element swoistej gry z czytelnikiem: autor prowokuje go, aby sam rozpoznał zapożyczenia, dowodząc tym samym swojej ogłady literackiej. Zgodnie z tą tradycją w „Handlarzu wspomnień" nie wyróżnia się cytatów. Zamieszcza się natomiast szczegółowy wykaz cytowanych autorów w isnadach (łańcuchach przekazicieli, rozdz. 10), zamieszczonych dla uproszczenia na końcu książki.

i kolorowe, w sam raz na dekolcie rozpięte koszule świadczyły raczej, że ogląda dużo MTV.

– Pipipipip! Pipipipip! – telefon.

Salim zbiegł po schodach. Wziąłem puszkę i ospale zszedłem za nim.

– To nie do mnie. Ale zaraz zadzwoni. Musi! – zaklinał Miłość.

Wyszedłem. Niewykończone, betonowe stopnie prowadziły wprost na jezdnię. Zamiast chodnika leżało trochę szarego piachu, choć nie byłem pewien, czy to nie ziemia przekopana przy budowie. Dwupiętrowy budynek był nieotynkowany. Ze wsporników wirtualnego poddasza wystawało zbrojenie. Nad wejściem świeciła się niechlujnie zawieszona jarzeniówka i szyld »C@feinternet«.

Usiadłem na schodach. Łyk zimnego piwa i chropowaty beton przyjemnie mnie orzeźwiły. Kiedyś Salim przyniósł zdjęcia Miłości. Było ciemno. Spotkaliśmy się na miejskiej plaży. W świetle odległej latarni zapamiętałem bladą, przedwcześnie postarzałą twarz, plastikowe oprawki okularów i sympatyczny uśmiech. Spod kusej sukienki wystawały fałdy tłuszczu. Ma ona różane lica, czoło, co blaskiem zachwyca, biodra ma ociężałe, pas cienki, lico wspaniałe. Kto raz widział jej powolność, jej łagodny powab, tego już na zawsze wdzięk jej oczarował, wspominał Salim.

– Pipipipip! Pipipipip! – telefon.

– Halo, halo! Lubov? Lubov! – zaczął krzyczeć. – Du ju hir mi? Jeee… oh, aj lowju so macz…

Zszedłem ze schodów. Wydawało mi się, że go krępuję, choć naprzeciw kabin siedział Raszid. To chyba ja się krępowałem.

– Ona mnie bardzo kocha – Salim zwykle upijał się po telefonie. Zaproszenie ciągle nie przychodziło. Tylko te rozmowy, które w każdy piątek były jak wielkie święto. Nie śmiał ją wtedy o nic pytać. – To chyba najważniejsze, kiedy kobieta kocha. Ja nie wiem… Miałem w życiu tyle dziewczyn. Z Europy, z Ameryki, nawet z Australii... Jak przyjdziesz do mnie, pokażę ci zdjęcia. Lubov widzę przecież raz na pół roku. Ze wszystkimi robiłem zdjęcia. Pokażę ci!

– Kam, kam hir maj low! Aj misju so macz...

Miłość potoczyła się po ulicy wprost pod nogi policjantów. Ich amerykański jeep ledwie mieścił się na wąskiej jezdni w centrum. Mimo wiekowej przeszłości Akaba była miastem młodym. Wszystko, co nowe, było made in USA. Białe, wysoko zawieszone wozy policji patrolowały nadmorski bulwar. Rozmarzeni żandarmi oglądali się za dziewczynami. Nie szkodzi, że jeepy były za duże do centrum. Nie spacerowała tam żadna piękność. Wielkie samochody na szerokich ulicach, to się dziewczynom podobało. We dwie, trzy chodziły po deptaku w tę i z powrotem, trzymały się pod ręce i uśmiechały.

– Haszisz, haszisz, du ju łont? – zagadnął mnie chłopak w kapturze.

Ich opięte stroje wyzywająco zasłaniały ciało. Bystre, wymodelowane czarną kreską oczy kłóciły się z charczącą wymową, której brakło kobiecego wdzięku.

– Haszisz, haszisz maj frend!

– Nie, dziękuję – odpowiedziałem.

– Yes, plis łejt for mi – krzyknął Salim w kabinie, ale tamten zniknął już w zaułku.

Muezzini wzywali do wieczornej modlitwy. Bulwar wypełniał się ludźmi i policjanci zakładali ciemne okulary. Smukłe sylwetki przechodniów odbijały się w szkłach niczym wydłużające się cienie* cyprysów. W ulicznych kawiarniach zapalały się jarzeniówki. Schodzili się pierwsi goście. Opiekuńczy bracia wybierali miejsca i pokrzyki-

* Cień (zill) pochodzi w arabskim od rdzenia czasownikowego, który w dalszych tematach oznaczać może ciągłość i trwanie, osłanianie i zasłanianie się (też przed słońcem) oraz opiekowanie się ale także bycie pod czyjąś opieką.

wali na kelnerów. Gdy melasa fajek pachniała już truskawkami, cienie przerzedzały się i zapełniały osobne stoliki. Wścibska ręka pochwyciłaby zjawę, marzenie z męskich snów.

Słucham?

Kram, szyld, sprzedaje świeże, sprawdzone i prawdziwe wspomnienia.

Zatem jeszcze raz. Kiedy muezzini wzywali do wieczornej modlitwy, bulwar wypełniał się ludźmi. Niespodziewanie, pośród gwaru miasta, rozbrzmiewała przejmująca głębia – na minaretach włączały się megafony i buczenie napełniało okolicę; wzniosły głos demaskował starą świątynię – ktoś musiał zacząć; śpiew torował sobie drogę pośród hałasów miasta – muezzin regulował oddech na pierwszych samogłoskach; stopniowo wezwanie przenikało przestrzeń – ćwiczony głos tężał, a oddech nabierał miary; dołączało się następne miejsce i moc – za pierwszym odważnym szła reszta muezzinów; wibrujące śpiewy nakładały się i jeden wskazywał drogę drugiemu – kto kogo przekrzyczy, kto ma lepsze głośniki? Rozgrzane miasto drżało...

– Haszisz, haszisz? – zagłuszały megafony...

– Ratunku! – przestrzeń rozpadła się. Czy to muezzini podzielili miasto między siebie, wokół tego minaretu ja nadaję ton, a wokół tego ty?

– Spadaj! – megafony dudniły kakofonią i w Akabie nie było wielogłosu.

– Ja nie palę! – zawołał Salim. Nawet nie zauważyłem, kiedy przyszedł. – No, umówiłem się na za tydzień – położył mi rękę na ramieniu. – Było dobrze słychać. Wiesz, to jest moja wielka miłość... – poczułem alkohol. – Wracamy do komputerów? Pokażę ci coś.

Raszid ciepło uśmiechnął się do Salima.

– Na początku pożądanie nie większe jest od kropelki, dopiero powstrzymane morzem staje się wielkim – szepnął, jakby i on stawał do bitwy poetów.

Tym razem na schodach poszło łatwiej. Salim przystawił mi fotel do stolika i zalogował się na jakiś czat. Otworzyło się okno »Twój profil«.

– I jak? Piszemy kociak z Polski, blond, metr osiemdziesiąt, duży biust, czeka na inne cipki?

– Znaczy...

Salim wysłał opis, nie czekając na mnie. Odpowiedziała Czerwona Pantera: masz kamerę?

Salim wyłączył naszą oczywiście: a ty masz?

A co zrobisz, jak ci pokażę?

Wyliżę cię!

– Ty, Jan, tak to się piszę po angielsku?

– ...

Czerwona pantera: no to otwórz okno, kociaku!

– Gówno! – krzyknął Salim. – U was też są sami frustraci, co rwą się do lesbijskiego czata. Patrz!

W oknie Czerwonej Pantery męska ręka obejmowała penis i skokowo zmieniała pozycję: wolne łącze. Włochaty brzuch wypełniał ekran i nie było postaci człowieka.

– Idziemy! – Salim cisnął fotelikiem.

– Chłopaki, płacicie razem? To jest dwa dinary! – powiedział Raszid.

– Ty, potem używaliśmy tylko jednej maszyny. To jest dinar pięćdziesiąt – Salim położył monety na ladę.

– Nie zgłosiliście.

– Raszid, daj spokój. To jest mój przyjaciel – wskazał na mnie. – On nawet gada po arabsku. No i dziś udało mi się z Lubov.

– Po arabsku? – zdziwił się Raszid. – Po co ci arabski? Dziś wszystko i tak jest po angielsku – machnął ręką i zajął się swoim czatem.

Na sąsiednim rogu Salim wstąpił do sklepu. Kiwnął, abym dołączył, ale udałem, że go nie widzę. Chciałem postać sam.

Sam.

Siedzę z Mirkiem, on i ja, zatem lustro, szisza, już nie pamiętam, jak to dokładnie było. Mirek, ty pamiętasz?

Przyjechałeś do Syrii z Gas-Seek Inc. Mnie wtedy w ogóle nie było. Nikogo nie było, choć w zasadzie byliśmy wszyscy, tylko ty nic o tym nie wiedziałeś. Zresztą, może nie chciałeś wiedzieć. Już wtedy lubiłeś udawać. Mili koledzy w pracy i niezbyt piękna narzeczona. Grupkę przyjaciół los rozsiał po świecie. Gas-Seek było twoim pierwszym zleceniem za granicą. Przygotowywałeś się. Nawet nauczyłeś się trochę arabskiego.

Al-Dżumhurijja al-Arabijja as-Surijja. Powierzchnia sto osiemdziesiąt pięć tysięcy dwieście kilometrów kwadratowych. Stolica Damaszek ma około czterech milionów mieszkańców. Inne duże miasta to Aleppo, Latakia, Homs. Na wybrzeżu panuje klimat śródziemnomorski, na pozostałym obszarze kontynentalny. Ponad siedemdziesiąt procent społeczeństwa ma poniżej trzydziestego roku życia. Przyjęta w tysiąc dziewięćset siedemdziesiątym trzecim roku nowa konstytucja Syryjskiej Republiki Arabskiej stawia sobie za cel programowy zbudowanie społeczeństwa socjalistycznego. Na czele państwa stoi prezydent wybierany na siedmioletnią kadencję. Organem ustawodawczym jest jednoizbowa Rada Ludowa. Po śmierci prezydenta Hafiza al-Asada, sprawującego władzę od tysiąc dziewięćset siedemdziesiątego pierwszego roku do roku dwutysięcznego, prezydentem jest jego syn, Baszar al-Asad. Syryjska Republika Arabska jest krajem rolniczym, o stopniowo rozwijającym się przemyśle, ma znaczne zasoby surowcowe. Przemysł wydobywczy odgrywa ważną rolę. Najlepiej rozwinięte jest włókiennictwo oraz przetwórstwo.

Piszesz.

Przylot do Damaszku. Listopad. Jest pierwsza trzydzieści w nocy. Autobusem jedziemy prosto do bazy. Dziwię się, że jest tak zimno. Kiedy robi się widno, autobus jedzie przez pustynię. Mijamy Tadmur, czyli starożytną Palmirę. Nie ma wydm. Miejscami bardzo twarde podłoże. Spodziewam się problemów w ustawieniu parametrów wzbudzania. Eufrat przekraczamy w Dajr az-Zur. Dalej w stronę Al-Hasaka tereny półpustynne. Szczęśliwie nasz rejon okazuje się dostępniejszy. Rano dostaję mapy. Chłopaki zrobili kawał dobrej roboty.

Na bazie są trudności. W porcie od miesiąca przetrzymują sprzęt. Odebraliśmy wibratory, ale czekamy na jeepy. W grudniu spadają deszcze. Robi się grząsko. Na wielu odcinkach profilu używamy spychacza, aby oczyścić teren. Czasem urwiste ściany uniemożliwiają rozłożenie rozstawu. Naszym lokalnym doradcą jest emerytowany pułkownik. Pomógł nam zaangażować kontraktora siły roboczej i pośredniczy w rozmowach z beduinami. Miejscowi są ogromnie gościnni. Oczywiście, mało kto mówi po angielsku. Mój arabski na nic się nie przydaje. Nie udaje mi się śledzić konwersacji. Kiedy czytam napisy, zwykle ich nie rozumiem.

Pamiętasz?

Kiedy dotarły jeepy, kilka tygodni ciężko pracowaliście. Użeraliście się z miejscową biurokracją. Lokalni funkcjonariusze chcieli, abyście najpierw szukali im wody. Kiedy padał deszcz miejscowi przestawali pracować. Podziwiali was za odporność, ale tak naprawdę brakowało im kwalifikacji.

Warunki w bazie były spartańskie, choć zleceniodawca miał wygórowane wymagania. Przeklinałeś utylizację plastiku, bo w całym kraju nie było gdzie go zdać. Zbieraliście butelki po wodzie i wyglądało na to, że będziecie je wozić do Turcji. Rzadko był czas, aby wybrać się do miasta. W Damaszku nie byłeś ani razu.

Milczysz.

Z dziewczyną też nie układało ci się najlepiej. Łącza były fatalne i komunikatory ledwo działały. W styczniu kilka kilometrów od bazy powstało stanowisko Oil-Eco. Nafciarze mieli własne połączenie satelitarne. Zazdrościłeś im, że dostają więcej pieniędzy i mieszkają w nowych kontenerach, a nie jak wy, w odkupionych po Chińczykach.

Wzruszyłeś ramionami.

Praca, koledzy, żona, urlop. Życie dobrze ułożonego człowieka, jak ci mówił ojciec. Prawdziwy mężczyzna nigdy się nie poddaje. W Oil-Eco załatwiłeś sobie dostęp do szybkiego internetu. Za późno. Zresztą wątpliwe, czy zapobiegłbyś rozstaniu. Już przed wyjazdem nie układało się między wami dobrze. To koniec i nie próbuj mnie szukać, napisała w ostatnim emailu.

Wiosenne skwary do reszty popsuły ci nastrój. Wróciły migreny z czasów, kiedy byłeś chłopcem. Nocne ataki były tak silne, że budziłeś się i nie mogłeś spać. Denerwowały cię dzieci. Niby środek pustyni, a wszędzie było ich pełno. Ciekawskie, energiczne, czasem zaciekłe i okrutne, kiedy rzucały w was kamieniami. Nie. Ja wiem, że ty lubisz dzieci. Drażniło cię co innego. Każde rozumiało arabski lepiej niż ty. Byle sześciolatek mógł cię wystrychnąć na dudka.

W bazie nie było z kim porozmawiać. Byłeś najmłodszy i koledzy traktowali cię jak chłopca na posyłki. Dyrektor, przed sześćdziesiątką, zabrał swoją młodą żonę, jedyną kobietę w zespole. Co noc czekałeś, aż zaczną się kochać. Dziwiłeś się, że nigdy ich nie było słychać.

Kiedyś pułkownik zaprosił cię na wesele bratanka. Uroczystość przypadała w czasie urlopu. Żałowałeś, bo miałeś wrócić w kraju. Przepych tysiąca i jednej nocy przechodził ci koło nosa. Z pułkownikiem trochę się zaprzyjaźniliście, jeśli tak mogę powiedzieć. Siadaliście wieczorami w jego pokoju, piliście herbatę i on recytował wiersze. Dziwiłeś się, że zawodowy oficer tyle ich zna. Czy tu bitwy toczą się na słowa?

Z nim nauczyłeś się palić sziszę. Odurzony aromatycznym dymem słuchałeś poezji jak muzyki. Nie wiedzieć kiedy zacząłeś spokojnie zasypiać. Jakby matka znów całowała małego chłopca na dobranoc. Tak rzadko to robiła...

Al-Ma'arri, bliskowschodni Dante dwieście lat wcześniej, był dla ciebie wielkim odkryciem. Miałeś ulubione fragmenty i chciałeś, aby powtarzać je do znudzenia. Uczyłeś się niektórych strof i nuciłeś je jak melodię. Dowiedziałeś się o Zenobii, pięknej królowej Tadmur. Kobieta, która wbrew Rzymowi podbiła Egipt i sięgnęła po Armenię. Pokonana przez Aureliusza, z niewolnicy stała się filozofem i ozdobą salonów. Bojowniczka o wolność Bliskiego Wschodu, mówił pułkownik.

Jego ulubionym tematem były zawody poetów. To były dawne czasy, przed Mahometem. Może czasy Zenobii? W wąskich ulicach miasta raz do roku zbierali się poeci. Amatorzy i zawodowcy stawali naprzeciw siebie. Oczywiście, roiło się też od oszustów. Ludzie porzucali pracę, słuchali i wybierali. Kto się znudził, szedł i przysłuchiwał się w innym miejscu. Do finałowego pojedynku stawało dwóch najlepszych poetów. Potem świat jakby zaczynał się od początku.

Piszesz.

Z geologiem oglądam telewizję. Dokument o nowych złożach ropy drażni mnie. Ktoś by raz nakręcił o gazie! Reklamy wcinają się niespodzianie i są głośniejsze. Wyłączam to pudło. Geolog chrapie w foteliku. Na stole leży Nałkowska. Otwieram:

Fitek we dnie i w nocy był niejako zawieszony za pomocą łańcucha na długim drucie idącym górą nad podwórzem od parkanu z prawej strony, gdzie była furtka, do drewnianego budynku w lewym kącie podwórka. Fitek cały dzień albo leżał w budzie, przystawionej do owej szopy na drzewo, narzędzia i różne graty, albo w jakimkolwiek miejscu na kamieniach wzdłuż linii drutu, która była dla niego linią życia. Leżał zwinięty albo wyprostowany, na brzuchu albo, gdy było gorąco, na boku, szukał pcheł w różnych miejscach swego futra, drapał się, rozglądał, węszył, nasłuchiwał, stawiał uszy i znów kładł je po sobie. Czasami szczekał na odległość, obojętnie i matowo, z sobie jedynie wiadomych powodów, czasami wył znudzonym basem. Na pozór miał dużo do zrobienia, ale w istocie to życie, które wiódł niezmiennie przez dnie, tygodnie, miesiące i lata, było bez miary jednostajne i jałowe. Gdy pies domowy, biały wesoły szpic zbiegał na podwórze, podchodził nieraz do jego budy. Fitek roztapiał się wtedy ze szczęśliwości, pierwszy rozpoczynał zabawę, przypadał na przednie łapy, czołgał się wiewając ogonem, nadstawiał łeb szpicowi, aby go gryzł. Wprędce Lulu miał tego dosyć i odbiegał na parę kroków, zainteresowany czym innym. Fitek rzucał się w pogoń za nim, biegł chwilę, zapominając o swoim losie – i nagle, poderwany łańcuchem, stawał na dwóch łapach, charcząc i przebierając przednimi w powietrzu. Nigdy nie pamiętał, gdzie kończą się jego życiowe możliwości, i za każdym razem było to dla niego niespodzianką.

Pamiętasz?

Przecież przed geofizyką studiowałeś literaturę! Ojciec tak długo cię zniechęcał, aż zmieniłeś kierunek. Był inżynierem i chciał, abyś trafił do jego firmy. Ale ty chodziłeś do humanistycznej klasy i najbardziej lubiłeś panią od literatury. Kiedy przyszła rotacja, zmieniłeś decyzję. Zamiast wracać do kraju, postanowiłeś spędzić tu urlop. Bitwę wygrała poezja.

Dosyć! Powieść to nie kubeł, do którego wlewa się pomyje zwierzeń.

Zresztą, wspominałeś dopiero w Akabie. W twoim dzienniku nie ma przeszłości. Ojcowski porządek – tusz i linijka na śnieżnobiałym kartonie. Jeden kleks, synku, trzeba zacząć od początku. Matka zmarnowała w tej czystości życie. Mój ty Piotrusiu, mówiła w chwilach czułości, wieczne dzisiaj. Mimo trzydziestu lat nawet nie zacząłeś dojrzewać.

Jest Jan.

Nie przepraszam, przecież to Mirek przyjechał na pustynię do pracy, Gas-Seek Inc., czyli poszukiwacze zaginionego gazu... Od dziecka lubiłeś szukać. Pamiętasz patyki, które spuszczaliście rzeczką na wyścigi z kolegami? W Akabie miałeś czas. Kiedy jest gorąco, członki nie wysilają się ponad konieczność. Maczek arabski po prawej stronie, z prawa na lewo i twój, z lewa na... Ale bazgrolisz! Ledwo odczytałem twój dziennik.

To nie ja! Apatyczny był Jan.

Na papierze, ho, ho, ho! Zacząłeś tworzyć siebie takim, jakim zawsze chciałeś być.

O pierwszych dniach w Aleppo tak mówisz w Akabie.

Kupiłem mapy. W informacji dostałem broszurki. Czytałem je kilkakrotnie i zwiedzałem wszystko po kolei. W ciągu dnia bywało gorąco, choć wiosna jeszcze się nie zaczęła. Pojechałem do Ma'arrat an-Numan, małego miasteczka, gdzie urodził się niewidomy Al-Ma'arri. Poza krótką podróżą do Bagdadu mieszkał tam całe życie. Przy jego grobie spotkałem pułkownika. Okazało się, że ma tu rodzinę. To oni organizują wesele. Powiedziałem, że będę. Bardzo się ucieszył. Szybko się pożegnaliśmy, bo wybierałem się do martwych miast. W Ma'arrat nie ma hotelu. Chciałem skończyć przed nocą, aby zabrać się na autobus do Aleppo.

Martwe dziś miasta kwitły w okresie Bizancjum. Starożytne wille, łaźnie czy świątynie stoją tam do dziś. Spowite drżącym powietrzem ruiny wydają się pełne tajemnic. Dziwiłem się, że nikt ich tam nie szuka... Ech, przewrotne rumowiska, przejrzałem waszą grę! Trzeba wydeptać własne ścieżki. Mimo skwaru...

W martwych miastach byłem jeszcze wiele razy. Cierpliwie odkurzałem gabloty w prowincjonalnym muzeum, gdzie oczy łzawią nad odręcznymi opisami eksponatów. Czasem udawało się coś zrozumieć, ale to był męczący czas. Na twarzy dostałem pryszczy. Stopy piekły, jak przypalane, a ręce były wiecznie brudne. W pustych przestrzeniach muzeów strażnicy wgapiali się we mnie, jakbym był kosmitą.

Mijał czas, a tajemnice jakoś mi się wymykały. Rzeczy zakurzone... Uf! jaka ulga, kiedy wreszcie wychodziłem z muzeum. Zacząłem jeździć na wycieczki. Klasztor, gdzie Szymon stał na słupie, bizantyjskie bazyliki i meczety pierwszych kalifów. Rzymskie mosty, drogi i przygodni pasterze, co pokrzykują, jak na barana.

Jeszcze była telewizja. Hotelowe okno na świat. Tam zawsze widać lepiej i więcej. Styliści! Przed kamerami zrujnowane patia ożywają pluskiem fontann, a obumarłe ulice stają się oazami chłodu. Jak zaklęte otwierają się sale »Remont, przepraszamy«. Lektor uprzejmie przełoży opis, a eksponaty są doskonale oświetlone. Stopy na podnóżku i swojski smrodek lepsze są niż najświeższe cudze powietrze.

Decydujące starcie przyszło pod koniec urlopu. Milczenie rzeczy pchnęło mnie ku codzienności. Czy pułkownik opowiada teraz wiersze komu innemu? Zdradzieccy poeci! A jednak, to tak powinny wyglądać wojny. Prawda zatraca się wyrwana czasom i ludziom, których jest dziedzictwem. Łechta wyobraźnię fioletowym światłem pudła na komodzie. Pewnego ranka obudziłem się i podziękowałem muzeom, że nie są jeszcze jednym barwnym spektaklem. Byłem wdzięczny ruinom, że nie dały się opasać wielojęzyczną siecią drogowskazów i sklepów z pamiątkami. Kto by się zajmował przeszłością, na którą siusia rodzime bydło!?

Szkoda, że prowokacja tak długo zwodziła moją czujność. Zacząłem zagadywać pasterzy. Muzealni strażnicy też chętnie wdawali się w rozmowę. Jakoś się porozumiewaliśmy, w końcu było się humanistą... Przecież przed wyjazdem szczepiłem się w myśl zaleceń krajowego centrum medycyny tropikalnej. Na formularzu zakreśliłem »bliskie kontakty z miejscowymi« i »pobyt poza turystycznymi centrami«. No i najważniejsze »lokalne środki transportu i noclegi«. Na to dostaje się najwięcej zastrzyków.

Żegnaj porządku, witaj Pandoro!

Ale jak? Tu: gorąco, fajka, mój hotel, brzdęk! zapachy, Arabki o niedoścignionych kształtach arabeski... Dobre sobie! Zwodnicza forma nie chciała się do mnie dopasować. Na nic mapy z łacińskim nazwami. Kręte zaułki nie odwzorowują się na prostokątnych siatkach, choć azymut pochodzi z arabskiego.

Właśnie, postanowiłem zapisać się na arabski.

– Posłuchaj – powiedział mi nauczyciel na pierwszej lekcji – te wszystkie »skręć w drugą ulicę w lewo«, »pójdź sto metrów prosto« to jest wasz wymysł. Po arabsku brzmi sztucznie. Zresztą, po co pamiętać plany? Łatwiej po prostu zaprowadzić. Spacer w towarzystwie to przyjemność, a opisywać nie jest grzecznie... I uważaj, kiedy pytasz o odległość. Drogi nie mierzy się, jak idziesz sam. Dziesięć minut pogawędki i dziesięć w samotności to jest zupełnie inny czas.

Zacząłem słuchać.

Wąchałeś. Smakowałeś. Przecież bardzo lubisz gotować. Hobby, które za każdym razem wpisujesz do życiorysu. Mimo szczepień zaleca się nie jeść świeżych warzyw, owoców, ani mięsa, istnieje duże ryzyko zakażeń bakteryjnych przewodu pokarmowego. Dobre sobie! Kuszą narożne jadłodajnie, sprzedawcy pachnideł z suku* i handlarze warzywami. Objawienie w taksówkarskiej paplaninie.

Kiedyś szedłem ulicą i patrzcie! Idą, ciągną kable, dźwigają lampy i mikrofony. Wielcy Odkrywcy z kamerami. A kysz! Wstrętni mumifikatorzy. Objeżdżajcie cmentarze, wy, nekrofile wy! Ja wysiadam na przystanku »codzienność«. Swojski smrodek w antycznym kącie, to jest przyjemność!

– No, Jan! Co tak stoisz? – znów nie usłyszałem, kiedy Salim podszedł.

– Zamyśliłem się...

– Ty z tym twoim myśleniem... Żebyś się nie przepracował! Co ty z tego masz?!

Wzruszyłem ramionami.

Na plażę doszliśmy w milczeniu. Wieczorami rzadko kto tu zaglądał, choć piasek trzymał wilgoć, było rześko i pachniało morzem. Lubiłem to miejsce, bo zamęt miasta tu nie docierał.

– Twoje zdrowie!

Chlup! Piana z puszki polała się Salimowi po palcach.

– Twoje!

Deski dziurawej, odwróconej do góry dnem łodzi trawiła sól. Usiedliśmy na kilu podkurczając nogi. Nie było wygodnie, ale w każdym razie sucho.

---

* Nazwa targowiska – suk – wywodzi się w Arabskim od rdzenia oznaczającego pędzenie bydła, kierowanie i przewodzenie, który w dalszych tematach czasownikowych nabiera znaczenia składania towaru, kupowania, ale także stanu wzajemnej harmonii.

Mówi Mirek w dzienniku.

Miejska plaża w Akabie to nazwa jak na ironię. Mała łacha piachu wciśnięta jest między niewielki port jachtowy i skrzydła falochronu, które przysłaniają ogródek popularnej restauracji. Kikuty parasoli przypominają jej minioną świetność. Suche liście palm walają się po ziemi, a plastikowe stoliki są niczym wszechobecne karaluchy, które rozpełzły się po plaży. Od zachodu miasto obejmuje kres zatoki i ciągnie się w górę na północ, w stronę Ammanu. Nowsze dzielnice leżą w głębi lądu, między starym szlakiem a nowym, czyli granicą z Izraelem a drugim pasmem gór. Port towarowy i pasażerski są na południe, bliżej saudyjskiej granicy. To tam ciągną się rafy korali. Bulwar mija najpierw centrum, które położone jest wyżej na prawo, przechodzi koło jachtów i łączy się z nowym szlakiem. Tymczasem nadbrzeże zakręca, luksusowe hotele wyrzynają działki z zamkniętymi plażami, a jakby pójść dalej, jest Ejlat.

Tylko tam nie wolno chodzić.

– Dobre piwo, co? Ulps! Przepraszam. Byłem kiedyś w Ejlacie – Salim łuskał pestki słonecznika. – Nawet mi się podobało. – Chciałbym umieć tak jak on. – Żydowskie dzielnice są czyste i super nowe. Jak masz pieniądze, można kupić wszystko. Ale ludzie są niemili. Nie jak u nas... Dobrze, że tu jest strefa. Przynajmniej można pić. Wiesz, że w Ammanie policja wsadza, jak po pijaku złapią na ulicy? Całą Akabę musieliby wsadzić... Cha, cha, cha! Na granicy Żydzi strasznie męczą. Kontrolowali mnie cztery godziny. Idioci! Czy ja wyglądam na terrorystę!? Teraz już się nie wybiorę. Byłeś tam kiedyś?

– Nie – powiedziałem. – Wracam do Syrii. Jak mi twoi albo Żydzi podstemplują paszport, to Syryjczycy nie wpuszczą, żeby nie wiem co...

– Taaa... Masz, poczęstuj się!

Salim zawsze miał pestki w kieszeni. Najbardziej lubiłem prażone dynie. Tylko łuskanie mi nie wychodziło. Wszystkie moje ruchy były jakby udawane, podczas gdy ilekroć on sięgał ręką po pestki, dokonywało się coś pięknego, co nie wymagało udoskonalenia. Kiedy ustawał zamęt działania, ów kwietyzm gestu stawał się widoczny i ujawniał kulturę, której wiedziałem, że nigdy nie nabędę.

– Tfu! – rozgryzłem łupinę.

Wstydziłem się przy nim dłubać w zębach.

Jeszcze raz: ręce miałem wiecznie brudne.

– Taaa... Syryjczycy. Ja zmieniłem paszport – podjął Salim. – W Egipcie też nie lubią żydowskich stempli. Niby przepisów nie ma, a jednak nie lubią. W Syrii z góry wiadomo... Tfu! Zgniła pestka! – leniwa fala uniosła łupinę. Woda szybko parowała i pozostawiała krystaliczne smugi, zacierając granicę z Synajem.

Góry w Izraelu dzieli od gór w Jordanii cienki pas pustyni wciśnięty między Akabę i Ejlat. Nocą żydowskie latarnie wyglądają na przedmieścia królewskiego portu i w jordańskich prospektach turystycznych są niczym kolorowe tło u starego fotografa. Połyskujące kulisy kuszą, aby przepłynąć zatokę i skosztować zachodniego blichtru.

Tymczasem na pustyni ukrywają się snajperzy i pola min. Cywilne łodzie patrolują zatokę, a szczyty pokrywa sieć bunkrów. Po stoku żydowskiego wzgórza spływa bulwar z gęstymi rzędami latarni. Kiedy skręca samochód, smugi halogenów prześlizgują się po zboczach. Bawiłem się z kierowcami w chowanego. Przyglądałem się rzędom latarni, patrzyłem jakby obok i czekałem, aż żółtawy snop zdradzi zbaczający pojazd. Raz po raz udawało mi się wygrać, przechytrzyć światło orientalnego miasta.

– Słuchaj. Chcesz? Wpadniemy do mnie na kolację – przerwał mi zabawę Salim.

– Nie. Nie rób sobie kłopotu...

– Przestań. Żaden kłopot. Do jedzenia wystarczy.

– Mieszkasz z rodziną?

– Tak. Mam starszego brata i dwie siostry. Chociaż, w sumie... – zawahał się. Z restauracji doleciała krzykliwa, orientalna muzyka. – U nas w domu prawie nic nie ma. Rzygam tym jedzeniem! Dwa razy dziennie to samo. Humus, jajka i ser, który robi matka. Przepraszam cię. Nie będzie nic innego.

Mówi Mirek w dzienniku: humus koniecznie jeść z podsmażanymi ziarnami pinii, zakąszać arabskim chlebem, kwaszonymi warzywami, świeżą cebulą i miętą.

– Pycha! Uwielbiam humus! – powiedziałem.

– Ulps! Zawsze to samo... Wyobrażasz sobie!?

Co byście zrobili, gdybyście codziennie dostawali humus, jajka i ser, które robi matka?

– Ulps!

Biały książę, dobry i czysty jak mleko... A kysz! Łyk zimnego piwa przegonił kpiarza.

W dolinie, blisko morza, ukrywa się izraelskie lotnisko. Co parę minut samolot zawraca nad Synajem i podchodzi do lądowania. Kiedy maszyna jest poniżej gór, reflektory rozpływają się na tle śródmiejskich świateł i samolot niknie. Bałem się lotniczej katastrofy.

– Przedstawiłeś Lubov rodzicom?

Kolejne lądowanie uspokajało mnie.

– Nie...

Do następnego razu.

– Nie podoba im się, co robię. Że włóczę się z turystkami. Przynajmniej jest z tego trochę kasy! Zresztą z nimi o tym nie rozmawiam. Nie odróżniliby jej od innych. Poczekaj, przyniosę piwa. Masz drobne?

– Tak. Masz. Kup cztery! – rzuciłem za oddalającym się Salimem.

O pierwszych dniach w Aleppo tak mówisz w Akabie.

Mimo kurzu dużo się wtedy dowiedziałem. Zależy, z kim porównywać. Pasterze nie interesują się studiowaniem. Za to pasą owce. Baran ze świadomością... To by było coś! Ludzie otwieraliby się jak furtka, która wprowadza do egzotycznego świata. Już ja bym naodkrywał!

Znajomość kultury jest w podróży jak umiejętność czytania. Jest w tym trochę z onanizmu. Umiarkowany wysiłek bez emocjonalnego ryzyka. Kiedy omdlewa ręka, można chwilę odczekać i zacząć jeszcze raz. Prawdziwa podróż jest spotkaniem. Jest jak zakochanie i wstrząsa, jak rozstanie. Rozkosz i śmieszność są w podróży niczym dwie połówki rozerwane przez potężnego kpiarza.

Wbrew pozorom zawieranie znajomości nie było łatwe. Ciekawość dawała pretekst, aby zagadnąć egzotę.

– Halo przyjacielu! Jak się nazywasz?

– Takatak.

– O, to bardzo ładnie! A skąd pochodzisz?

– Stądistąd.

– O, to z daleka! A jak długo tu jesteś?

– Tyleityle.

– O, to długo! A co widziałeś?

– Toito.

– O, to dużo! Podobało ci się?

– Bardzobardzo!

– O, to świetnie! A masz żonę?

– ??

– Ej, dlaczego nie masz? Potrzebujesz pomocy?...

Co miało wyniknąć ze spotkania? Gdy jest gorąco, ciało nie wysila się ponad konieczność. Szukaliśmy na własną rękę. Przepraszam, o dłoniach będzie później. To był pomysł Kerima. Słuchać, wąchać i smakować. Grzeczność przechodnia okazała się jak plusk źródełka przed telewizyjną kamerą. Ucharakteryzowana przyjemność wyczerpuje się między tytułem i za szybko wyświetlaną listą płac. Można się razem przejść, byle potem szybko się rozejść.

W Aleppo otaczali mnie mężczyźni. Portierzy, kucharze, kierowcy taksówek i autobusów. Pasterze, sprzedawcy, kelnerzy i strażnicy. Jak chmara much natrętnie ciągnęli się za spoconym ciałem.

Pamiętasz?

W taksówkach: taki jesteś przystojny, podobasz mi się! Dziękuję, to ujmujące, ale dalej pójdę na piechotę. W przymierzalniach: ciężko jest podróżować samemu, bez dziewczyny, prawda? Jakoś daje sobie radę, przepuść mnie do wyjścia, dobrze?

Czasem chciałem być miły. Opowiadałem, że narzeczona pracuje w kraju i nie mogła przyjechać.

– Oj! Tak mi przykro! Wy tam tyle pracujecie! Wiesz, skoro jej nie ma, to nie jest zdrada. Po co ma cię męczyć pożądanie?

Wielu z nich miało rodziny i żaden nie uważał się za geja. Tylko makijaż psuł ci orientację. Nawet pułkownik depilował brwi. Jak najwięcej rozkoszujcie się miłością chłopców – w raju takich uciech przecież nie będzie, zapamiętałeś, jak deklamował.

Pewnego wieczora sporo wypiliście: męski romans się nie liczy, dupą nie zdradza się cip. Zresztą nikt go tak nie nazywa. On się w ogóle nie nazywa. Istnieje bezimiennie, a i to może się tylko wydaje. No powiedz, czy ty myślisz, kiedy masz chęć?

Tymczasem wątpliwości przybywało. Uścisk dłoni, czy nie trwał za długo? Palce prześlizgnęły mi się po nadgarstku, czy to był przypadek?

Żegnaj porządku, witaj Pandoro!

Najpierw myślałeś, że codzienność po prostu obnażyła twoje uprzedzenia. Przecież szukałeś egzotyki. Znajomości z mężczyznami zwykle przebiegały podobnie. Zaczynało się od współczucia: samotne noce w podróży są straszliwym cierpieniem! Potem przychodziły prowokacje: co to za przyjemność, przykładać rękę w pojedynkę! I propozycje: mogę ci ulżyć, dobrze, widzę, że ci się nie podobam, ale mam piękną znajomą, nikt jej się nie oprze... A kysz! Nie chciałeś, aby piękna znajoma sprawiała ci ulgę.

Wielu mężczyzn zachowywało się przy tym tak, jakbyś był kobietą. Miało to swój urok. Zabiegali o ciebie upominkami i zgadywali życzenia. Chcesz, zabiorę cię w ciekawe miejsce. Z góry roztacza się przepiękna panorama miasta, potem zapraszam na kolacje. Moja żona wspaniale gotuje. Panorama była urzekająca, kolacja i żona... Miło, że skorzystałeś z zaproszenia. Odwiedzisz mnie jutro w sklepie? Będę czekał...

– Jestem! – Salim ściskał puszki. – Gotów? Idziemy!

Zeszliśmy z plaży i minęliśmy »Trans-Jordan«, pozostawiając morze za plecami. Rozległy budynek firmy wcinał się w bulwar, zmuszając go do rozwidlenia. Salim pracował tu popołudniami. Nie wiedziałem, co robi, bo zawsze stał z kolegami przy furtce i pogwizdywał na dziewczyny. Czasem polewał dziedziniec wodą. Nawierzchnia schła błyskawicznie i spomiędzy spękanego bruku prześwitywała pustynia.

Dziś pod wieczór myślałem, aby pójść naokoło. Ale w upał każda zmiana przypomina o zbrzydłym byciu. Kurczyłem się. Marzyłem, aby zmieścić się do miseczki z wodą, w której w lodówce trzymałem ser, zapleciony w warkocze przysmak, który żmudnie się rozplątuje. Cały dzień pływałbym sobie wśród włókien sfermentowanego mleka. Kingsajz dla każdego!

Kiedy ciało ulega gorącu, powinno się pić, powinno ubrać się i zjeść, ale w upał nie czuje się pragnienia. Z braku wody boli głowa. Pulsowanie w skroniach i za oczami wytrzymuję, ciągnąc się za włosy albo ugniatając palcem czaszkę.

Samotnie prężyć się, aby pokonać słońce, to próżna wyniosłość. Lepiej leżeć przy źródełku, z cieniem padającym na twarz. Oparzona świadomość nie rozpoznaje skutków i etyka chowa się przed gorącem. Moment nieuwagi, a niebo pęka wzdłuż i wszerz, by lunąć ogniem. Ciało spręża się, ręka zaciska na rewolwerze i spust ustępuje. Ogłuszający trzask, jak gdyby krótkie uderzenie stukające do wrót nieszczęścia. Upały nie są dla samotnych egzystencjalistów.

Kiedy dziś zastanawiałem się, czy obejść »Trans-Jordan«, aby mnie Salim nie zauważył, myśl, że go spotkam, że on znów opowie mi historię Miłości i będzie czekał, że podejmę za niego decyzję wyjazdu do Rosji, była mi wstrętna. Naokoło i do hotelu!

Godzinę później trochę się ochłodziło. Pot nie zalewał mi oczu, a koszulka wyschła w podmuchach orzeźwiającej bryzy. Poczułem radość. Do Moskwy! Mój przyjacielu... Podbiegłem do bramy »Trans-Jordan« i zawołałem mocą paradoksu:

– Jestem!

Za firmą jezdnie bulwaru przegrodzone były płotem z drucianej siatki. Aby przejść na drugą stronę, musieliśmy kawałek obejść. Po środku ulicy zakładano pas zieleni, roboty były na wykończeniu. W świetle stylowych latarni połyskiwały kolorowe główki spryskiwaczy niczym zabawki porzucone przez dzieci. Ławki pachniały lakierem. Na świeżo oheblowanym drewnie zbierała się żywica. Obwiedzione cienką blachą klomby przypominały ogrody francuskie. W płytkie dołki wzdłuż chodnika wsadzono drzewka o kształtach nadzianych na patyki stożków i kul.

– Tutuuut! – zatrąbił czerwony Ford, choć szliśmy przepisowo po chodniku.

– Salim, znasz go?

– Nie, a dlaczego pytasz?

– To po co on trąbił?

– Pewnie myślał, że jesteś dziewczyną!

Szuja! Skręciliśmy w boczną uliczkę. Podłużne bloki wyłoniły się z mroku pobłyskując fioletem z telewizorów. Naprzeciw był mój hotel. Wczoraj, jak wróciłem, portier, młody Palestyńczyk, oglądał w recepcji rozbierające się dziewczyny na Polsacie.

– Cześć Polska! – powiedział, jak zwykle, kiedy mnie widział. – Jak to, znowu wracasz sam? Jeszcze nie znalazłeś dziewczyny? Nasze ci się nie podobają, co? Pewnie! Wy to macie cipki... Ale ty już tu jesteś... Poczekaj, mówiłeś, że kilka miesięcy, tak? To nie idzie wytrzymać. No, żebyś mi nie poplamił ścian! – sięgnął po klucz. – Może chcesz pooglądać? Powiesz mi, co one mówią?

Czułem się źle. Drażniło mnie, że jestem facetem. Jednym z tych, co obrabiają laskę, patrząc w goliznę na ekranie. Położyłem się spać, wierząc, że na mój powrót czeka ukochana i że to jej bohatersko dochowuję wierności.

Salim mieszkał niedaleko sklepu. Pod domem zagadnął żołnierzy z patrolu. Uściskaliśmy się czule, choć widzieliśmy się pierwszy raz. Ich dialektu w ogóle nie rozumiałem. Stanąłem na uboczu.

Sobie sam.

O pierwszych dniach w Aleppo tak mówisz w Akabie.

Mężczyźni pozwalają tu widzieć świat jakby na jedno oko. Ech, kobieta w Oriencie... Zawsze miałeś belferską nutę. W bitwie na słowa dydaktyka ma swoje miejsce. W Aleppo zacząłeś czytać, jakbyś znów był studentem. Biblioteka konsula, instytut kultury, uniwersytet. Kilka tygodni ledwo wychodziłeś.

Pamiętasz?

Dla miejscowej kobiety spotkanie z białym nie jest na miejscu. Słaby mężczyzna nie oprze się piękności. Jak mu pomóc? My wymyśliliśmy emancypację. Pozbawiliśmy kobiety atrakcji i zamordowaliśmy namiętność. Ale jest inne wyjście. Można hołdować miłości ograniczając jej pola do działania. Na przykład, nie wpuszczając do domu.

Męskiej natury nie da się zmienić. Wyobraźmy sobie ulice bez hidżabów... Porwałyby się do lotu sokoły na one kaczki dzikie, wstałyby tulipany w zgodzie z narcyzami i cukier by się zmieszał z róży płateczkami. Rozkosze miłości są zapowiedzią wieczności, tak mawiał pułkownik. Lecz ziemia to nie raj. Wiele jest podniety do grzechu, gdy społeczność rywalizuje z miłością. Skąd bierze się anarchia? Kiedy upada rodzina i obyczaje? Tragedie rodzą się, gdy upojeni kochankowie zaniedbują wspólnotę i modlitwę. Już lepsze jest wielożeństwo. Jeśli kobiety dzielą się miłością, żadna nie posiądzie mężczyzny.

Ale Bóg wejrzał na swoje owieczki: na ziemi zajmujecie się mną ku mojej chwale i upodobaniu. Lecz po śmierci czekają was rozkosze w ramionach dziewic i kawalerów. Modlitwa w niebie nie jest nikomu potrzebna. Co rajskie, to do raju! I proszę, bez niepotrzebnych spotkań.

Milczysz.

Czasem koleżanki w pracy przymykały oko i w biurze turystycznym mogłeś porozmawiać z miłą panią agent. Kiedy wchodził miejscowy, odgrywaliście przedstawienie. A nuż był znajomym męża? Dreszczyk emocji mijał szybko i rzeczywistość szczerzyła kły. Gdy przegnaliście intruza, strach niczym smrodliwy bąk truł powietrze w klimatyzowanym pomieszczeniu. Pora była się zbierać. Lojalność koleżanek okupiona była wścibską ciekawością i niekończącymi się plotkami. Na ulicy chmara much natrętnie ciągnęła się za twoim spoconym ciałem. Dziewczyny zaraz się do ciebie uśmiechały.

Zaburzona spontaniczność odebrała ci jasność sądów. Spojrzenia i gesty, wcześniej tak bardzo naturalne, teraz prowadziły na manowce. Tu nawet narzeczeni rzadko pokazują się we dwoje. Wiem. Jesteś przystojny i dziewczyny się za tobą oglądają. Ale może zapytać nauczyciela?

Biały książę, dobry i czysty jak mleko.

Konspiracja w ciemnych okularach miała swój urok. Ale czy królewicz jest poszukiwaczem prawdy? Być fair wobec kobiet Arabii i ich się nie wyrzekać. »Poznajmy się bez nadziei«. A pod spodem małymi literami. »Dyskrecja gwarantowana«.

O maniaku rozkładających się nóg! Kobiety wierzyły, że rozmawiam z nimi dla pozoru. Propozycja musiała być dyskretna, ale czytelna. Zapatrzeni w siebie narzeczeni nad szklanką herbaty w oświetlonej kawiarni... Niedogodności znosi się, gdy wcześniej było jak sobie ulżyć. Na szczęście jest dość chętnych panów. I rozwódki czasem okazują miłosierdzie.

Socjalizm i monarchia to systemy łaskawe dla obcych. Importowana swoboda rozprzestrzenia się w nich jak zaraza. Stawką jest biały królewicz. Przyjemnie jest zaspokoić ciekawość, lecz ciśnienie w jądrach nie zależy od ojczyzny. Szybko, bo inna może być jeszcze szybsza.

Pocieszałem się, że to tylko odwrócenie kobiecego poniżenia. Przecież zamkniętej w domu dziewczynie doświadczenie zastępuje telewizor. Poczekajcie, już ja wam pokażę! Precz uprzedzenia, precz seksizmy! Misjonarz innej męskości.

To byś naodkrywał. Furtki rozwierałyby się i zapraszały do innego świata... Wymyślić narzeczoną. A to pomysł! Dopiero się zaręczyliśmy i bardzo się kochamy. Nie mogliśmy razem wyjechać, ale codziennie do siebie piszemy. Wspaniała doba Internetu! Czegóż to nie naplotłeś? Szorowanie zębów przed fotografią zaczepioną o lustro w hotelowej łazience. Płatki, które przygotowywała ci każdego ranka specjalnie wstając, jadłeś tu dalej sam.

Tyle się nachodziłem, aby w Damaszku kupić owsiankę!

Bajka o miłości. Takie rzeczy ujmują kobiety. Liczyłeś, że dzięki niej pozyskasz zaufanie. Rozdział płci wzmacnia lojalność, która jest wrogiem emancypacji.

Mówisz.

Rzadko oszukiwałem ludzi i nie byłem przyzwyczajony robić tego systematycznie.

Dzięki bajce miałeś odzyskać spontaniczność. Bezpieczeństwo fabuły czyli jak złowić prawdę na przynętę z kłamstwa. Ale robak! Oszustwo od razu wciągnęło cię w swoją grę. Swoją przeszłość układałeś, łącząc to, co zdarzyło ci się z kobietami, z marzeniami o tych, z którymi się nie udało. Oszukiwanie szybko przestało ci przeszkadzać. Pragnieniom nadawałeś realność i stawałeś się takim, jakim zawsze chciałeś być.

Mówcie mi Jan!

Bawiłeś się swoją postacią. Dawałeś mi się urzec. Sny, gdzie dziewczyna, w której kochałeś się bez wzajemności, podchodzi, obejmuje cię i szepcząc ci we włosach pyta, czy chciałbyś zostać jej chłopakiem, zamieniały się w historię pierwszej randki. I nie koniec na tym. Swoboda nie dawała ci zdecydować, jak wygląda twoja narzeczona. Przecież tyle jest pięknych kobiet! Musiałem pilnować, żeby marzenie nie podsuwało ci coraz to innej twarzy.

Nauczyciel arabskiego opowiedział kiedyś o dworcu autobusowym w pewnym mieście na Wschodzie. O ludziach ze spuszczonymi oczyma. To było w czasach, kiedy nie było jeszcze telewizji.

Pewnego razu zjawił się handlarz. Rozstawił pusty kram z tabliczką: »Sprzedaję świeże, sprawdzone i prawdziwe wspomnienia«.

– Jeśli komuś brakowało własnych przeżyć – opowiadał nauczyciel – kiedy niemoc przykuła go do łóżka, albo interesy zmusiły do wyjazdu w dniu, gdy w mieście zdarzyło się coś niezwykłego, coś, o czym wszyscy tygodniami potem opowiadali, sprzedawca pomagał wyjść z opresji. Ceny nie były wygórowane.

Handlarz wspomnień, jak to pięknie brzmi... Swoją przeszłość tworzyłem dla ludzi, którzy własną wymyślali dla mnie. Poczułem się im równy i trochę bardziej bezpieczny. Uwieść pięknymi dziejami, spędzić miło czas i grać, atmosfera, która uniesie słuchaczy i samego narratora. Czasem liczy się jakiś przyziemny cel. Prawdy nie szuka się w ludzkich biografiach.

– Po arabsku – ciągnął nauczyciel – wiedza, pochlebstwo i zatajanie łączą się w jednym słowie...

Fabryka snów, której jestem właścicielem. Uwieść pięknymi dziejami, panie, panowie! Ale czy Jan jest człowiekiem Wschodu? Handlarz wspomnień, lub błędny rycerz, który w Ziemi Świętej szuka swojego Graala.

– Ten wyższy to mój kuzyn – powiedział Salim, kiedy żołnierze odeszli. – Nie przedstawiałem was, bo na służbie nie mogą gadać z obcymi. Następnym razem, dobra?

– Nie ma sprawy, mamy czas – skłamałem. Nie mówiłem mu, że zabieram się za pisanie książki.

Przed podłużnym blokiem rósł fikus. Gęsta korona wdzierała się na balkon, przesłaniając antenę satelitarną. Zrobiło mi się smutno, bo w domu nigdy nie udało mi się wyhodować tak zielonych, wspaniałych liści.

– Poczekaj chwilę – powiedział Salim, przytrzymując mnie za ramię. – Przepraszam cię.

Jego rodzina mieszkała na parterze. Otwarte drzwi prowadziły do przedsionka. Pokój zasłaniała kotara. Schowałem się za fikusem i zajrzałem w okno. Na podłodze siedziały matka i siostra. Spodziewały się wizyty, bo miały zawiązane hidżaby. Kobieta nosiła brudnoszarą dżallabę, zużytą i poplamioną. Córka była niska, gruba, pod brodą wisiały fałdy tłuszczu. Zielony dres z napisem »Nike« czynił jej sylwetkę jeszcze mniej proporcjonalną.

Salim przeprosił siostrę, kazał jej się ukryć i dał matce czas, aby się uładziła. Dziewczyna wyglądała z kuchni. Jej ciepłe, brązowe oczy wzbudzały sympatię.

– Chodź! – zawołał Salim zza kotary.

Zdjąłem buty. W pokoju ukłoniłem się matce, choć jej mnie nie przedstawił.

Wyciągnięta na podłodze, przedwcześnie postarzała kobieta przyjrzała mi się uważnie i odpowiedziała cicho pełna rezygnacji.

– Ojca nie będzie – powiedział Salim ni to do niej, ni do mnie. – Wróci późno z pracy.

Jeszcze raz: Wyciągnięta na podłodze, przedwcześnie postarzała kobieta pozdrowiła mnie wylewnie i zasypała pytaniami.

Pośrodku masywnego segmentu stał telewizor. W serialu osiemnastowieczne damy spacerowały wsparte o mężczyzn w białych perukach, w burbonkach i z żabotami. Ich upudrowane włosy i ściśnięte gorsetem talie nienaturalnie wyszczuplały sylwetki. Scena rozgrywała się wśród sztucznych drzewek udających ogród francuski. Nagle na spacerowiczów rzuciła się banda obdartusów. Nikt nie zrozumiał ich wrzasków.

– Poznajcie się – przeszliśmy do drugiego pokoju i Salim wskazał brata. – Mój brat Fatih. Fatih, to jest Jan.

– Fajnie – Fatih poderwał się z kanapy. – A to mój kumpel. Chcesz łyknąć? – na podłodze stały puszki piwa i prawie pusta butelka taniej whisky.

– Dzięki, siadajcie – powiedziałem. Stanie wyraźnie sprawiało im trudność.

– Jan, ty siadaj! Zaraz przyniosę foteliki – Salim wyszedł na balkon.

Na obdrapanej, wspartej na cegle komodzie stał drugi telewizor. Teledysk z MTV grał tak głośno, aby przekrzyczeć obdartusów.

Jeszcze raz: Teledysk z MTV grał tak głośno, aby nikt nie słyszał, o czym się mówi.

– Dzięki! Bardzo jesteście mili – uśmiechnąłem się.

Włosie dywanu przyjemnie drażniło stopy. W pomieszczeniu brakowało mebli. Było gorąco. Przy otwartym oknie brzęczał wentylator, ale powietrze i tak kleiło się do ciała. Pot znów zalewał mi oczy i twarz połyskiwała tłuszczem. Nad wejściem do pokoju wisiała deska z kaligrafią z Koranu. Obok zdjęcie wielkiego meczetu w Mekce przyprószonego brokatem i otoczonego gwieździstą aureolą. Na ekranie roznegliżowana piosenkarka prześlizgiwała się między tancerzami w jakimś wirtualnym wnętrzu.

– Niezła laska! – zauważył Fatih.

Do drzwi zapukała siostra. Nie pokazując się, wsunęła tacę z jedzeniem. Brat zawołał jeszcze, aby przyniosła szklanki. Ser był pyszny, humus z supermarketu, trochę mniej dobry. Salim jeszcze raz przeprosił, że nie ma nic innego.

– Daj spokój! – powiedziałem. – Smakuje mi. Podziękuj mamie ode mnie.

Po zjedzeniu siostra dyskretnie odebrała tacę i przyniosła herbatę. Salim wyciągnął zdjęcia z pudła na podłodze.

– Patrz!

Dziewczyny pozowały w tym samym studio. Fotograf dobierał kolory tła do barwy oczu. Chłopak stał zawsze z tyłu, ona siedziała. Wiele kobiet przekroczyło pięćdziesiątkę. Było kilka zdjęć na pustyni, z wielbłądami albo przed klubem nurkowym.

– Gustujesz w dojrzałych, co?

Piosenkarka pląsała teraz między rejami jachtu.

– Daj spokój. Mówiłem ci, że wszyscy jesteśmy zdesperowani! – Salim schował zdjęcia. – To co, może przejdziemy się jeszcze?

– Już, dopiję herbatę.

I tak mógłbym opowiadać, jak spędzam ostatni wieczór w Akabie, wspomnieć o dudku – posłańcu i o szczęśliwym telegramie dla Salima, który dostałby zaraz po naszym wyjściu z domu, mówić o tym, jak wracam do Damaszku i idę do łaźni, gdzie spotkałbym malarza Gerome'a oraz pewną ważną dla mnie osobę, może najważniejszą, bez której nic by nie było, tej książki na przykład by nie było, ale też kim był Szymon Słupnik i dlaczego tyle lat stał na słupie, o tym jak niemiłe mogą być urzędy emigracyjne, choć czasem wynikają z tego pouczające rzeczy, szczególnie, gdy przewodnikiem jest karzeł o dwóch twarzach. To wszystko mógłbym opowiedzieć. Ale poczekajmy. Początkiem wszystkiego jest wesołość.

Weselmy się razem z piękną panną młodą, z panem, też młodym, choć już nie tak bardzo młodym, weselmy się razem, tym razem wszyscy razem.

Niech mówią!

# ROZDZIAŁ 2

## SALOMON ALBO GŁOSY NIE TYLKO BOSKIE

Mówi Mirek w dzienniku.

Dwa miesiące urlopu minęły szybko. W niedzielę rotacja. Jeszcze to wesele i wracam. Czytam wspomnienia Europejki, żony egipskiego dostojnika sprzed stu lat. Wizyta na ślubie przeraziła ją. Panna młoda była dwunastoletnim dzieckiem. Przebierano ją i niczym lalkę pokazywano kobietom od sali do sali. Jutro bawimy się wspólnie. To już coś. Z niechęcią myślę o powrocie do bazy. Ostatniego dnia przed urlopem była impreza. Wybraliśmy się na wspólną kąpiel. Pięciu zapuszczonych chłopa w wodzie siarkowodorowej w wywierzysku z wapieni kawernistych helwetu. Ras al-Ajn. To mi życiowa przyjemność! Chrapanie w zużytym kontenerze... A może nie wracać?

Pamiętasz?

Jest południe. Idę wzdłuż murów mediny*. Suk, łaźnie i meczety kryją się pod zabudową miasta. Od strony hotelu umocnienia biegną u stóp wzgórza, na którym rozciąga się starówka. Przytulna, jak mój pokój. Co prawda brakuje klimatyzacji, ale można otworzyć łazienkę, odkręcić kran i ochłodzić się oparami zimnego strumienia.

Wszedłem do Aleppo przez Bramę Damasceńską.

Medina wznosi się aż do nasypu, który wygląda jak wulkan. Krawędź krateru spinają nieregularne mury, które pozostały po cytadeli. Kompleks bram z murowanym mostem prowadzi do środka, gdzie na wielkim gruzowisku odbudowano meczet, kilka budynków gospodarskich i amfiteatr. Cytadelę zburzyli Mongołowie, którzy spalili Bagdad i przedarli się do Damaszku w trzynastym wieku. Masywną bramę przecina pas filigranowych inskrypcji. Poniżej jest

---

* Medina (właśc. madina) to arabski odpowiednik starego miasta, czyli zabudowań w obrębie murów miejskich, ale także słowo określające miasto.

rów, gdzie kiedyś płynęła woda. W małej willi po lewej stronie mieści się urząd emigracyjny.

Tu dostałem swoją szansę.

W dole zniszczony mur wysuwa się z szeregu i odsłania nowe miasto oraz widok pod spód, na łuki bram suku. Przed wejściem do tuneli rzemieślnicy naprawiają obuwie na starych Singerach. Handlarz owoców sprzedaje pomarańcze z wózka bez drabin. Gwar biegnącej wzdłuż bramy ulicy miesza się z pozdrowieniami dzieci i wrzaskiem kotów, wyszarpujących resztki z toreb na śmieci. Z dala dobiega muzyka fletu. Bębenek i drewniana grzechotka nadają melodii prosty, powoli narastający rytm.

Przysiadłem na krawędzi muru.

Naprzeciw mieści się mały dworzec. Raz po raz odjeżdżają autobusy, ale ludzie jakby nigdzie się nie spieszą. Solo fletu pęcznieje pod murami, aż melodia wdrapuje się po załomie i kieruje do meczetu. Nad podniszczoną ścianą obsuwa się kopuła. Wśród pozbawionej dekoracji zabudowy ozdobny portal świątyni zaprasza do środka.

Poczułem dreszcz.

Mimo że świeci słońce, jest chłodno. Mrowie przechodzi wzdłuż kręgosłupa, dosięga piersi i rozprasza się poniżej bioder, pozostawiając dziwną niepewność. Czy to zimno przedziera się przez kurtkę? A może to stara świątynia przejmuje mnie dreszczem doskonałości?

Jakiś kot zaczyna się do mnie łasić. Wokół zbierają się dzieci.

Mówi Mirek w dzienniku.

Długopisy to jest zmora. Przy każdych ruinach czai się chmara dzieci i już z daleka domaga się podarunków. Kilka razy zabrałem garść bic'ów, ale zawsze zostawało więcej niezadowolonych. Obdarowany szybko odchodził. Pozostali robili się bardziej agresywni.

Dzieci szepczą między sobą, poszturchują się i bacznie mi się przyglądają. Pytam malców, jak się nazywają, sam piszę swoje imię, transkrybując je na arabski.

– Jestem Jan. JA-N.

Dziewczynka z kucykiem wdrapuje mi się na kolana i dumnie patrzy na pozostałych. Nagle łapie mnie za nos. Daję się namówić na zabawę i oboje ciągniemy się, ku uciesze reszty.

– JA-N!

Kiedy z domu wychodzi kobieta, dziewczynka ucieka. Zziajany pozdrawiam piękność. Wychodzi niepewnie. Niedojrzałość wisi w powietrzu niczym smrodliwy bąk, o którym nie wiadomo, czy dopiero przepraszając, nie zwraca się na niego uwagi.

Do miejscowej diety trzeba się przyzwyczaić.

Kobieta miło się uśmiecha. Spod hidżabu kokieteryjnie wymyka się lok. Pachną świeże pomarańcze. Dziewczynka wraca, choć już nie odważa się usiąść. Ktoś tłucze talerze i w niewidocznym mieszkaniu wybucha awantura.

Kiedy wstaje, dzieci ożywają. Zaczynają piszczeć, biegają, kilku chłopców bierze się za ręce i tarasuje przede mną ulicę.

– JA-N! JA-N!

Jakiś malec wskakuje mi na plecy.

– JA-N! JA-N!

Przy bramie dzieci zatrzymują się. Długo wołają, choć mnie już nie widać.

**Zrób to sam!**

Następuje ćwiczenie wyobraźni: jaka mogłaby być ta książka, gdyby jej Jan nie napisał, a handlarz nie wspomniał.

Co, jednak nie? Niechęć do ćwiczeń? Oto dane i dialogi czyli lektury Mirka.

## Scena

Obszerna sala. Światło wpada przez okna, z których wyzierają gapie. Plastikowe foteliki stoją w szeregach, jak ławy w kościele. Szerokie przejście prowadzi do podestu z sofą o pozłacanej bordiurze i zielonym obiciu. Dookoła niej kosze z liliami, rumiankiem i nasturcjami. Na boku pseudorokokowy stolik zastawiony jedzeniem. Ogródkowe stoły z bufetem pod ścianami, jednorazowe nakrycia, szisze. Nie ma alkoholu. Mimo otwartych okien jest duszno.

Orszak panny młodej spóźnia się. Pan młody i jego goście są w komplecie. Z boku stoi kadi*, trzyma dokumenty do podpisania. Osoby nie pojawiają się na scenie. Widzowie sami wyobrażają sobie bohaterów. Słychać tylko, co mówią. W tle odgłosy tańca i jedzenia.

---

* Nazwa sędziego – kadi – wywodzi się od rdzenia oznaczającego wykonanie, spędzanie czasu, osądzanie, w dalszych tematach czasownikowych domaganie się i egzekwowanie, czynienie koniecznym, ale także ginięcie i przepadanie.

## Osoby

Kerim – pan młody. Po arabsku znaczy szlachetny. Mówią że przybył z dalekiego kraju. Bywa mądrym władcą Salomonem, znaczy Sulajmanem, a może ascetą Szymonem Słupnikiem, znaczy fakirem Samanem, który wycofał się z życia i stał na słupie, bywa też jeszcze kimś innym.

Dżamila – panna młoda. Po arabsku znaczy piękność, która od razu odsłania swoją piękność. Mówią że to Libanka z Trypolisu, co mieszka w Jordanii i studiuje w Damaszku. Bywa Królową Saby, znaczy Bilkis albo Śniada Piękność, która zakochała się w Salomonie, a może w Szymonie Słupniku, bywa też jeszcze kimś innym.

Malicha – siostra panny młodej. Po arabsku znaczy piękność, która powoli odsłania swoją piękność. Mówią, że to Erytrejka z Asmary, która mieszka i studiuje w Damaszku. Bywa żoną księżniczką i żoną drugorzędną, bywa też jeszcze kimś innym.

Walid – brat pana młodego. Po arabsku znaczy młodzieniec. Mówią, że to obibok z Akaby. Bywa kalifem-poetą, odstępcą zamordowanym za obrazoburstwo i dekadencję, choć pisał dobrą poezję, bywa też jeszcze kimś innym.

Harun – brat pana młodego. Po arabsku znaczy Aaron czyli mówca. Mówią, że to portier hotelu w Damaszku. Bywa kalifem-imperatorem, powszechnie szanowanym, choć był bratobójcą i kobieciarzem, który zapoczątkował rozkład imperium, bywa też jeszcze kimś innym.

Salim – brat pana młodego. Po arabsku znaczy zwyczajny. Mówią, że to Jordańczyk zakochany w Miłości. Czasem chciałby być Sulajmanem, Samanem, Harunem i Walidem, kto wie, może jeszcze kimś innym.

Mirek – brat pana młodego. W języku dalekiego kraju znaczy sławiący pokój. Mówią, że jest geofizykiem i humanistą, pisze dziennik i wspomina. Też czasem chciałby być Salomonem, Szymonem, Harunem, Walidem, kto wie, może jeszcze kimś innym.

Jan – brat pana młodego. W języku dalekiego kraju znaczy ten, który cieszy się łaską Boga. Mówią, że jest bohaterem powieści, włóczęga, który zamiast coś robić, myśli. Bywa kim chce, bywa jeszcze kimś innym.

Handlarz wspomnień – każdy nim jest, mniej lub bardziej.

Raszid, po arabsku znaczy rozsądny.

Emerytowany pułkownik, jego rodzina.

Brat Salima Fatih, po arabsku znaczy otwierający i jednocześnie zdobywca.

Jego kumpel.

Mikołaj, nauczyciel arabskiego.

Matka rozdrażniona.

Czarnooka ruda.

Szatynka o brązowych oczach.

Niebieskooka blondynka.

Zielonooka brunetka.

Szpakowaty chudzielec.

Ryży grubas.

Karłowaty pasterz.

Gorliwy animator.

Udręczeni rodzice.

Baraszkujące dzieci.

Muskularny z tatuażem.

Dwaj somalijscy sprzedawcy.

Czterej Irakijczycy.

Jeszcze dwaj Irakijczycy.

Chadiża, matka Dżamili

Chłopiec Muhammad.

Młoda nauczycielka arabskiego i jej mama.

Elektronik i jego rodzina.

Pijak.

Szajch i jego syn.

Marin, po arabsku znaczy gibki.

Murzyński chłopiec i jego rodzice.

Ali Akbar, po arabsku znaczy największy z konotacją wynoszenia się i bycia uciążliwym, ale też po prostu mostu.

Kelnerzy.

Tancerki.

Deklamatorzy.

Rapsodzi.

Małpa.

Tresowany struś.

Poeci, bardzo dużo poetów.

Portierzy, bardzo dużo portierów.

Wujek Ibrahim, po arabsku znaczy Abraham.

Przyjaciel Boga nazywany pogardliwie trawojadem.

Asceci.

Kuglarze.

Zjawy.

Pionki.

I Inni.

A wszyscy są sobie braćmi i siostrami.

**Dialog I**

Głos mówi: – Jan, wstawaj! Tańcz z nami!

Głos mówi: – Najpierw lewa stopa!

Głos mówi: – Lewa!

Głos mówi: – Słuchaj rytmu! Raz!

Głos mówi: – Lewa!

Głos mówi: – Szybciej! Ulllalala!

Głos mówi: – Licz! Trzy, cztery... Lewa!

Głos mówi: – Jest!

Głos mówi: – Ulllalala!

Głos mówi: – Lewa!

Głos mówi: – Ręce! Jan, prowadź!

Głos mówi: – W prawo w kółko!

Głos mówi: – Ulllalala!

Głos mówi: – Raz, dwa... Lewa!

Głos mówi: – Gdzie jest panna młoda?

Głos mówi: – Gdzie jest Śniada Piękność?

Głos mówi: – Ulllalala!

Głos mówi: – Jak nie ta, będzie inna!

Głos mówi: – Naprzód*!

Bra-wo! Oklaski i gwizdy słychać przez dziesięć sekund. Czyli numery wszystkich rozdziałów: jeden, dwa, trzy, cztery, pięć, sześć, siedem, osiem, dziewięć, dziesięć.

---

* Jan Subart, *Handlarz wspomnień albo bitwa poetów*, Warszawa 2009; XXI wiek.

## Dialog II

Głos mówi: – Nic nie jest tym, czym się wydaje*.

Bra-wo! Oklaski i gwizdy słychać przez dziesięć sekund. Czyli numery wszystkich rozdziałów: jeden, dwa, trzy... Policzcie sobie sami!

* David Lynch, *Ogniu krocz za mną*, Francja/USA 1992; XX wiek.

## Dialog III

Głos mówi: – Twoim przeznaczeniem jest łgarstwo. (...) Póki zmyślałeś, zmyślałeś rzeczy, które nie były prawdą, ale się nią stawały. (...) Sam pokochałeś swoje urojenia, pisałeś listy, których nikt nie napisał, czytający rozpływali się w zachwycie, nawet ta, za którą je pisałeś. (...) A kiedyś zapragnął jeden jedyny raz uczynić coś prawdziwego (...), spotkała Cię klęska: stworzyłeś coś nie do wiary, czego nikt by nie chciał. Lepiej więc, byś zamknął się w świecie twoich dziwów, tam bowiem będziesz mógł przynajmniej decydować, jak dalece będą właśnie dziwami*.

Bra-wo! Oklaski i gwizdy słychać przez dziesięć sekund. Czyli numery wszystkich rozdziałów: jeden, dwa, trzy... Policzcie sobie sami!

---

* Umberto Eco, *Baudolino*, Warszawa 2001 (tłum. Adam Szymanowski); XX wiek.

## Dialog IV

Głos mówi: – Jan, wstawaj! Tańcz z nami!

Głos mówi: – Najpierw lewa stopa!

Głos mówi: – Lewa!

Głos mówi: – Słuchaj rytmu! Raz!

Głos mówi: – Lewa!

Głos mówi: – Szybciej! Ulllalala!

Głos mówi: – Licz! Trzy, cztery... Lewa!

Głos mówi: – Jest!

Głos mówi: – Ulllalala!

Głos mówi: – Lewa!

Głos mówi: – Ręce! Jan, prowadź!

Głos mówi: – W prawo w kółko!

Głos mówi: – Ulllalala!

Głos mówi: – Raz, dwa... Lewa!

Głos mówi: – Gdzie jest panna młoda?

Głos mówi: – Gdzie jest Śniada Piękność?

Głos mówi: – Ulllalala!

Głos mówi: – Jak nie ta, będzie inna!

Głos mówi: – Naprzód*!

Bra-wo! Oklaski i gwizdy słychać przez dziesięć sekund. Czyli numery wszystkich rozdziałów: jeden, dwa, trzy... Policzcie sobie sami!

---

* Jan Subart, *Handlarz wspomnień albo bitwa poetów*, Warszawa 2009; XXI wiek.

## Dialog V

Głos mówi: – Zakochany przychodzi do domu ukochanej i puka do drzwi.

Głos mówi: – Kto tam?

Głos mówi: – To ja, twój kochanek!

Głos mówi: – Ale drzwi pozostają zamknięte. Zakochany codziennie przychodzi i puka, codziennie drzwi pozostają zamknięte. Pewnego dnia znów przychodzi i puka.

Głos mówi: – Kto tam?

Głos mówi: – To ty!

Głos mówi: – I drzwi natychmiast się otwierają*.

Bra-wo! Oklaski i gwizdy słychać przez trzy sekundy. Czyli numery rozdziałów: cztery, pięć, sześć.

---

* Przypowieść przekazana ustnie (tłum. autora).

## Dialog VI

Głos mówi: – Królowa Saby, usłyszawszy rozgłos o Salomonie, przybyła, aby przez roztrząsanie trudnych zagadnień osobiście przekonać się w Jerozolimie o mądrości Salomona. Przybyła ze świetnym orszakiem i wielbłądami dźwigającymi wonności i bardzo dużo złota oraz drogocennych kamieni. Następnie przyszła do Salomona i odbyła z nim rozmowę o wszystkim, co postanowiła. Salomon zaś udzielił jej wyjaśnień dotyczących wszystkich zagadnień, przez nią poruszonych. Nie było zagadnienia nieznanego Salomonowi, którego by jej nie wyjaśnił. Gdy królowa Saby ujrzała całą mądrość Salomona oraz pałac, który zbudował, jak również zaopatrzenie jego stołu w potrawy i napoje, i mieszkanie jego dworu, stanowiska usługujących mu, jego szaty, jego podczaszych i ich ubiory, i jego całopalenia, które składał w świątyni Pańskiej – wówczas wpadła w zachwyt.

Głos mówi: – Woń twych pachnideł słodka, pociągnij mnie za sobą! A nie patrz na mnie, żem śniada, bom piękna! Wskaż, gdzie pasiesz swe stada i wprowadź mnie do domu wina! A łoże nasze z zieleni!

Głos mówi: – Postać twa wysmukła jak palma, a piersi twe, jak grona winne. Rzekłem: wespnę się na palmę, pochwycę gałązki jej owocem brzemienne. Tak! Piersi twe niech mi będą jako grona winne, a tchnienie twe, jak zapach jabłek.

Głos mówi: – Pociągnij mnie za sobą! Pobiegnijmy! Wprowadź mnie, królu, w twe komnaty!

Głos mówi: – Z Libanu przyjdź, oblubienico, z Libanu przyjdź i zbliż się! Oczarowałaś me serce, siostro ma, oblubienico, oczarowałaś me serce jednym spojrzeniem twych oczu, jednym paciorkiem twych naszyjników. Jak piękna jest miłość twoja, siostro ma, oblubienico, o ileż słodsza jest miłość twoja od wina, a zapach olejków twych nad wszystkie balsamy! Miodem najświeższym ociekają wargi twe, oblubienico, miód i mleko pod twoim językiem, a zapach twoich szat jak woń Libanu. Ogrodem zamkniętym jesteś, siostro ma, oblubienico, ogrodem zamkniętym, źródłem zapieczętowanym. Pędy twe – granatów gaj, z owocem wybornym kwiaty henny i nardu: nard i szafran, wonna trzcina i cynamon, i wszelkie drzewa żywiczne, mirra i aloes, i wszystkie najprzedniejsze balsamy. Tyś źródłem mego ogrodu, zdrojem wód żywych spływających z Libanu.

Głos mówi: – Podziwiają ją dziewczęta i zwą ją szczęśliwą, królowe i nałożnice ją wysławiają: »Kimże jest ta, która świeci z wysoka jak zorza, piękna jak księżyc, jaśniejąca jak słońce, groźna jak zbrojne zastępy*?«

Bra-wo! Oklaski i gwizdy słychać przez pięć sekund. Czyli numery rozdziałów: jeden, trzy, cztery, siedem, osiem.

---

* Kompilacja fragmentów II. Księgi Kronik i Pieśni nad pieśniami z *Biblii Tysiąclecia*, Stary Testament, Poznań 2003; prawdp. VIII-V wiek p.n.e.

## Dialog VII

Głos mówi: – Salomon zrobił przegląd ptaków i powiedział: »Dlaczegoż nie widzę dudka? Czyżby był nieobecny? Ukarzę go niechybnie karą surową albo, doprawdy, go zabiję, chyba że przyniesie mi wyraźne usprawiedliwienie!« Lecz on niebawem się zjawił i powiedział: »Dowiedziałem się o czymś, czego ty nie wiesz. Przynoszę ci od ludu Saba wieść pewną. Oto znalazłem kobietę, która króluje nad nimi; ona otrzymała wszystko i ma wspaniały tron. Znalazłem ją i jej lud oddających pokłon słońcu, poza Bogiem. Szatan upiększył im ich działania i odsunął od drogi; nie idą więc drogą prostą. Nie oddają oni pokłonów Bogu, który wyprowadza z ukrycia to, co jest w niebiosach i na ziemi, i który wie, co ukrywacie i co ujawniacie«. Tak więc kiedy ona przybyła, powiedziano jej:

Głos mówi: – Wejdź do pałacu!

Głos mówi: – Kiedy ona go zobaczyła, sądziła, że to jest tafla wody, i odsłoniła swoje nogi. On powiedział: »To jest pałac wyłożony taflami z kryształu.« Ona powiedziała: »Panie mój! Uczyniłam sobie niesprawiedliwość; razem z Salomonem poddaję się całkowicie Bogu, Panu światów!«

Głos mówi: – A wśród dżinów były takie, które pracowały dla niego, za pozwoleniem Boga. A którykolwiek z nich odchyliłby się od Naszego rozkazu, to dalibyśmy mu zakosztować ognia piekielnego*.

Bra-wo! Oklaski i gwizdy słychać przez sześć sekund. Czyli numery rozdziałów: jeden, trzy, sześć, siedem, osiem, dziewięć.

---

* Kompilacja fragmentów Sury XXXIV i Sury XXIV za *Koranem,* Warszawa 1986 (tłum. Józef Bielawski); VII wiek.

## Dialog VIII

Głos mówi: – Zaś uczeni różnili się w jej sprawie, choć twierdziła większość z nich, że gdy Bilkis nawróciła się na Islam, Salomon zapragnął ją poślubić, lecz spostrzegł jej gęsto owłosione nogi, poczuł niechęć i zawołał, jakże to wstrętne, więc zapytał ludzi, jak je usunąć, zaś ci odpowiedzieli, brzytwa! Zatem rzekła Bilkis, nie dotknęło mnie nigdy żelazo, więc poczuł Salomon niechęć do brzytwy i powiedział, wszak ono porani jej nogi i zapytał dżinów, lecz oni odpowiedzieli, nie wiemy! Więc zapytał szatanów, ale oni odwrócili się od niego, mówiąc, nie wiemy, skoro naciskał, powiedzieli, użyjemy podstępu, aby jej nogi stały się jak polerowane srebro i wznieśli łaźnię*.

Bra-wo! Oklaski i gwizdy słychać przez pięć sekund. Czyli numery rozdziałów: jeden, trzy, cztery, siedem, dziewięć.

---

* As-Salabi, *Dzieje Proroków*, Damaszek rok nieznany (tłum. autora); XIII wiek.

## Dialog IX

Głos mówi: – Rzekłem mu: Ja cię jednak w końcu oczaruję,
nawet żelazo zmienia z czasem kształt.
Do nóg ci rzucę całą moją miłość
i będę czule patrzył, jak mi się poddajesz.
Uległ mi wreszcie i obdarzył szczęściem,
bowiem Bóg czyni zawsze to, co zechce*.

Bra-wo! Oklaski i gwizdy słychać przez sześć sekund. Czyli numery rozdziałów: trzy, cztery, pięć, sześć, osiem, dziewięć.

---

* Abu Nuwas, za Janusz Danecki (opr.), *Poezja arabska – wiek VI-XIII*, Wrocław 1997 (tłum. Aleksandra Witkowska i Janusz Danecki); VIII/IX wiek.

## Dialog X

Głos mówi: – Gdy pewnemu wielkiemu panu powiedziano, że jego syn się zakochał, ten odparł: – Dzięki niech będą Bogu, teraz będzie uprzejmy i sympatyczny, spokojny w gestach i elegancki w ruchach, miły w słowach i poważny w tym, co mówi: będzie zachowywał się swobodniej, gdyż poświęci się Pięknu, stroniąc od Brzydoty*.

Bra-wo! Oklaski i gwizdy słychać przez pięć sekund. Czyli numery rozdziałów: jeden, cztery, pięć, sześć, dziewięć.

---

* Ibn Kajjim al-Dżauzijja, za Wiebke Walther, *Kobieta w islamie*, Warszawa 1982 (tłum. Janina Szymańska); XIV wiek.

## Dialog XI

Głos mówi: – Jesteś zatem zaślepiony i brak Ci rozsądku, bo kochasz osobę, której nigdy nie widziałeś. Gdybyś już nawet pokochał któryś z obrazów w łaźni, uważałbym cię za roztropniejszego*.

Bra-wo! Oklaski i gwizdy słychać przez cztery sekundy. Czyli numery rozdziałów: trzy, cztery, pięć, sześć.

---

* Ibn Hazm, *Naszyjnik gołębicy*, Warszawa 1976 (tłum. Janusz Danecki i Aleksandra Witkowska); XI wiek.

## Dialog XII

Głos mówi: Walidzie! Twoje serce jest śmiertelnie chore,
Porażone miłością do uroczych kobiet.
Tak. Kocham dziewczę niezwykłej urody.
Ujrzałem ją w południe na stopniach kościoła.
Z czułym zachwytem śledziłem jej kroki
I wtedy zobaczyłem, że całuje drewno
Ułożone w kształt krzyża. O biada każdemu,
Kto będzie mógł podziwiać krzyż tak uwielbiany.
Jakże bym chciał na chwilę zająć jego miejsce,
Choćbym miał paść ofiarą piekielnych płomieni*.

Bra-wo! Oklaski i gwizdy słychać przez cztery sekundy. Czyli numery rozdziałów: jeden, trzy, sześć, dziewięć.

---

* Al-Walid Ibn Jazid za Janusz Danecki (opr.), *Poezja arabska – wiek VI-XIII*, Wrocław 1992 (tłum. Aleksandra Witkowska i Janusz Danecki); VIII wiek.

## Dialog XIII

Głos mówi: – Czy ślady, które już znikły, są wspomnieniem Majji?

Czy przeszedł tędy piaskiem sypiący huragan?
Z namiotów pozostały tylko połamane kije
i palenisko, w którym wygasły już iskry,
wodopój o wydeptanych przez wielbłądy brzegach,
zatarte i niewidoczne dawne miejsca zabaw*.

Bra-wo! Oklaski i gwizdy słychać przez trzy sekundy. Czyli numery rozdziałów: siedem, osiem, dziewięć.

---

* Prawdop. Ghajlan Ibn Ukba zwany Zu ar-Rumma, za Al-Hamadani, *Opowieści łotrzykowskie*, Warszawa 1983 (tłum. Janusz Danecki); VIII wiek.

## Dialog XIV

Głos mówi: – Filolog zapytał pewnego beduina: – Czym jest u was miłość?

Głos mówi: – Nieustannym na siebie patrzeniem, a gdy jest całowaniem, jest rajem.

Głos mówi: – U nas to nie jest miłość.

Głos mówi: – Czym jest ona w takim razie dla was?

Głos mówi: – Kiedy rozchylasz nogi kobiety i wchodzisz w nią.

Głos mówi: – Och, nie, ty nie kochasz, tylko pragniesz dziecka*.

Bra-wo! Oklaski i gwizdy słychać przez trzy sekundy. Czyli numery rozdziałów: jeden, cztery, pięć.

---

* Ibn al-Waszsza za Wiebke Walther, *Kobieta w islamie*, Warszawa 1982 (tłum. Janina Szymańska); IX wiek.

## Dialog XV

Głos mówi: – Suknię z siebie zdjęłam, mam więc znów ją wkładać? Stopy umyłam, mam więc znów je brudzić? Ukochany mój przez otwór włożył rękę swą, a serce me zadrżało z jego powodu. Wstałam, aby otworzyć miłemu memu, a z rąk mych kapała mirra, z palców mych mirra drogocenna – na uchwyt zasuwy. Otworzyłam ukochanemu memu, lecz ukochany mój już odszedł i znikł; życie mię odeszło, iż się oddalił. Szukałam go, lecz nie znalazłam, wołałam go, lecz nie odpowiedział.

Głos mówi: – Król Salomon pokochał też wiele kobiet z narodów, co do których Bóg nakazał, nie łączcie się z nimi, i one niech nie łączą się z wami, bo na pewno zwrócą wasze serce ku swoim bogom. Jednak Salomon z miłości złączył się z nimi, tak że miał siedemset żon księżniczek i trzysta żon drugorzędnych. Jego żony uwiodły więc jego serce, i zwróciły je ku bogom obcym, wskutek tego serce jego nie pozostało szczere*.

Bra-wo! Oklaski i gwizdy słychać przez pięć sekund. Czyli numery rozdziałów: trzy, cztery, sześć, osiem, dziewięć.

---

* Kompilacja fragmentów z Pieśni nad Pieśniami i I. Księgi Królewskiej za *Biblią Tysiąclecia*, Stary Testament, Poznań 2003; prawdp. VIII-V wiek p.n.e.

## Dialog XVI

Głos mówi: – Jan, wstawaj! Tańcz z nami!

Głos mówi: – Najpierw lewa stopa!

Głos mówi: – Lewa!

Głos mówi: – Słuchaj rytmu! Raz!

Głos mówi: – Lewa!

Głos mówi: – Szybciej! Ulllalala!

Głos mówi: – Licz! Trzy, cztery... Lewa!

Głos mówi: – Jest!

Głos mówi: – Ulllalala!

Głos mówi: – Lewa!

Głos mówi: – Ręce! Jan, prowadź!

Głos mówi: – W prawo w kółko!

Głos mówi: – Ulllalala!

Głos mówi: – Raz, dwa... Lewa!

Głos mówi: – Gdzie jest panna młoda?

Głos mówi: – Gdzie jest Śniada Piękność?

Głos mówi: – Ulllalala!

Głos mówi: – Jak nie ta, będzie inna!

Głos mówi: – Naprzód*!

Bra-wo! Oklaski i gwizdy słychać przez dziesięć sekund. Czyli numery wszystkich rozdziałów: jeden, dwa, trzy... Policzcie sobie sami!

---

* Jan Subart, *Handlarz wspomnień albo bitwa poetów*, Warszawa 2009; XXI wiek.

## Dialog XVII

Głos mówi: – Kiedy z kimś rozmawiamy, nasz wzrok kieruje się najpierw na jego twarz (...). Kiedy mówię do kogoś, nie zwracam się do jego szkieletu, ani do czynności, które mój rozmówca wykonuje, tylko reaguję na to, co wyraża jego twarz. To samo dzieje się, kiedy przedmiotem studiów są społeczeństwa. Wiem, że poza wyrazem twarzy znajduje się jeszcze coś, co go wywołuje i formuje, coś, co jest tak samo prawdziwe, jak to, co dostrzegam na początku: wymianę spojrzeń między nami i oddech (...). Widzę je razem, jak tworzą jedność, która objawia się, a potem znika, by znów ukazać się za chwilę niczym arabscy jeźdźcy doby romantyzmu*.

Bra-wo! Oklaski i gwizdy słychać przez pięć sekund. Czyli numery rozdziałów: trzy, cztery, pięć, sześć, dziewięć.

* Jacques Berque, za Albertem Houranim, *Der Islam im europäischen Denken*, Frankfurt nad Menem 1994 (tłum autora); XX wiek.

## Dialog XVIII

Głos mówi: – Wierzę w nieskończone serie czasów, w rosnącą i zawrotną sieć czasów zbieżnych, rozbieżnych i równoległych. Ta przędza czasów, które zbliżają się, rozwidlają, przecinają i które przez wieki o sobie nie wiedzą, obejmuje wszystkie możliwości*.

Bra-wo! Oklaski i gwizdy słychać przez cztery sekundy. Czyli numery rozdziałów: trzy, siedem, osiem, dziewięć.

* Jorge Louis Borges, *Fikcje*, Warszawa 1972 (tłum. Andrzej Sobol-Jurczykowski); XX wiek.

## Dialog XIX

Głos mówi: – Jeżeli kobieta jest sidłami szatana, to jest ona również wskazówką, która prowadzi do poznania, gdyż mądry człowiek przez miłość do kobiety dochodzi do wiedzy o jej Stwórcy, bo z jasnych przesłanek wynikają prawdziwe cele*.

Bra-wo! Oklaski i gwizdy słychać przez sześć sekund. Czyli numery rozdziałów: jeden, cztery, pięć, siedem, osiem, dziewięć.

---

* Daud al-Antaki za Wiebke Walther, *Kobieta w islamie*, Warszawa 1982 (tłum. Janina Szymańska); XV wiek.

## Dialog XX

Głos mówi: – Dobre słowo
– ono jest jak dobre drzewo,
którego korzeń jest mocno utwierdzony,
a jego gałęzie w niebiosach.
Ono przynosi swoje owoce każdego czasu*.

Bra-wo! Oklaski i gwizdy słychać przez trzy sekundy. Czyli numery rozdziałów: trzy, osiem, dziewięć.

* Sura XIV (fragment) za *Koranem,* Warszawa 1986 (tłum. Józef Bielawski); VII wiek.

## Dialog XXI

Głos mówi: – Jan, wstawaj! Tańcz z nami!

Głos mówi: – Najpierw lewa stopa!

Głos mówi: – Lewa!

Głos mówi: – Słuchaj rytmu! Raz!

Głos mówi: – Lewa!

Głos mówi: – Szybciej! Ulllalala!

Głos mówi: – Licz! Trzy, cztery... Lewa!

Głos mówi: – Jest!

Głos mówi: – Ulllalala!

Głos mówi: – Lewa!

Głos mówi: – Ręce! Jan, prowadź!

Głos mówi: – W prawo w kółko!

Głos mówi: – Ulllalala!

Głos mówi: – Raz, dwa... Lewa!

Głos mówi: – Gdzie jest panna młoda?

Głos mówi: – Gdzie jest Śniada Piękność?

Głos mówi: – Ulllalala!

Głos mówi: – Jak nie ta, będzie inna!

Głos mówi: – Naprzód*!

Bra-wo! Oklaski i gwizdy słychać przez dziesięć sekund. Czyli numery wszystkich rozdziałów: jeden, dwa, trzy... Policzcie sobie sami!

---

* Jan Subart, *Handlarz wspomnień albo bitwa poetów*, Warszawa 2009; XXI wiek.

## Dialog XXII

Głos mówi: – Życie bez wina umiłowanego
Jest dla mnie największym spośród wszystkich nieszczęść.
W imię Proroka, wzywam ciebie Boże,
Byś z takim życiem skończył jak najprędzej.
Świat jest taki, jakim go dostrzegasz.
Zrób wysiłek, wykorzystaj czas, który ci dano.
Dni i noce spędzaj na festynach,
pogódź się ze światem, zanim zagarnie cię śmierć.
Czy nie uważasz, że to krzywda i wielkie nieszczęście,
kiedy my umieramy, a świat żyje dalej*?

Bra-wo! Oklaski i gwizdy słychać przez trzy sekundy. Czyli numery rozdziałów: jeden, sześć, dziewięć.

---

* Abu Bakr Ibn Kuzman, za *Literatura na świecie*, 6/1977 Warszawa (tłum. Aleksandra Witkowska i Janusz Danecki); XI/XII wiek.

## Dialog XXIII

Głos mówi: – Szczęście kosztuj po kropli, za wiele nie żądaj,
bo jutro stracić możesz, co dzisiaj oglądasz.
Po co myśli rumaka na stromy stok gonić?!
– Nie ciesz się, że masz wszystko, nic nie mając w dłoni!
Kto chce do pomyślnego rzecz doprowadzić końca,
ten musi jechać wozem, by złapać zająca.
Wystarczy, gdy raz na dzień coś nam się poszczęści,
bo kto idzie, ten dojdzie do tego, kto siedzi.
Szczęśliwe, słodkie uniesienia!
Lepiej wszakże, byś odtąd, dążąc do Złączenia,
ostrożnie się do Celu przybliżał, pomału,
by tym pewniej słodkiego sięgnąć ideału*.

Bra-wo! Oklaski i gwizdy słychać przez cztery sekundy. Czyli numery rozdziałów: trzy, cztery, pięć, dziewięć.

---

* Mehmed, *Księga Miłości*, Wrocław 1987 (tłum. Małgorzata Łabęcka-Koecherowa); XIV wiek.

## Dialog XXIV

Głos mówi: – Dni różnią się między sobą, ja chcę im dorównać,
żeby się w życiu na śmierć nie zanudzić.
Jednego dnia gromadzi się we mnie zło całego świata,
a kiedy indziej wielka siła przez świat mnie prowadzi*.

Bra-wo! Oklaski i gwizdy słychać przez pięć sekund. Czyli numery rozdziałów: jeden, trzy, siedem, osiem, dziewięć.

---

* Al-Hamadani, *Opowieści łotrzykowskie*, Warszawa 1983 (tłum. Janusz Danecki); X wiek.

## Dialog XXV

Głos mówi: – I jak, przyjacielu? Nadal zadajesz się z wioskowymi kobietami?

Głos mówi: – Tak, lubię je. Jak można ich nie lubić? Choć zdarza im się rodzić takie pokraki, jak ty!

Głos mówi: – Milcz! Niewiele jest kobiet, które mogą urodzić kogoś takiego, jak ja.

Głos mówi: – Gdyby moja matka miała tak wielką łechtaczkę, jak twoja, ze wstydu w ogóle bym się nie odzywał!

Głos mówi: – Nie będziesz mnie pouczał o tym, co wycięto twojej matce!

Głos mówi: – Walidzie, władco wiernych, czy aby nie jesteś pijany?

Głos mówi: – Bracie, nie piłem niczego, czego byś i ty nie pił!

Głos mówi: – Jaki jest pożytek z wina? Z początku kwaśne, potem bólem napełnia głowę!

Głos mówi: – Między kwaśną miną i kacem czujesz się tak wspaniale, że całe imperium wydaje ci się przy tym nie więcej warte, niż kropla wody z Eufratu, którą próbowałbyś ugasić pragnienie*.

Bra-wo! Oklaski i gwizdy słychać przez cztery sekundy. Czyli numery rozdziałów: jeden, trzy, sześć, dziewięć.

---

* Abu al-Faradż, *Und der Kalif beschenkte ihn reichlich*, Tybinga i Bazylea 1977 (tłum. autora); IX/X wiek.

## Dialog XXVI

Głos mówi: – O, gdybyż ciało moje
mogło odzyskać serce!
O, gdybyż serce moje
mogło odzyskać ciało*!

Bra-wo! Oklaski i gwizdy słychać przez trzy sekundy. Czyli numery rozdziałów: siedem, osiem, dziewięć.

* Rabi'a z Kozdaru, za Władysławem Dulębą, *Drugi dywan perski*, Kraków 1980 (tłum. tenże); prawdop. X wiek.

**Dialog XXVIII**

Głos mówi: – Kiedy na wschodzie rodzi się księżyc
i białe dachy zasypiają
pod stosami światła,
wtedy ludzie porzucają sklepy i gromadnie idą
na spotkanie księżyca.
Na szczyty gór niosą radia,
chleb i narkotyki.
Sprzedają i kupują fantazję
i obrazy.
A kiedy rodzi się księżyc, oni umierają.
Tarczo światłości, co robisz
z moim krajem,
krajem proroków
i prostaków, ludzi przeżuwających tytoń i handlarzy narkotykami*?

Bra-wo! Oklaski i gwizdy słychać przez cztery sekundy. Czyli numery rozdziałów: jeden, trzy, sześć, dziewięć.

---

* Nizar Kabbani, za *Literatura na świecie*, 6/1977 Warszawa (tłum. Aleksandra Witkowska i Janusz Danecki); XX wiek.

## Dialog XXVIII

Głos mówi: – Miejsca i miasta wydzielają zapachy, jak zwierzęta, trzeba tylko uparcie je tropić, aż trafi się na właściwy ślad i w końcu na kryjówkę. Trzeba je nachodzić w różnych porach dnia i nocy i gdy nuda wyrzuci nas jednymi drzwiami, trzeba spróbować od innej strony*.

Bra-wo! Oklaski i gwizdy słychać przez sześć sekund. Czyli numery rozdziałów: dwa, trzy, pięć, sześć, siedem, dziewięć.

---

* Andrzej Stasiuk, *Dukla*, Gładyszów 1997; XX wiek.

## Dialog XXIX

Głos mówi: – Jan, wstawaj! Tańcz z nami!

Głos mówi: – Najpierw lewa stopa!

Głos mówi: – Lewa!

Głos mówi: – Słuchaj rytmu! Raz!

Głos mówi: – Lewa!

Głos mówi: – Szybciej! Ulllalala!

Głos mówi: – Licz! Trzy, cztery... Lewa!

Głos mówi: – Jest!

Głos mówi: – Ulllalala!

Głos mówi: – Lewa!

Głos mówi: – Ręce! Jan, prowadź!

Głos mówi: – W prawo w kółko!

Głos mówi: – Ulllalala!

Głos mówi: – Raz, dwa... Lewa!

Głos mówi: – Gdzie jest panna młoda?

Głos mówi: – Gdzie jest Śniada Piękność?

Głos mówi: – Ulllalala!

Głos mówi: – Jak nie ta, będzie inna!

Głos mówi: – Naprzód*!

Bra-wo! Oklaski i gwizdy słychać przez dziesięć sekund. Czyli numery wszystkich rozdziałów: jeden, dwa, trzy... Policzcie sobie sami!

---

* Jan Subart, *Handlarz wspomnień albo bitwa poetów*, Warszawa 2009; XXI wiek.

## Dialog XXX

Głos mówi: – Jaka szkoda, że wy, ludzie Zachodu, kiedy chcecie wyrazić pożądanie, polegacie na gestach. W mojej kulturze mężczyźni najpierw opowiadają sobie w szczegółach o swoich erotycznych pragnieniach; słowa nie są wstydliwe*.

Bra-wo! Oklaski i gwizdy słychać przez sześć sekund. Czyli numery rozdziałów: jeden, trzy, cztery, pięć, sześć, siedem.

---

* Jerzy Kosiński, *Randka w ciemno*, Kraków 2003 (tłum. Tomasz Mirkowicz); XX wiek.

## Dialog XXXI

Głos mówi: – Dziś nie stajemy się samodzielni, a więc dorośli, nie wzbogacamy się nieustannie doświadczeniem i poznawaniem świata, tylko coraz bardziej cofamy się do sytuacji tych, dla których świat jest na ogół nieznany, nowy, obcy i nieprzenikniony, czyli do sytuacji dzieci*.

Bra-wo! Oklaski i gwizdy słychać przez cztery sekundy. Czyli numery rozdziałów: sześć, siedem, osiem, dziewięć.

---

* Odo Marquard, za Francesco Cataluccio, *Niedojrzałość. Choroba naszych czasów*, Kraków 2006 (tłum. Stanisław Kasprzysiak); XX wiek.

## Dialog XXXII:

Głos mówi: – A jednak,
takiego Wschodu nigdy nie było,
nie ma,
i też nigdy nie będzie*!

Bra-wo! Oklaski i gwizdy słychać przez trzy sekund. Czyli numery rozdziałów: cztery, siedem, dziewięć.

* Nazim Hikmet dla Pierra Loti, za www.saladins.de, (tłum. autora); XX wiek.

## Dialog XXXIII

Głos mówi: – W chłodzie Europy, tam na północy, wśród pruderyjnych szarości, pomijając rzecz jasna wszelkie jatki, możemy jedynie podejrzewać, jak okrutni są nasi bliźni, ale cała ta przegniła i cuchnąca biała materia pojawia się w całej swojej okazałości na powierzchni, gdy tylko znajdzie się w rozgorączkowanych tropikach. Wtedy rozpina się, obnażając bezwstydnie, a całe to świństwo tryumfuje i rozpościera się coraz szerzej. Taki jest fakt biologiczny. Gdy praca i zimno nie stanowią już dla nas zapory, kiedy tylko uścisk nieco zelżeje, można wówczas zobaczyć, co też zostaje z tych Białych, tak jak widzimy piękne wybrzeże, a potem spoglądamy na to samo miejsce, ale już po tym, jak nastąpił odpływ... I co pozostaje? Prawda, cuchnące przeokrutnie kałuże, kraby, padlina i odchody*.

Bra-wo! Oklaski i gwizdy słychać przez siedem sekund. Czyli numery rozdziałów: jeden, trzy, cztery, pięć, siedem, osiem, dziewięć.

---

* Louis-Ferdinand Celin, *Podróż do kresu nocy*, Izabelin 2005 (tłum. Oskar Hademann); XX wiek.

## Dialog XXXIV

Głos mówi: – Jan, wstawaj! Tańcz z nami!

Głos mówi: – Najpierw lewa stopa!

Głos mówi: – Lewa!

Głos mówi: – Słuchaj rytmu! Raz!

Głos mówi: – Lewa!

Głos mówi: – Szybciej! Ulllalala!

Głos mówi: – Licz! Trzy, cztery... Lewa!

Głos mówi: – Jest!

Głos mówi: – Ulllalala!

Głos mówi: – Lewa!

Głos mówi: – Ręce! Jan, prowadź!

Głos mówi: – W prawo w kółko!

Głos mówi: – Ulllalala!

Głos mówi: – Raz, dwa... Lewa!

Głos mówi: – Gdzie jest panna młoda?

Głos mówi: – Gdzie jest Śniada Piękność?

Głos mówi: – Ulllalala!

Głos mówi: – Jak nie ta, będzie inna!

Głos mówi: – Naprzód*!

Bra-wo! Oklaski i gwizdy słychać przez dziesięć sekund. Czyli numery wszystkich rozdziałów: jeden, dwa, trzy... Policzcie sobie sami!

---

* Jan Subart, *Handlarz wspomnień albo bitwa poetów*, Warszawa 2009; XXI wiek.

Gapie z zawiedzionymi minami znikają z okien. Gasną światła. Słychać, jak osoby wychodzą i kłaniają się na scenie. W ciemności ich nie widać. Kurtyna opada. Oklaski lub ich brak pozostają kwestią smaku.

**Zrób to sam!**

Wspomnienia się należą. Co by było, gdyby ich nie było?

Jest? Kram i tabliczka…

Po weselu Mirek wymówił kontrakt Gas-Seek Inc.

Zaczyna się przygoda naprawdę.

Zaleca się czytanie na głos.

# ROZDZIAŁ 3

## HARUN, CZYLI NIESKAZITELNOŚĆ I TURYSTYKA

Powstań i pójdź! Bo oto minęła już zima, deszcz ustał i przeszedł. Na ziemi widać już kwiaty, nadszedł czas przycinania winnic, i głos synogarlicy słychać już w naszej krainie. Drzewo figowe wydało zawiązki owoców i kwiaty pachną już na winnym krzewie. Powstań, przyjacielu mój, piękny mój, powstań i pójdź! Bo słodki jest głos twój i twarz twoja pełna jest wdzięku!

Kiedy trafiłem do hotelu w Damaszku, była wiosna.

Tak, powstań przyjacielu mój, powstań i pójdź! Ale dokąd?

Dżamilę poznałem przez portiera Haruna. Bez Dżamili by mnie nie było. Niewiele by bez niej było. Na przykład tej książki by nie było... Ukłoniłem się w podziękowaniu.

Zanim dostałem klucz, wypełniłem w recepcji pięć kart pobytu. Takie były zwyczaje: pięć maczkiem zadrukowanych kart. Maczek angielski po lewej stronie, z lewa na prawo, i maczek arabski po prawej, z prawa na lewo. W środku kropki. Prawe i lewe bez różnicy wielokropki. Harun składał potem jedną kartę w urzędzie emigracyjnym, drugą na policji, trzecią w bezpiece, czwartą [...], a piątą chował do grubej teczki w sejfie z pieniędzmi, kapiącymi po kilka dolarów za noc od takich jak ja. Powiedziałem, że zostaję miesiąc. Podpisałem się w księdze gości i odebrałem pościel.

– Przyjacielu, uważaj mój dom za własny – rzekł Harun.

Słucham?! Powiedział »mój« dom?! Toż to mój hotel! Mój, mój, mój! Ja go sobie wychodziłem, sam o własnych siłach wymyśliłem! Zaimponowałem sobie sam.

Co?! Jemu nie?!

Poczekaj, jeszcze ci zaimponuję! Wymyślę hotel, gdzie będziesz ty!

No nic. Stworzyłem, bo minęła już zima z twarzą bez wdzięku. To mój hotel, nie twój! Co za tupet...

– ...jak gdyby był domem twojego ojca lub twojej matki – ciągnął portier. – A gdybyś rano chciał odejść głodny, zabraniam ci tego! Proszę cię, żebyś spożywał śniadania, które ci przygotuję.

Dobre sobie, śniadanie w hotelu kosztowało trzy razy tyle, co w jadłodajniach po drugiej stronie ulicy.

Po południu spotkaliśmy się jeszcze raz. Na dachu był betonowy taras, bar i foteliki. Odstawiłem adidasy i rozejrzałem się. Pozbawiona tynku balustrada, raz wyższa, to znów ledwie z dwóch cegieł, wyglądała jak attyka socrealisty – gdzie jej potrzeba, za niska, gdzie nie, za wysoka.

Beton zanim zasechł, wysechł na mur i zdechł, zabawił się. Stał się widownią wielkiego balu. Balu botków arabskich i balu białych adidasów. Kiedyś inaczej bywało. Kiedyś różne buty razem się widywało... I tak raz, a może nie tylko raz – bo to wiadomo, czy wtedy razem tylko tym jednym razem – buty nie wytrzymały odstawiania. Raz i dwa, adidasy zaczęły gonić sandały, goniły, goniły, aż wygoniły, aż jeden stary sandał spadł, do tej pory leżał na sąsiednim dachu i sechł; raz i dwa i trzy, sandały wyparły kierpce, co rzadko kto nosił, a kierpce przydeptały mokasyny, i tak przez wszystkich przydeptywane. Natomiast niebo jest przy tym niebieskie...

Harun zaprosił mnie do służbowego stolika. Trwał hotelowy program artystyczny. Kobiety w tradycyjnych strojach tańczyły z dzbankami. Na prowizorycznym podeście grali muzycy: brzdęk na dworskich lutniach, trele na chłopskich fletach, brzdęk-truli, truli-brzdęk wzbijał się kurz na starych reflektorach. I opadał.

– Przyjacielu – zaczął Harun, nachylając się mi do ucha. Jego przyjemne perfumy tłumiły pot. Portier wyróżniał się manierami. Młody, miał łagodne oczy i piękną postać, a kiedy mówił, doskonale się wysławiał. W miłości był przyjacielem pożądanym, bo miał ostry język, wielkie marzenia, był cierpliwy i zbytnio się nie sprzeciwiał. Łatwo nie zdradzał swoich myśli. Był bystry i uprzejmy, pełen spokoju i godności, w razie potrzeby zawsze szedł z pomocą.

– Podróżujesz sam, prawda?

Słowa Haruna przeniknęły mnie niczym aromatyczny dym, od którego skóra pachnie korzenną słodyczą. Była pora spoczynku... Lekko, jak na miękkim kobiercu abkari, w cieniu, błogość sięgnęła palców dłoni i stóp.

– Tak – odpowiedziałem Harunowi nie podejmując tematu.

– Pfjuu! – zagwizdał gołębiarz na dachu – bum! bum! – jego uderzenia w garnek stłumiły instrumenty, kobiety przerwały, muzykanci nie wytrwali i – Pfjuu! Bumbum! – zmierzyło się z dudnieniem głośników.

Sztuka schowała się w nadbudówce.

W głębi niewykończonego tarasu... Co to za głębia niewykończonego? Niby wykończone nie ma głębi? To może zrezygnować z wykańczania? Książkę pisać, nie wykańczając, wydać z głębią niedojrzałego, co udawałoby dojrzałe.

Jeszcze raz: w głębi niewykończonego tarasu odważny malec zostawił zniecierpliwionego ojca i podszedł do glinianych dzbanków. Tchórzliwy przedszkolak puścił łydkę matki i zielonooka brunetka rozprężyła się radośnie, oj! uradowała się matka rozdrażniona, od ucha do ucha, od spalonego słońcem ucha lewego do prawego; czy miała prawo ignorując znudzonego męża wpatrzyć się w szpakowatego chudzielca naprzeciwko niej?

– Harun, węgiel mi się w fajce kończy – powiedziałem.

– Poczekaj – odpowiedział.

– Miło z twojej strony – powiedziałem.

– To dla mnie zaszczyt – odpowiedział.

Oddany konferansjer z funkcją animatora pozdrowił umęczonych rodziców i ku uciesze baraszkujących dzieci zbudował piramidę z glinianych dzbanków.

– Hir! Boj! Lajt maj fajer! – zawołał ryży grubas, klepiąc się cybuchem po brzuchu. Boy podszedł, ukłonił się, strzepnął popiół z główki z tytoniem i wyjął rozżarzony węgiel. Ułożył.

– Ale tam, gdzie mieszkasz – ciągnął cierpliwie Harun – masz dziewczynę, prawda? Czeka na ciebie?

Niebieskooka blondynka skubała czoło. Pęcherzyki podchodziły ropą, sukienka odkrywała obwisłą pierś, ech, pierś zwieszoną, fryzurę utlenioną... Imponujące. Harun nieskazitelność w tym upatrywał. Choć obok siedział muskularny. Sterydowy biceps z tatoo »I love You«, aby you nie przeszkadzała mu mrugać do podlotków.

– Pewnie – na taką okazję miałem przygotowane wspomnienia – czeka. Miała dużo pracy, nie mogliśmy razem wyjechać. Znamy się jeszcze ze szkoły. Od razu się w sobie zakochaliśmy i ciągle się kochamy. Bardzo! – Nagle wspomnienia wyślizgnęły się. – Nie widzimy się często i nie mieszkamy razem, ale to, aby nie zepsuć kochania zepsuciem mieszkania. Wiesz, jesteśmy wolni, wolni wyjeżdżamy na urlop i wracamy do wolnych mieszkań – powiedziałem. – Kochamy się!

– Puste są wasze mieszkania – zauważył Harun.

Muskularny też palił. Obcy konwenans więził bicepsy i nie dawał wygodnie siedzieć. Kelnerzy wnieśli herbatę. Zapachniało sztuczną miętą. Unurzane w miodzie kawałki baklawy były niczym miniaturki mauzoleum ich twórcy, błyskotliwego cukiernika sprzed wieków.

– Drogie panie, drodzy panowie! – gorliwy animator kiwnął do udręczonych rodziców i baraszkujące dzieci wróciły do chwiejnych fotelików. – Proszę o ciszę! – Jego bystre spojrzenie, rozumne i badawcze, było zbyt przebiegłe na oddanego konferansjera. Jakby zwiastował jedną z chorób miłości i oszczerczo, jak donosiciel, żartował z rzeczy poważnych, jak ten, który zdrowe dusze niszczy trującym lekarstwem. – Proszę: teraz dla państwa, dla drogich państwa... Nasza największa gwiazda! Znany w Aleppo i w Jerozolimie! Przed państwem, najsilniejszy, najdzielniejszy, najpiękniejszy... Ali Akbar! Potężny jak most! Bra-wo! – oddany konferansjer zaczął klaskać w mikrofon, aplauz spotęgował się w głośnikach i widownia zagrzmiała brawami.

– Puk, puk! – blondynka popukała się w czoło, puk-puk, i skóra zrobiła się jeszcze bardziej czerwona, kiedy muskularny zabębnił w blat. – Bęb-bem, puk-puk! – rozdrażniona.

– Ali Akbar! Tygrys Orientu! – krzyczał konferansjer na udawanej scenie. Ryży grubas pocił się od herbaty. Długi kosmyk na przekór jeża wił się po karku drapanym cybuchem poprzez przylepiony podkoszulek.

Wielki Ali. Wyszedł dostojnie, naoliwione ramiona napięte, silne, tors owłosiony, potężny, połyskujący rozwidloną szablą proroka... Imponujące!

– Znam tu piękną dziewczynę – podjął portier, nie spuszczając oka z blondynki. – Powinieneś ją poznać. Nie ma takiej drugiej w całym Damaszku.

Nagle fotelik zachwiał się. Oj! Gorąco, fajka, mój hotel, brzdęk! zapachy, Arabki o niedoścignionych kształtach arabeski... Dobre sobie! Zwodnicza forma nie chciała się dopasować.

– Bra-fo! Bra-fo! – krzyczały dzieci na kolanach rodziców. – Bra-wo! Bra-wo! – z kolumn... – Bum! – gołębiarz przegonił ptaki i teraz – Bra-wo! Bum! – rytmicznie walił w garnek wzywając je jeszcze raz. – Bum! – jeszcze raz. Albo zwyczajnie przyłączył się do aplauzu.

Wielki Ali pozdrowił, fanfary! Śniada piękność wychyliła się z nadbudówki, srebrzysta szata na rękawie przedarta, rozejrzała się i schowała. Wielki Ali opuścił ręce, głośniki odpuściły... Cisza. Po-stał trochę i po-wodził oczami, złożył pokłon, nie podniósłszy się, zanim czołem nie dosięgnął stóp.

– Hej, ju! Lajt maj fajer tu! – krzyknął ktoś niebaczny za nami.

Słowa Haruna przeniknęły mnie niczym aromatyczny dym, od którego skóra pachnie korzenną słodyczą. Błogość sięgnęła...

– Ale ja mam dziewczynę i nie chce poznawać nowej!

Na to czekał gorliwy animator. Przestał klaskać. Cicho, bardzo cicho, zwrócił się do udawanej widowni i kciuk na ustach położył, w poprzek przytrzymał i zatrzymał.

– Tak – odpowiedział Harun pełen spokoju i godności.

Śniada piękność przyciągnęła deskę z gwoździami. Popołudniowe słońce przedarło się przez markizę i zamigotało na falangach sterczących ostrzy. Oślepiło blondynkę. Cały czas przyglądał jej się Harun, nagle przestała się skubać po czole, puk-puk, odwróciła w naszą stronę, jej czoło na nasze czoła...

– Mężczyzna nie powinien być długo sam – portier.

Na udawaną scenę padł cień. Piękność przyciągnęła, blask ukryła i w poprzek deskę zostawiła. A Wielki Ali stał.

– Au! au!

Cicho! Jeszcze nic nie boli. Wodził łagodnym wzrokiem, powodził i pod-nosił oczy losem kierowane, niebiańską mocą kreującą go panem gwoździ nabitych na desce.

– Odwiedziłem kiedyś mojego brata w Holandii – ciągnął Harun. – W dniu, kiedy przybyłem, pracował i nie wyszedł na lotnisko. W hali ludzie wymieniali pozdrowienia, mnie zaś nikt nie znał. Stanąłem przeto na uboczu. Taką mnie boleścią przejęło to osamotnienie moje, iżem nie mógł się od łez powstrzymać i gorzkom zapłakał. Zwrócił się do mnie pewien człowiek z tego miasta, mówiąc: »Gdym ujrzał, żeś sam i nikt cię nie wita, pomyślałem, iż jesteś obcym przybyszem, postanowiłem przeto przemówić przyjaźnie do ciebie, bo poznałem przyczynę twego strapienia«. Powitał mnie, a odprowadziwszy do miasta, bawił przyjacielską rozmową. Odnalazłem dom i uściskałem brata, który mnie pozdrowił. Niech Bóg wynagrodzi temu człowiekowi!

– Bra-wo! Bra-wo! – słaby poklask, uciszyło się.

Wielki Ali kucnął, rozstawił ramiona, gwoździe niczym cień, który blask usuwa w cień, oparł się. Oparł?! Tak! Sam widziałem. Wsparł się, byle nie dotknąć deski, uniósł oczy, trochę z-wodził i po-wodził, choć biała markiza przysłaniała nieba moc. Cicho. Bardzo cicho zaczął się opuszczać, wielki, coraz niżej... Och-jęknął! Pompką się opuszczał, popuszczał... Pierrrd-śmierdzi! Wielkość swoją na falangach odpuszczał, puszczał się? Tak! Leciał... Na gwoździe! Na sterczące!

Konferansjer skakał po scenie, jak sędzia po ringu. Czy już się wbija? Może nabija?! No-no! Kto się nabija?! Nikt z nikogo się nie nabija. Wszystko na poważnie. Cała scena na poważnie udawana cicho, bardzo cicho, co rusz odwracał się i machał kciukiem: dobić! Ramiona już się nie opierały, zwinne stopy, tors odpuściły i nie-przebiły... Co?! Uśmiechały się pogodnie, sympatycznie... Ironicznie?!

– Moja przyjaciółka Dżamila – podjął wątek Harun. – Ni w morzu ni na lądzie nie znajdziesz delikatniejszej i gładszej nad nią. Postaci pięknej, kształtów młodych, włosy jak drogie kamienie i czarnej barwy spojrzenie. Kiedy spogląda śmiele, wstydzą się antylopy i gazele. Gdy idzie i lekko się kolebie, gałązki wierzby jej zazdroszczą i wstydzą się za siebie. A gdy odrzuci z twarzy zasłonę, słońce i księżyc gasną zawstydzone. Szeroka w biodrach, cieniutka w pasie, jej piersi zaokrąglone zdają się uzdrawiać spragnione. – Napiłem się łyk herbaty. Miękka, miejscowa woda prześlizgnęła się po podniebieniu jak galaretka. – Nikt nie zdolen ustrzec się od tej gazeli młodej, która ma lica jak słońce, jeno piękniejsze odeń!

Muskularny spojrzał, naprężył się, pfjuu! Steryd nie pomógł: »I love You« zwiotczało, oklapło i strużka potu spłynęła na zużyty blat. Puk-puk, w czoło? Na czoło sceny zwrócone.

– Drodzy państwo! – jak oni patrzyli, wgapiali się, krwiożerczym wzrokiem jak pożerali, pod białą markizą wykańczająca cisza... Kończąca? Przerwać nieskazitelność wreszcie! Jak ono imponowało, umęczonych rodziców, baraszkujące dzieci, jak świerzbiało. Tam nieskazitelne, tu pomarszczone, tam prężne, tu oklapłe... Impotentne? – Proszę podejść! – konferansjer prężył się, biegał, ale nikt do niego nie podchodził.

– Och! – jęknęła matka rozdrażniona z krzywym rozradowaniem zamarła.

Nagle – krwawy świst. Konferansjer sięgnął po mikrofon, pośliznął się i kopnął w deskę.

Słucham?!

Jeszcze raz: konferansjer kopnął w deskę.

Co?

Krwawy świst.

Tu było, czy obok, na sąsiednim dachu?

Spojrzałem naprzeciwko. Na tarasie był gołębiarz, a na niebie gołąb. Ptak rzucił się na chlebodawcę. Świerzbienia nie wytrzymał. Na chlebodawcę?! Tak! Sam widziałem. Cóż za niewdzięczność! Zwierzę. Dzikie zwierzęta!

Dzikusy?

Ali zaklął w niezrozumiałym języku.

– Bra-wo… – animator zmieszał się, śniada piękność spojrzała na zegarek, pozbierał się, konsternacja, uśmiechnął się jakoś tak połowicznie, zaraz wyprostował, za-skoczył, za-klaskał i… i skakał i klaskał. – Bra-wo! – i skok. – Bra-wo! – i skok. – Brawo! – posypało się gromko dla udawanej sceny.

Wielki Ali, ciało połyskiwało łagodnie, spojrzał pogodnie, oni patrzyli i mimo blasku cień wypatrzyli: z rany na stopie męża sączyła się strużka krwi.

– Bra-wo! – i krew. – Bra-wo! – i krew.

Wielki Ali zniknął w nadbudówce.

– Drogie panie, drodzy panowie – podjął konferansjer. – Szukam odważnych pań. Piękne panie, nie lękajcie się! Ali pokaże więcej… Jeszcze więcej! Pani – animator zwrócił się do brunetki – pozwoli? – Brunetka spojrzała na męża.

– Chcesz, to idź – powiedział po francusku. – Nie bądź tchórzem! – machnął ręką. – Idź! Nigdy ci niczego nie zabraniałem i nie będę zabraniał! Jesteś wolna! Chcesz, to idź… – taki mąż.

– Dziękuję! – konferansjer pociągnął zielonooką. – Niech się pani nie obawia! Brawa dla pani! – Zadudniły głośniki. – Jeszcze która z pań? – odwrócił się. – Pani jedna… – wskazał brunetkę – gdzie druga? – widownię. – Ali czeka… Proszę się nie bać. Może pani? – wyciągnął rękę – tak, pani!

Blondynka udała, że to nie do niej, ale stolik z tyłu był pusty. Tatuaż stężał, pewnie, ale nie bardzo pewnie. Kochał? Trochę to wyszło jędrnie, a trochę wiotko. Puścił.

– Pani najmilsza! – podchwycił konferansjer – pan prosi! Spodoba się piękny Ali…

Śniada piękność przyniosła drugą deskę z gwoździami.

Co przyniosła?! Dosyć! Na scenie już polała się krew. Zwierzęta! To nie my, to oni. Oni z obcego tarasu.

Stary sandał do tej pory leżał i sechł.

Wielki Ali z burym plastrem, z rany na stopie męża sączyła się krew, kucnął. Przecież nieskazitelny tors bez skazy... Kto obrócił deskę, aby było widać krew? Spoczął lekko, jak na miękkim kobiercu abkari, w cieniu, wsparty na łokciach, na desce nabitej gwoździami. Jakże to piękne miejsce wypoczynku!

– Proszę podejść – zaczął konferansjer.

Spocił się kark nadstawiony, tu poczerniała smuga, tam złamany gwóźdź, śniada piękność drugą deskę w poprzek na tyłku Alego położyła. W górę pufy! Gwoździe w spód! Męska huśtawka dla damskich pup spalanych gorącym arabskim powietrzem.

Konferansjer wziął brunetkę za rękę.

– Tutaj pani. A teraz pani – zwrócił się do blondynki. – Fanfary. – Proszę, plecami do siebie, piękniusie – Ali między paniami. – A teraz, drogie damy, sia-damy! Proszę śmialusio! – oddany konferansjer pchnął blondynkę – miejsce wygodniusie... – brunetka rozkraczyła nogi – mięciusie... – wypięła się – odważniusio... – pod siebie – pani siedzi!

Animator skakał po scenie, jak sędzia po ringu, czy już się wbija? A może nabija?! No-no! Nikt z nikogo się nie nabija. Wszystko na poważnie. Cała scena na poważnie udawana cicho, bardzo cicho do blondynki – proszę! – Opuściła, pieściła...

– Muzyka tuż!

Z głośników rozbrzmiała dyskotekowa piosenka z Europy. Plecy wspierały, pupy wisiały, blondynka spojrzała, brunetka ciążyła, gwoździe wbiły się wreszcie, pfjuu! przeważyło z lewej, wypięło z prawej i brunetka zjechałaby gdyby animator nie pchnął blondynkę na puf.

– Chwała Bogu – powiedział przyglądając jej się Harun – który uczynił ciało kobiety źródłem największej rozkoszy i przysposobił ciało mężczyzny ku jej jak największemu ukontentowaniu. On był również tym, który przyozdobił ją piersiami, nadał kształt jej podbródkowi i okrasił kolorami policzki. On obdarzył niewiastę oczyma, które zdolne są wzniecić miłość mężczyzny, i rzęsami podobnymi źdźbłom najdelikatniejszych traw. Bóg obdarzył też ustami, językiem i wargami rzecz ową, co jest jak ślad kopytka gazeli, odciśnięty na pustynnym piasku. Sławmy więc i chwalmy Tego, który stworzył kobietę z jej pięknością i uwodzicielskim blaskiem, oraz nauczył owych miłosnych sztuczek, dzięki którym potrafi wzbudzić pożądanie. Dziękuję mu za to, że żaden mężczyzna nie potrafi ustrzec siebie przed rozmiłowaniem się w pięknej kobiecie…

Pupki na pufach na gwoździach na Alim. Huśtawka wróciła do równowagi. Taras dudnił w kłębach pary… Bumbum! Nagle… Bum! Nieskazitelność prysła. Imponująco spłynęła ropą i krwią.

– Piękne panie! Piękni panowie! Oto najsilniejszy, najdzielniejszy, najpiękniejszy Ali! – Zza pary – potężny jak most! – Blondynka wystukiwała takt, podniosła ręce, zadarła nogi i zaczęła tupać w deskę. Brunetka podłapała. I zapiała: pfjuu! Podskoki przysporzyły rumieńców, podniety ujędrniły… – Most porozumienia! – Zza pary. – Po-most-po-jednania! Nieskazitelność jest między nami.

– Bęben jest tylko skórą, ale jego bicie każdego człowieka straszy i przeraża – skończył swoją opowieść Harun. – Nawet najlepsze opisanie raju będzie dalekie od spełnienia prawdy.

Słońce rozświetliło dym. Wyłonił się uśmiech fakira. Uśmiech do góry nogami. Piosenka: stop! Cóż poradzić, że fakir znaczy po arabsku myśleć…

Cicho. Bardzo cicho… I posypały się brawa. Letargiczni palacze, umęczeni rodzice i baraszkujące dzieci tupali i wrzeszczeli. – Bra-wo! – Bez głośników, bez mikrofonów. – Bra-wo! – Imponujące brawa dla nieskazitelnych kształtów. – Bra-wo! – Blond-

-piękność. – Bra-wo! – Śniady wdzięk. Rumiane policzki, piękna blondynka, odważna brunetka... Brawa dla pań!

Ali w-stał, trochę po-stał, po-słuchał, wreszcie złożył pokłon i nie podniósł się, zanim czołem nie dosięgnął stóp.

Gorliwy animator – do widzenia, do jutra – i z głośników popłynęła skoczna, orientalna muzyka. Niebieskooka blondynka podrygiwała z temperamentem. »I love You« naprężyło się bez sterydów, na udawanej scenie nieskazitelnie udały się ramiona, łydki, piersi i pupy, lekko, jak na miękkim kobiercu abkari, w cieniu błogość, na łokciach, na poduszkach, jakże to piękne miejsce wypoczynku!

Wieczorne światło żegnało dzień kokietując, jak stęskniona kochanka.

Śniada piękność ruszyła w stronę katedry. Jej srebrzysta szata była w nieładzie. W oczach połyskiwały łzy.

Mówi Mirek w dzienniku.

Mój pokój w hotelu odgrodzony był od sąsiadów cienką dyktą pokrytą tapetą, jak reszta ścian. Pionowe pasy rozdzielały szeregi małych, żółtych tulipanów. Beżowe kontury przywodziły na myśl kolumny świątyń bóstw, których imion nikt już nie pamięta. Obcy chram* jakby znalazł się w Holandii, zapomniany pośród pola kwiatów. Harun pozwolił mi wybrać między pokojem z balkonem od ulicy, ale ze wspólną łazienką, albo z lufcikiem do westybulu, za to z toaletą. Wziąłem sedes.

– Cześć Polska – powiedział, jak zwykle, kiedy mnie widział. »Po prostu pójdę i cię zaprowadzę« napisał na kontuarze recepcji. Dziecin-

* Ch[a]ram podobnie jak harem i harim pochodzi od czasownika oznaczającego pozbawiać czegoś, zabraniać, w dalszych tematach ogłaszać coś, stawać się świętym, czystym. Jako rzeczownik oznacza m.in. miejsce ukryte, nietykalne, przynależne do sfery świętości, także świątynię i żonę. Harem oznacza wewnętrzną część domu przeznaczoną dla kobiet.

ne kulfony uzupełniało arabskie »harim«. Przybybsze nie przestrzegają świętości. Harem! Harem! A nieskazitelność spływa ropą i krwią.

– Zobacz – powiedział. Stanęliśmy przy oknie. Płytką kotlinę z damasceńską starówką otaczały nowoczesne dzielnice, które na zachodzie pięły się po zboczu ku wieży telewizyjnej. – Poniżej – podjął Harun tonem zawodowego spikera – jest grota. Tam urodził się Abraham, przyjaciel Boga, modlili się Mojżesz, Hiob i Lot. Czy wiesz, że Kain zabił tu brata, kiedy przynieśli ofiarę i została przyjęta od jednego z nich, a nie została przyjęta od drugiego? Zimą leży tu śnieg.

O tej porze roku portier sypiał na otomanie w westybulu. Weekendowe popołudnia spędzał oglądając polskich Milionerów przez satelitę.

– My też mamy milionerów – powiedział. – Przecież mieszkam w kraju najbardziej żyznym na świecie, gdzie są owoce wszelakiego gatunku, źródła wody i gęste zarośla. Mamy też wielu ascetów, świętych i innych mężów, którzy żywot swój dla Boga poświęcili. Ale w waszej telewizji dziewczyny więcej ciała pokazują.

Harun nauczył się kilku słów po polsku.

– Będę z nimi rozmawiał, kiedy tu przyjadą. Przyjadą, prawda? Przecież Damaszek jest bramą na Wschód, jest początkiem lśniącego płomienia Orientu. To oblubienica miast, strojna w wonne kwiecie bazylii i w murawę ogrodów. Rośnie tu wiele drzew i przepływają liczne rzeki, które nigdy nie wysychają. Miasto posiada okazałe bazary, łaźnie i liczne meczety. Widzisz tam? To główny meczet miasta. Jest skończonej doskonałości i niewysłowionej piękności. Najpotężniejszy i najokazalszy na świecie. Nie ma doń podobnego i żaden z nim równać się nie może. Został ozdobiony kawałkami złota i wspiera się na starożytnych kolumnach. Znasz jego historię? Na tym miejscu był kiedyś kościół i kiedy muzułmanie podbili Damaszek, zgodzono się, że zajmą połowę świątyni.

W części, do której się wdarli, założono meczet, druga, z grobowcem Jana, pozostała kościołem.

Harun też miał swoją narzeczoną. Poznali się u wuja. Rozmowa trwała niespełna godzinę. Matki porozumiały się, kiedy byli dziećmi. Teraz czekają, aż Harun zarobi na wesele.

– Moja narzeczona mieszka na zachodzie Syrii. Są tam chrześcijańskie wioski i monastery, a każdy, kto do nich zawita, tak muzułmanin, żyd jak i chrześcijanin zostaje przyjęty, a jego pożywieniem jest chleb, ser, oliwki, ocet i kapary.

Wuj był właścicielem hotelu i pozwalał zarobić na wesele. Aby młodszy syn nie poszedł drogą starszego. W wolnych chwilach Harun uczył się rosyjskiego. Miał rozmówki i czasem pytał się o jakieś zwroty.

– Moja ukochana jest Ukrainką – powiedział. – Pracuje w klubie nocnym, jest tancerką. Nazywa się Lubov. Chciałbym mówić w jej języku. To taka niespodzianka.

Każdej nocy słyszałem przez lufcik, jak Harun ogląda Polsat i masturbuje się. Potem zasypiał tak szybko, że nawet nie wyłączał telewizora. Nie mogłem się zdecydować, czy zamykać na noc okno i zasypiać sam, czy leżeć tak w towarzystwie jego i Polsatu.

– Mieszkańcy Damaszku słyną z tego, że żaden nie ucztuje sam. Dostojni mężowie i ich żony zapraszają przyjaciół, tancerzy i fakirów. Tak samo czynią handlarze i inni, bogaci i mniej majętni, a nawet beduini. I zbierają się w domu jednego spośród nich albo też w meczecie, a każdy przynosi ze sobą posiłek i wspólnie świętują.

– Te wszystkie piękności – żalił się Harun – przyjeżdżają się zabawić. Holenderki, Kanadyjki, Francuzki... Kobieta nie nasyci się mężczyzną, tak jak oko nie nasyci się patrzeniem. Tylko miłość do matki nie ośmiesza mężczyzny. Jestem jej wdzięczny, że się mną opiekuje. Nie stać mnie na kobiety. W hotelu poznaję języki.

Kiedyś brat zabierze mnie do siebie. Jestem jak wielki Harun ar-Raszid, bo poezja jest niespełnioną miłością...

– Mieszkańcy Damaszku prześcigają się w budowaniu medres* i grobowców. Są fundacje, które opłacają naprawianie i układanie chodników, bo ulice w Damaszku posiadają chodniki dla ludzi pieszych po obu stronach ulicy i jezdnię pośrodku dla ludzi jadących. I są też fundacje przeznaczone na wiano dla dziewcząt ubogich rodziców, fundacje dla wykupywania porwanych i więzionych, na zakupywanie żywności i odzieży dla podróżnych, aby byli zaopatrzeni zanim nie powrócą z nowinami do swoich krajów.

W telewizji jest nie tylko krajoznawstwo i teleturnieje, są też wiadomości. Harun nie chciał opowiadać o Kurdach w Syrii. Takie były zwyczaje, prawe i lewe bez różnicy, wielokropki. Lepiej o Iraku, że Saddam odsyłał krewnym obcięte kobietom piersi w pudełkach po butach. Najlepiej o Izraelu, że muzułmańskie kobiety rodzą na oczach żydowskich żołnierzy, którzy zbyt długo rewidują palestyńskie karetki.

– Zobacz, tych Palestyńczyków jest ledwie dwa miliony. Banda pirotechników. Niech będą przeklęci! Nas jest sześćdziesiąt milionów i też nie mamy państwa. Ale nikomu nie robimy krzywdy, więc nikt się nami nie interesuje.

Sprzedaję świeże, sprawdzone i prawdziwe wspomnienia.

– I co, znowu spędzasz wieczór sam?

Boleścią przejęło mnie to osamotnienie moje, nie mogłem się powstrzymać i zapytałem o Dżamilę.

– Mam paru kumpli w okolicznych hotelach – uśmiechnął się Harun. – Podobała im się. Zakładali piękne szaty, namaszczali się wonnościami i wychodzili jej naprzeciw. Czatowali, jak szła po zakupy.

---

* Nazwa szkoły koranicznej – medresa (właśc. madrasa) – wywodzi się od czasownika oznaczającego studiowanie, uczenie się i nauczanie, jest używana na oznaczenie także świeckich szkół.

Mówili mi, żeby klepnąć ją po tyłku. Cha, cha, cha! – Harun nie czuł wobec mnie skrępowania, z powodu zażyłości, jaka zdążyła nas połączyć. Młodzieniec o delikatnym obyczaju, jego słowa były dla mnie cenniejsze od wielu rodzajów pomocy, były zarówno szczęśliwym zrządzeniem losu jak i ostrzeżeniem. Dlatego też w zadziwiający sposób powstrzymywały one porywy duszy, delikatnie ją umacniały, były przyczyną jej działania i wzmagały namiętność. – Myśleli, że jest łatwa, bo do wszystkich się uśmiecha... Każdy dzwonił do mnie i narzekał, że mu się nie udaje. Nic o sobie nie wiedzieli. Ani, że ich wszystkich znam. Milczałem jak grób. Mówię ci, wszystko na bieżąco. Miałem zabawę! Ale w końcu się zorientowali. Zaczęliśmy się zakładać. I wiesz co? Żaden nie wygrał – spojrzał na mnie. – O nie! Oni, to są proste chłopaki. Ja przyjacielu, nie próbowałem... Byłem bukmacherem... Cha, cha, cha! Nie, nie, ona to mnie w ogóle nie interesuje. Za chuda... No, no, nie obrażaj się! Nie jest zła. Ale to nie mój typ. Posłuchaj, dwa lata mieszkałem w Atenach. Tam kobiety zachowują się jak ona. To nie znaczy, że z każdym idą do łóżka. Zresztą mówię ci, nikomu się nie udało. Bądź spokojny! To dobra kobieta.

Cicho, bardzo cicho...

Ale ja mam dziewczynę i nie chcę poznawać nowej!

Harun pokochał turystkę z całego serca, żadnej poza nią nie widząc a wszystkie inne dla niej porzucił. Była ona cudem wdzięku i urody, wzrostu i kształtów młodych, cieniutka w pasie, ciężka w biodrach. Jak gdyby natchnienie poety. Harun siadał z nią wieczorami i pił jej ślinę z ust, nad miody słodszą. Serce jej oddał przepełnione miłością, a żądze jej nasycał. Minął turnus i nadszedł dzień, a nikt nie potrafił ani go opóźnić, ani też przesunąć go naprzód choćby o jedną godzinę. Harun zbudził się sam.

– Idąc po schodach poklepuję je dłonią między piersiami, a rękę kieruję między uda, aż porusza je to pośród lędźwi. Skoro Bóg tak chce, kiedy spoglądam na sylwetkę kobiety, podnoszę się i mogę jej cnocie zgotować kres. W hotelu jest jak w pałacu Ar-Raszida, niezrównanym w budowie i w swym kształcie przemyślanym. Widok jego komnat rozprasza troski. Kimże jestem, żebym odrzucał te kobiety? Mam klucze do wszystkich pokoi, gotów na wezwanie.

Minął turnus i nadszedł dzień, a Harun pokochał turystkę z całego serca, żadnej poza nią nie widząc i wszystkie inne dla niej porzucił.

– Chrrr-pszy! Chrrr-pszy! – goście śpią wiosenną nocą na tarasie, szumi telewizor. A jeśli obok spał jej narzeczony?

– Przecież – mówił Harun – przyjąłem ich z ochotą i z uszanowaniem. Jedli ze mną potrawy, które im przygotowałem. Wypoczywali w cieniu, w samym środku, sercu – ukrytym przed obcymi i nie zabrakło im niczego. Dzielili ze mną miejsce spożywania posiłków i miejsce odpoczynku. Zaprawdę, obcowaliśmy w jednej przestrzeni i wiele dobra im uczyniłem, za które przypada mi nagroda. Choć jej narzeczony jest moim przyjacielem. Czy nie zostało powiedziane, że jest odpowiedniejszym, aby nie postępować niesprawiedliwie wobec kobiety?

Wtedy Nieposkromiony cierpiał. W każdym razie Harun tłumaczył Zuchwalcowi, że tak nie wypada. Ale Jednooki nie słuchał i prześcieradło unosiło się nad Odkrywcą. Bez Wybawcy być nie może! Siły zbierały się w Pocieraczu, a Stęskniona podróżniczka przysuwała się do Włamywacza. Gdzie w pałacu przyjmę Wyzwoliciela? Harun zasłaniał Pływaka i uprowadzał Łódeczkę. Rozochocona i Dźgacz spotkali się wreszcie w ową godzinę, kiedy człowiek zapomina swego ojca i matkę swoją.

A kiedy wracali, narzeczony lżył go i przeklinał za podłość postępku jego, i za znikomość cnót męża. On zasię milczał i nie odzywał się ni słowem. A skoro zaprzestawał przekleństw, śmiał się Harun i mówił:

– Biada ci głupcze! Wszak wszedłeś do mojego domu, jadłeś strawę i piłeś wino, które ci przygotowałem. Kogo zatem winisz, stręczycielu? Bo chwała i wieczny pokój niechaj będzie tym, którzy umieją właściwie całować delikatne policzki, w odpowiedni sposób ściskać piękne talie, pokazywać pochwom największe członki i oblewać je słodyczą miodu.

Lecz czasem Harun sumiennie wypełniał powinności wiernego. Czy nie wstyd grzeszyć pod otwartym niebem z chrześcijanką, wbrew Bogu Najwyższemu, sprowadzając na siebie męki ognia piekielnego? Bowiem rzeczy, które się ze sobą zetknęły, pozostają złączone także po ich rozdzieleniu i zatem czyste związane będzie z nieczystym. Lęk powściągał Odkrywcę i Wstydliwy nie zaznawał Milczącej. Skoczek w górę, skoczek w dół, góra, dół... W myśl ugody Plujek oddawał siły Sflaczały. O brzasku Nienasycona czekała Kąsająca, aż narzeczony wstanie i odjadą.

– Przyjacielu, dam ci radę – Harun doskonale sprawdzał się w roli spikera. – Kobieta jest jak owoc, który nie wydziela słodyczy, dopóki nie zaczniesz rozcierać go w swych rękach. Spójrz na łodyżkę bazylii. Jeśli nie przetrzesz jej w swych palcach, nie wydzieli zapachu. Tak samo jest z kobietą. Jeśli nie ożywisz jej miłosnymi igrami, pomieszanymi z pocałunkami, kąsaniem i dotykaniem, nie otrzymasz od niej tego, czego pragniesz i nie obudzisz w jej sercu skłonności, ani zainteresowania. Dlatego traktuj kobietę jak ziele bazylii, jeśli chcesz dać jej zadowolenie.

Z sąsiedniego meczetu wezwano do modlitwy. Głos muezzina przeniknął ulicę, odezwał się drugi, potem trzeci i wibrujące śpiewy nałożyły się na siebie. Owładnęła mną tęsknota, żem się w słowach zabłąkał...

Gorąco, fajka, mój hotel, brzdęk! zapachy, Arabki o niedoścignionych kształtach arabeski...

Białe adidasy zostawiłem w westybulu.

# ROZDZIAŁ 4

## DŻAMILA, DZIENNIK I ZWODNICZA SZYBKOŚĆ PIĘKNA

Pamiętasz? Wspomnienia się należą.

– Puk-puk!

W czoło, puk-puk, i moja spalona skóra zrobiła się jeszcze bardziej czerwona. Puk-puk, rozdrażniona.

Nie, to w moje drzwi w pokoju w hotelu w Damaszku, kiedy miło pluskałem się pod prysznicem, zmywając kurz z zaułków orientalnej ulicy. Szyszyszyszy! Wyszoruję się i uwolnię od opowieści, co wodzą za nos, pomyślałem, właśnie, niedobre kobiety, które wodzą człowieka za nos i wreszcie przeżyję coś naprawdę.

– Kto tam? – zapytałem, wychodząc z łazienki.

Pokój wypełniła para zawiesista jak wata cukrowa, która dopiero w ustach rozpływa się niczym słodkie zauroczenie.

– Puk-puk!

To Dżamila. Pomyślała, że potrzebuję ręcznika, więc przyniosła specjalnie dla mnie świeży i pachnący, taki kolorowy, gdyż widziała mój przetarty, jak suszył się na tarasie i on jest na pewno za mały dla takiego dużego chłopca jak ja, będzie mokry, zanim się wytrę, gdybym jej otworzył, to ona osuszyłaby mi włosy i wymasowałaby głowę, bo umyła już stopy, rozgrzałaby mnie, porozmawialibyśmy, a potem włożyłaby suknię i odprężeni poszlibyśmy coś zjeść.

Już nacisnąłem klamkę, kiedy... Gerome. Wcześniej go tu nie było. Pewnie portier chciał mi zrobić przyjemność i gdy sprzątał pokój, powiesił reprodukcję.

Przyjrzałem się.

Murzynka z bransoletami na kostkach szoruje plecy białej damy. Szyszyszyszy kropi woda z kranu w ścianie.

– Puk-puk!

– Dziękuję ci – biały królewicz odpowiedział dopiero po chwili, krok we mgle, ten nagusek z ociekającymi puklami, biedny, żal mi go.

Cóż, wtedy w Damaszku było zaćmienie słońca...

Nie wierzycie mi?

Służę datą do sprawdzenia: 11 sierpnia 1999 roku, kilka dni po moich urodzinach. Gazety apelowały, aby nie wychodzić z domów. Ogłoszono dzień wolny od pracy. Sklepy i kawiarnie były pozamykane, transport nie działał, za to telewizja nadawała szczególnie atrakcyjny program.

Szyszyszyszy! Mimo zakłóceń. Wtedy nie było Internetu, satelity też nie było, mało co wtedy było, niczego by bez Dżamili nie było, która była później, a zatem działo się to też zimą 2003 roku i wiosną 2007 roku. Tyle wiemy. To dobrze jak na gatunkowo niejasny utwór, uprzedzam tu dociekliwych biurokratów, bo inni wiedzą, że to kwestia wielogłosu.

Tydzień wcześniej można było kupić specjalne okulary. Tekturowe oprawki z kolorową folią zamiast szkieł wyglądały jak słodycze na straganie. Miejscowi niechętnie je zakładali. W dniu zaćmienia strach spoglądać w niebo. Skaza natury, lepiej na nią nie patrzeć, odwrócić się i nie widzieć, a kysz! kpiarzu, wtedy sama przepadnie.

Tak też się stało.

Bez słońca, bez ręcznika, bez Dżamili... Precz maro łaźniana!

A miejscowi przestrzegali. W zaćmienie lepiej nie wychodzić. Drzwi nie otwierać. Absolutnie nie przedłużać, jeśli trzeba szybko wyjść, dojść i schować się, a miasto i tak będzie puste, jak w czasie zarazy, gdy ze strachu nie ma mowy o miłości.

Nie posłuchałem.

O zgrozo! Kiedy przed południem ruszyłem w drogę, po ulicach nie jeździły samochody, na chodnikach nie było pieszych i w oddali raz tylko przemknął niepewny policjant. Zamiast mijać przechodniów, z których ten czy ów byłby mnie zagadnął i kawałek wspólnie by się przespacerował, od początku ogarnął mnie lęk, doczepił się niby dla towarzystwa, cień, niewyraźny o wschodzie, w miarę marszu, jak słońce zbliżało się do zenitu, zgęstniał, choć stał się krótszy, im bliżej zaćmienia, tym bardziej mnie przerażał, bo najwyraźniej dałem sobie wmówić lęk, cień, co wszelki blask usuwa w cień.

A kysz!

Uwolniłem się dopiero za bramą. On przyczaił się w niszy śmierdzącej jajkami i czekał. By mnie dopadł bez litości.

Odpoczywałem.

U stóp rozwartych wrót: pusty kram.

– Komu brakuje własnych przeżyć, kogo tajemnicza niemoc przykuwa w rodzinnym domu, gdy na świecie dzieje się tyle niezwykłego, pomagam wyjść z opresji... Opowiadam. Właśnie! Łatwiej po-być bohaterem. Po-słuchać. Mirku, pozwiedzać obce kraje... A wy, poczytać książkę?

Handlarz też przeraził się zaćmienia, a może właśnie poszedł po świeże wspomnienia, stał teraz w kolorowych okularach na dziedzińcu wielkiego meczetu i patrzył.

Skoro tak, pomyślałem, zastąpię go.

– Halo, dzień dobry! Witam! Czy pomóc pani wyjść z opresji?

– A może panu? Chłopcze!

– Cena nie jest wygórowana. Proszę powiedzieć, ile kosztowała ta książka?

Uwieść pięknymi dziejami, spędzić miło czas i grać, atmosfera która uniesie słuchaczy i samego handlarza.

– Śmiało, proszę podejść – ale nikt nie podchodził. Nikt nikogo nie podchodził, bo w przejściu było pusto. Zwodnicza forma kramu nie chciała się dopasować.

– Mam cię! – krzyknąłem, przywalając do ziemi notatnik z pożółkłymi kartkami. – Dziennik prawdę powie... Pomoże odróżnić ziarno od plew. Szczęście, że Mirek prowadził go na bieżąco. Dzień w dzień, potem może mniej regularnie...

Powiem wprost, choć trochę mi wstyd: właśnie od dziennika zaczęła się powieść. Oto autentyczny, bez stylistycznych frykasów, klasyczny gatunkowo dziennik z życia Orientu wzięty.

Poczytajcie!

Dziennik Mirka. Opowieść o tym, jak zaczyna się opowieść

Wreszcie udało mi się znaleźć miejsce do pisania, gdzie nikt nie chce się ze mną poznawać i nie wypytuje, jak mi się w Syrii podoba. Siedzę w małej kawiarni przy katedrze na południe od wielkiego meczetu. To teren starego miasta, kwartał chrześcijan, głównie maronitów. Lokal z anglojęzycznym menu i odpowiednimi cenami nastawiony jest na turystów, ale o tej porze jest pusto.

Zamówiłem herbatę i piszę.

Do mojego hotelu w Damaszku trafiłem przez przypadek. Po nocnej podróży z Aleppo przyjechałem z samego rana. Nie miałem siły chodzić po mieście i szukać. Dżamila wynajmuje tu pokój z matką, Chadidżą, która przeprowadziła się z Ammanu, póki córka nie dostanie miejsca w akademiku. Niby już jej przyznali, ale od kilku tygodni ciągle czeka na klucz.

Choć dziś przez cały dzień świeci słońce, na dworze jest chłodno. Mój hotel jest w zasadzie pomyślany dla rezydentów z innych krajów arabskich. Warunki są fatalne. Właściciel do wczoraj odmawiał włączenia kotła grzewczego. Mimo nocnych przymrozków kaloryfery były zimne, a z kranu leciała lodowata woda. Dzięki temu poznałem Dżamilę. Przyszła do mnie rano i namówiła na solidarny protest: zadzwoni do właściciela i zagrozi, że wszyscy kupimy piecyki elektryczne. Zaimponowała mi. A co najważniejsze, poskutkowało. Po południu mogłem wziąć ciepły prysznic.

Na śniadanie jechałem windą z Gruzinką, która mieszka w hotelu od wielu miesięcy i przemyca odzież między Gruzją, Turcją i Syrią. Coś mówiła o innych gościach, a potem wspomniała, że Dżamila studiuje prawo. Spodziewałem się czegoś takiego po tej „akcji nieposłuszeństwa". Handlarka powiedziała, że Arabowie, to nie są dobrzy ludzie i abym uważał, robiąc aluzję do znajomości z Dżamilą. Gruzinka była szorstką, choć nie pozbawioną uroku kobietą koło czterdziestki, której los odcisnął piętno na twarzy. Chyba nie powinienem brać jej ostrzeżenia za złe. Podobają mi się kobiety takie jak ona, nawet jeśli traktują mnie trochę z góry.

Zresztą, Gruzinka chyba lubiła udzielać rady. Pokazała mi, gdzie można dobrze zjeść, a gdzie warto robić zakupy. Szybko zrodzona zażyłość pozwoliła jej nawet karcić mnie jak młodszego brata. Czuliśmy się swobodnie, tym bardziej, że naszego rosyjskiego nikt nie rozumiał. Jej sposób bycia przypomniał mi pewną Bułgarkę z Varny, samotnie wychowującą nastoletnią córkę. Kiedyś jechaliśmy samochodem przez Rumunię. Rozmowa musiała odpędzić sen. Otóż Bułgarka przez kilka lat, mniej więcej raz na dwa tygodnie, sprowadzała z Niemiec używany samochód. Sama wyszukiwała auto na którejś z giełd, sama je prowadziła, sprzedawała i potem wybierała się busem z powrotem.

Gruzinka miała koleżankę, z którą mieszkały w niewielkim, ledwo urządzonym pokoju piętro niżej niż ja. W tej części hotelu goście wynajmowali puste pokoje i mogli je umeblować. Schodząc po schodach słyszałem nie raz, jak obie kłóciły się z jakimś Arabem z miasta. To był zawsze ten sam mężczyzna.

W windzie na przekór całej sympatii poczułem, jakbyśmy stali się rywalami. Nie bardzo wiem, o co poszło. Wszyscy chętnie opowiadają tu głupoty o innych narodach. Ja tego nie lubię. Więcej nie będę z nią rozmawiał.

Jutro miałem wreszcie wybrać się na uniwersytet i ustalić szczegóły moich kursów arabskiego. Rozległy teren campusu położony jest w centrum miasta, choć kilka wydziałów mieści się dalej na obrzeżach. Nie wiem kto zajmuje się obcokrajowcami, więc zapowiada się żmudna wyprawa. Tymczasem herbata już wystygła, kelnerzy patrzą się podejrzanie na białasa, co siedzi sam i coś gryzmoli, niczego nie zamawiając. Pora się zbierać. W hotelu czeka prysznic, a po drodze kolacja – ulubiony humus w jadłodajni po drugiej stronie ulicy, gdzie mieszkam. Słodka herbata, którą mi podali jak turyście w dużej szklance z uchem, sztucznie pachnie miętą. Przyszło mi do głowy, że to pewnie płyn do zmywania naczyń, którego w pośpiechu nie wypłukano.

Dziennik Mirka. Opowieść o uniwersytecie i o zaproszeniu na kolację

Jest wieczór. Leżę na łóżku. Co prawda prysznic był ciepły, ale kaloryfery nadal nie grzeją. W pokoju jest potwornie zimno. Okna są nieszczelne. Będę musiał zmienić hotel. Mimo trzech kocy, palce mam tak sztywne, że z trudem piszę.

Rano pojechałem do campusu. Zanim znalazłem plan, podeszło kilku chętnych do pomocy. Każdy mówił, że będzie mu niezwykle miło, jeśli z nim porozmawiam. Dzięki temu poćwiczy angielski.

Przed rektoratem dwóch studentów wdało się ze mną w rozmowę i w końcu spędziliśmy razem kilka godzin. Pokazali mi teren i pomogli umówić się z dziekanem. Potem poszliśmy do uniwersyteckiej kawiarenki, gdzie kolejka przed kasą wyglądała na godzinę stania. Mimo tłoku udało im się wypatrzyć stolik ze znajomymi. Byłem jedynym białym. Ludzie rozstępowali się, żeby zrobić mi przejście. Wstydzili się, że nie mogą zaofiarować gościowi lepszych warunków. W ogóle przyglądała nam się cała kawiarnia, a moi rozmówcy niebotycznie urośli w oczach pozostałych. Dla białego królewicza herbata znalazła się błyskawicznie. Potem dosiadły się zaciekawione koleżanki i miło porozmawialiśmy.

Sam campus jest rzeczywiście ogromny. Poszczególne budynki stoją w dużej odległości od siebie. Są ciekawą mieszanką orientalnej lekkości z monumentalnością socrealizmu. O dziwo, widziałem wiele pustych pomieszczeń. Czasem nawet całe gmachy nie były zagospodarowane. Wydawały się niczym formy geologiczne na ziemi wydartej pustyni, która przy pierwszej okazji powróci do macierzy.

U dziekana znów wyjaśniłem wszystko po angielsku, bo w poczekalni siedział jakiś inżynier i chętnie przetłumaczył. Sekretarka sporządziła notatkę kim jestem i zaniosła przełożonemu. Ten porozmawiał ze mną, opatrzył kartkę komentarzem, podbił pieczątką i wysłał do innego dziekana. Jego wydział mieścił się po drugiej stronie terenu. Potrzebowałem godziny, żeby tam dojść. W gabinecie sekretarka dopisała coś na kartce. Przedstawiła ją szefowi, a ten podstemplował i wysłał do docent. Docent okazała się nieobecna. Musiałem wrócić do dziekana, który tym razem gdzieś zadzwonił. Pojawił się nowy komentarz. Kartkę trzeba było obrócić, bo zabrakło miejsca. Była tak zabazgrana, że nie mogłem jej przeczytać. Wreszcie przydzielono mi gońca. Posłaniec utykał na lewą nogę, miał nieszczęśliwy wyraz twarzy i zdawał się mniej znać campus niż ja. Jego dialektu w ogóle nie rozumiałem. Problem polegał na tym, że sam nie wiedziałem dokąd mamy iść. Tabliczki na drzwiach gabinetów też nic mi nie mówiły.

W korytarzu wydziału pokoje były pootwierane. Ze środka wyglądali urzędnicy. Przy kaloryferach stały puste krzesła. Wreszcie okazało się, że sesja przełożona jest na lato i kurs może odbyć się tylko prywatnie, jak się umówię z wykładowcą po pracy. W ogóle poradzono mi, abym poszukał zajęć w którejś z prywatnych szkół językowych.

Grunt to się nie zniechęcać.

Tak czy inaczej, dziś nie mogłem już zdążyć. Znajomy emigrant, którego poznałem przed przyjazdem, poprosił swojego brata z Damaszku, żeby zebrał dla mnie adresy szkół. Dostałem kilka prospektów i umówiłem się telefonicznie. Po Aleppo czuję się trochę pewniej językowo i jakoś dałem sobie radę.

Wracając, rozejrzałem się za nowym hotelem i mam już coś na oku. W sprawie ceny spotkam się jutro z szefem. Hotel nazywa się »U Badra Basima«. Odbyłem miłą rozmowę z portierem Harunem, tak jak legendarny Harun ar-Raszid. Mówił, że Badr Basim jest bohaterem opowieści z Księgi tysiąca i jednej nocy. Imię to oznacza uśmiechający się księżyc. Jako potężny król, syn morskiej księżniczki i perskiego władcy, Badr Basim zakochuje się w królewnie, która nie jest mu przychylna. Chcąc ją pozyskać, zmuszony jest przebyć niebezpieczne próby i tułać się po lądzie i morzu. Niechętna oblubienica rzuca na niego klątwę. Na koniec udaje mu się ją pozyskać. Oboje stają się szczęśliwą parą i żyją razem aż do śmierci.

Na kolację zjadłem polecaną przez Gruzinkę zupę z ciecierzycy z jogurtem i przecierem z sezamu, która nazywa się fette. Pycha! Do polanej gorącą oliwą i posypanej pachnącym kminkiem porcji podaje się kawałki surowej cebuli, kiszone warzywa i świeże liście mięty. W suku, ale też w okolicy, gdzie jest mój hotel, są specjalne jadłodajnie, które oprócz tego mają tylko humus i krem z bobu – ful. W wielkich misach przy ladzie wyłożona jest kiszona rzodkiew, ostre papryki i zimna woda do popicia. Jest także chleb arabski, czyli rodzaj cienkiej pity. Każdy może brać, ile zechce. Zupy podaje się tu na śniadanie, ale ja nie jestem przyzwyczajony, żeby rano jeść coś ciepłego.

Na koniec spotkałem w windzie mamę Dżamili, która zaprosiła mnie na jutro na kolację. Była bardzo miła. Pytała, jak się mam i czy daję sobie radę w obcym mieście. Obiecałem, że przyjdę. Dobrze będzie bliżej poznać kogoś miejscowego. A przecież chodzi o przystojną i niegłupią panią prawnik in spe...

Nota bene, nie jestem przesądny, ale czy to zbieg okoliczności, że prawo, czyli po arabsku szaria, ma ten sam rdzeń co droga? Nuri! Nuri! Światło moje, wołała na córkę mama. Jeśli już nie furtka, myślę, która otworzy się i wprowadzi mnie do egzotycznego świata, to niech będzie droga. Droga oświecenia. Jak to ładnie brzmi...

Dziennik Mirka. Opowieść o prywatnych szkołach językowych i ich nauczycielach

Dziś idę na kolację z Dżamilą, więc za dziennik zabrałem się po południu. Potem może być późno. Zawsze staram się pisać wieczorem, żeby po całym dniu mieć wszystko na świeżo. Gdyby fantazja chciała mi coś podsunąć, zdążę zweryfikować w pamięci.

Siedzę w małej piekarni w okolicy, gdzie mieści się kilka szkół językowych.

Przed południem spotkałem się z młodą nauczycielką arabskiego. Sekretarka w szkole powiedziała mi, że poza sezonem nie mają grup cudzoziemców, co znają język, tak jak ja i oferują mi lekcje sam na sam z wykładowcą. To miłe, ale kiedy się wreszcie zaczną?

Okazało się, że pani od arabskiego ma dziewiętnaście lat i do szkoły przyszła z mamą. Niby dyrektor mówił, że choć młoda, zna się na mediach, prowadzeniu korespondencji i na miejscowym dialekcie, czyli wszystko to, o co prosiłem, a ma jeszcze na swój wiek duże doświadczenie z młodzieżą. To ostatnie, to chyba miał być komplement pod moim adresem. Zresztą, czy dziewiętnaście lat oznacza, że nie jest się dobrym nauczycielem? Tylko ta mama...

Nauczycielka była wysoka i zgrabna. Dżinsy stretch opinały się jej na pupie. Nad fryzurą spędziła cały poranek. Nie liczę obwiedzionych tuszem oczu. Mama była niska i gruba, w hidżabie i szerokim płaszczu do kostek. Dyrektor zaprezentował profesjonalne materiały. Omówiliśmy moje potrzeby i propozycje szkoły. Ostatecznie podałem im telefon do hotelu z prośbą o rozpisanie terminów oraz ustalenie warunków finansowych kilkutygodniowej nauki. Uzgodniliśmy darmową lekcję próbną, a do domu dostałem testy, żeby pedagog zorientował się, co umiem.

W drugiej szkole czekał na mnie pan w wieku mojego ojca, który w dodatku miał to samo imię – Mikołaj. Mikołaj był z pochodzenia Rosjaninem, to znaczy urodził się w Syrii, ale jego ojciec był białym emigrantem z czasów rewolucji. Niestety, z dystansem odniósł się do moich pytań o historię, ale może przesadziłem z tym na pierwszym spotkaniu.

W drodze powrotnej zaszedłem do biblioteki instytutu kultury. Wypożyczyłem Piotrusia Pana. Od dzieciństwa śnię o lataniu. Lubię czytać tę książeczkę. Dorośli chłopcy, co mają problemy z matką... Barrie był jeszcze nieszczęśliwie zakochany. Swoją drogą szkoda, że tak rzadko śnię.

Potem trafiłem na właściciela hoteliku, który upatrzyłem sobie na nową siedzibę. Bez problemów ustaliliśmy cenę. Wybrałem sobie pokój na swoją rezydencję w Damaszku. »U Badra Basima« to kilkupiętrowy budynek urządzony w stylu starych arabskich domów, coś na kształt małego pałacu miejskiego z patio, częścią oficjalną, haremem i oczywiście z tarasami na dachu, na których można spać. W środku nie ma windy i na piętra wchodzi się po wąskich, kamiennych schodach. W kranie jest ciepła woda, a kaloryfery grzeją pełną parą. Ustaliłem, że wprowadzę się od początku przyszłego tygodnia. Byle bym nie zapomniał, że tutaj to niedziela, a nie poniedziałek.

Wychodząc natknąłem się na Haruna, który prowadził na górę jakąś Holenderkę. Niósł za nią plecak. Portier pozdrowił mnie radośnie i kazał poczekać. Kiedy wrócił, przytoczył jakiś miłosny wers arabski, robiąc aluzję do dziewczyny. Powiedział, że w następny poniedziałek w hotelu, gdzie pracuje jego znajomy, będzie uroczysty wieczór z animacjami dla turystów. W programie są występy fakirów i pokazy tańców ludowych. Podobno szef kazał mu zaprowadzić grupę gości z »U Badra Basima« i pozwolił z nimi zostać. Bardzo mnie namawiał, abym się wybrał.

W piekarni, w której teraz siedzę, wypiłem na przystawkę ajran, zagryzając pysznymi pierożkami z ciasta drożdżowego. Niezależnie od nadzienia, które bywa słodkie lub ostre, z oliwkami, marynowaną papryką lub mięsem czy serem, wypieki nazywa się fatair.

No nic, pora się zbierać. Muszę się jeszcze wykąpać przed kolacją.

Dziennik Mirka. Opowieść o pierwszym spotkaniu z Dżamilą

Oprócz mamy do kolacji dołączyło dwóch starszych Irakijczyków z sąsiedniego piętra. Mówili, że są przyjaciółmi ze szkoły i przyjechali, żeby odzyskać kilka tysięcy pożyczonych dolarów, ale jakoś od tygodni nic im z tego nie wychodziło.

Zebraliśmy się około dziesiątej. Ponieważ nie było świetlicy, w której moglibyśmy usiąść, wystawiliśmy krzesła na korytarz. Co jakiś czas wysiadał z windy pijany portier i prosił abyśmy poszli spać. Recepcjonista był starszym, trochę niedołężnym panem, który płynnie mówił sześcioma językami i używał bardzo wytwornych zwrotów. Kiedy pił, zupełnie plątały mu się myśli. Przychodził, zapominał, o co mu chodziło, jadł trochę sera albo orzeszków, którymi go częstowaliśmy, potem kłaniał się, życzył nam miłego wieczoru i jechał do piwnicy, żeby zakręcić ogrzewanie. Gdy wracał do swojego kantorka, trzaskał drzwiami, a wtedy Irakijczyk albo Dżamila schodzili i skradając się jak Indianie, odkręcali gaz w kotle. Przedrzeźnianie dystyngowanej mowy portiera przełamało resztki konwenansów między nami. Nie przeszkodziło nam to odkładać co lepszych kąsków, aby go poczęstować, jak przyjdzie następnym razem.

Sama kolacja była raczej skromna i składała się z pity, mieszanki przypraw zwanej zatar, topionego serka i dżemu. Do tego piliśmy mate z małych, wypełnionych pokruszonymi liśćmi szklaneczek. Nauczyłem się tego w Trypolisie. Metalowe słomki zakończone płaskim sitkiem, które przed nasypaniem herbaty wkłada się do szklanki, pozwalają odcedzić wywar. Jeśli ktoś nie jest amatorem cierpkiego smaku zielonej herbaty, przed nowym parzeniem sypie na wierzch cukier, który natychmiast rozpuszcza się w ukropie. Liście pozostają i mate za każdym razem daje szlachetniejszy wywar.

Rozmowy przy herbacie ciągną się godzinami. Gdy goście wypiją porcję, gospodarz nastawia nowy czajnik. Wodę rozlewa się unosząc dzióbek imbryka coraz wyżej, a na koniec gwałtownie opuszcza i przerywa strumień. Wczoraj zapytałem, dlaczego wrzątek nalewa się z takim ceremoniałem. Zapanowało zdziwienie. Irakijczyk powiedział po namyśle, że kiedy woda zaczerpnie powietrza, aromat herbaty jest pełniejszy. Pozostali przyklasnęli, cmokając z aprobatą.

Sztuka picia mate polega na tym, żeby nie poparzyć sobie warg słomką, która stygnie wolniej niż szklanka, a z drugiej strony nie pić chłodnego naparu. W Trypolisie z trudem wyczuwałem, kiedy metal przestaje być gorący i niepewnie bełtałem w szklance. Obcy konwenans nie radził sobie z przyzwyczajeniem. Moment nieuwagi, a już obracałem słomką, fusy wpadały do środka i potem krztusiłem się herbacianym pyłem.

Wczoraj spokojnie przyglądałem się, jak cukier rozpływał się w wodzie. Przy okazji odkryłem, że to jest miara temperatury słomki. Czując się pewniej, opowiedziałem, jak w Trypolisie nie mogłem powstrzymać się od mieszania. Uśmiali się. Zaczęli mnie przedrzeźniać, jak to ukradkiem mieszam, a potem pluję wiórami od herbaty. Tylko Dżamila śmiała się jakby trochę mniej. Klepiąc mnie po ramieniu chwaliła, że w jej rodzinnym mieście nauczyłem się pić mate.

Kobiety na zmianę zabawiały nas rozmową. Matka opowiedziała, jak odblokowywały z córką dekoder, bo ojciec nie chciał, żeby bracia oglądali pornografię z satelity. Nam nie zabronił, pół żartem dodawały sobie otuchy. No i udało im się. Potem pochwaliły się najstarszemu bratu. To chyba dlatego ojciec się zorientował i wymienił tuner. Dżamila ośmielona tą historią, zaczęła naśmiewać się z mamy, która od kilku tygodni nie widziała się z mężem i w łóżku przytulała się do różowego misia, potajemnie zabieranego córce, kiedy śpi. Na to Irakijczycy zaoferowali pomoc. Chadidża odparła, jej ślubny jest »znakomity pośród tysięcy, kędziory jego włosów jak gałązki palm, czarne jak kruk«, i ona nie zwykła zniżać poziomu. Dobrze, ale my mamy lepsze kwalifikacje, odpowiedzieli Irakijczycy i wszyscy wybuchli śmiechem.

Wierzyciele z Bagdadu w ogóle mieli świetne humory i chyba nie przejmowali się pieniędzmi. Tylko pytanie o sytuację w kraju wzbudziło niechęć. Zresztą, w rozmowie omijaliśmy politykę. Za to używaliśmy na Syryjczykach. Szło gładko, bo wszyscy byliśmy obcy.

Dowiedziałem się, że mieszkańcy Damaszku za długo pracują, są nieuczciwi i nie potrafią się bawić, że cały kraj jest zacofany, brudny, a co najgorsze, mężczyźni rzadko spędzają czas z kobietami. Dla przeciwwagi Dżamila opowiedziała o swoich ostatnich wakacjach w Akabie, że tam tyle się dzieje, że ludzie się uśmiechają, rozmawiają na ulicach i zapraszają się nawzajem. Już nie mówiąc o cudownym Bejrucie.

Kiedy w środku nocy skończyły się zapasy, nikt nie chciał jeszcze spać. Postanowiliśmy dokupić coś do jedzenia. Hotel był na noc zamykany, a portier nagle przestał się pojawiać. Nie chcieliśmy budzić go bez powodu, tym bardziej, że dopiero zasnął. Poszło niespodziewanie łatwo. Przez balkon zawołaliśmy ulicznego sprzedawcę papierosów, zrzuciliśmy mu pieniądze, a potem w siatce na sznurku wciągnęliśmy pieczonego kurczaka. Okazało się, że sprzedawca był dziesięć lat kelnerem w restauracji w moim rodzinnym mieście. Półtora roku temu stracił pracę i wrócił do Syrii. W Polsce miał żonę i dzieci. Nawet znał trochę język. Nie wyjaśnił, czy rozwiódł się i ożenił tu drugi raz, czy po prostu jedna kobieta nic nie wiedziała o drugiej. Zresztą i tak nie chciał tam wracać.

Spytałem się towarzystwa, jak to jest z tymi żonami. Przyszła pani prawnik wytłumaczyła, że w Syrii nie ma obowiązku sprawdzać, czy nowożeniec kogoś poślubił choćby w innym mieście, a co dopiero za granicą. Gdy rodziny narzeczonych uzgodnią warunki, oficjalnie w nic się nie wnika. Prawo dopuszcza posiadanie czterech żon. Mąż ma obowiązek utrzymania ich i dzieci. Jeśli go nie spełnia, daje powód do rozwodu, a nawet procesu, w którym ma duże szanse przegrać też majątek rodziców, których pociąga się do współodpowiedzialności. Niewiele osób może ryzykować. Dżamila powiedziała, że takie prawo jej się nie podoba i ma nadzieję, że to się zmieni. Będzie się o to starała.

Przez tego sprzedawcę wszyscy zaczęli pytać o Polskę. Czy u was rosną pomarańcze? Nie? A jakie są ceny? Ile kosztuje kilo pomidorów? Byli zdziwieni, że chleb jest w bochenkach, a nie ma pity. I najważniejsze, ilu jest muzułmanów? Czy są meczety w stolicy? Powiedziałem wprost, choć było mi wstyd, że jest tylko jeden na obrzeżach miasta. Dziwne. Przecież w Damaszku jest tyle kościołów. A ilu jest Polaków? Czterdzieści milionów, to dużo! I jeszcze ileś poza krajem... Śmiali się. Arabów też jest dużo za granicą.

Dżamila raz po raz chwaliła mój arabski. Pytała, czy to popularne się go uczyć. Innym też się podobało. Byli dumni, że znam ich język. Cierpliwie powtarzali słowa, których nie rozumiałem. Dżamila siedziała obok. Od czasu do czasu klepała mnie po ramieniu tak, jak to się robi wobec sympatycznego kolegi. Mama uśmiechała się do nas. Miała bardzo zepsute zęby. Jej obecność działała na mnie kojąco, nawet jeśli nie rozumiałem jej dialektu.

Gdy się dziś obudziłem, czułem się jeszcze najedzony. Od razu chciałem zacząć pisać. Na schodach natknąłem się na Chadidżę. Dżamila jeszcze śpi, powiedziała. To normalne, gdy tak długo siedzi w nocy, przesypia cały dzień. Jak chcę, mogę do niej zajrzeć. Na pewno się ucieszy, jak ją obudzę. Powiedziałem, żeby ucałowała córkę ode mnie i wyszedłem.

Teraz siedzę w cukierni z wygodnymi, szerokimi stołami. Zamówiłem małą baklawę, którą cukiernik wydzielił z blachy pełnej identycznych form. Sztuka pieczenia baklawy polega na tym, żeby warstewki ciasta wybrzuszyły się, aż nad każdym kawałkiem powstanie swoista kopułka. Nieskończone kopie mauzoleum cukiernika kpią sobie z wieczności piramid. Przyszło mi do głowy, że twórca baklawy jest poprzednikiem Warhola, orientalnym popartystą, który przelicytował wieczność.

Właśnie: przypominanie. To samo, ale za każdym razem trochę inaczej. W tym tkwi metafora Orientu.

Dopisane przed wieczorem: Cała ta kolacja i pół wspólnie spędzonej nocy trochę mnie oszołomiły. Niby wszystko w porządku, tylko jak mawiał David Lynch, rzeczy nie są tym, czym się wydają. Czego ja się spodziewam?

Dżamila pewnie słodko spała, kiedy chodziłem po mieście. Na dworcu autobusów słuchałem nagrań, którymi stoisko muzyczne przyciągało klientów. Naganiacze pokrzykiwali na pasażerów. Dzieci z niepojętą energią wskakiwały do autobusów, sprzedawały rodzaj racuchów i wybiegały na dwór, zanim kierowcy zaczęli je rugać. Przy wyjeździe policjant sprawdzał papiery pojazdów. Zapach kawy z kardamonem tłumił smród spalin. W tym kraju nikt nie gasi silników na postoju.

Zamiast rozbudzić, atmosfera dworca wprawiła mnie w letarg. Kupiłem trochę pestek i skubałem niczym oczekujący. Niestety, łuskanie zupełnie mi nie wychodziło. W końcu dałem za wygraną i poszedłem do hotelu. Nie chciałem nikogo spotkać. Na schodach poczekałem, aż się uciszy i przemknąłem na górę. Choć jutro przeprowadzka, nie chce mi się pakować. Przekręciłem klucz i idę spać.

Dobranoc!

Dziennik Mirka. Opowieść poświęcona Dżamili i wrażeniom o niej

Dziś od rana pada deszcz. Poprosiłem w recepcji, żeby przynieśli mi fatair na śniadanie. Uzgodniłem, że przeczekam niepogodę, a potem się przeniosę.

Młoda nauczycielka zdzwoniła i powiedziała, że rezygnuje z lekcji, bo zachorował dziadek. Musi się nim opiekować. Tymczasem lekcja próbna z Mikołajem wypadła dobrze, choć nauczyciel zasypał mnie obcymi terminami i od początku bardzo wysoko postawił poprzeczkę.

Jak wygląda Dżamila? Otóż, dziewczyna jest brunetką średniego wzrostu, jak dla mnie trochę za szeroką w biodrach. Na twarzy dominują czarne oczy, choć to radosny uśmiech i nieduży, sterczący biust najbardziej przykuwały uwagę Irakijczyków. Mam wrażenie, że Dżamila lubi, żeby świat obracał się wokół niej, gotowa złościć się, kiedy czuje, że jest inaczej.

Monotonne ubranie Dżamili składa się z obcisłych dżinsów oraz bluzek. Nie wyróżnia się. Mówiono mi, że spodnie są bardziej nowoczesne niż spódnice, które kojarzą się z konserwatywnymi czadorami lub z dżallabami kierowców ciężarówek, uważanych za margines społeczny. W ogóle być nowoczesnym, to jest tu wielki komplement.

Mimo wyraźnych retuszy, Dżamili nie udawało się ukryć nabrzmiałych pryszczy na policzkach. Krostki podchodziły ropą. W rowkach przy płatkach nosa ma kilka porów rozszerzonych po wyciskaniu, choć warstwa pudru nadaje jej skórze pozór gładkiej i delikatnej. Różowa, perłowa szminka podkreśla asymetrię dolnej wargi i wydaje mi się prowincjonalnym wtrętem.

Długie, zawsze rozpuszczone włosy sięgają Dżamili poniżej ramion. Jest z nich dumna. Codziennie myte i starannie rozczesywane pukle stroszą się na złość wszelkim stereotypom. W czasie kolacji dziewczyna co rusz pochylała głowę i gwałtownie odrzucała włosy. Czasem muskała mnie przy tym po twarzy. Chodzenie na obcasach wyraźnie jej nie wychodziło. Jakby za każdym krokiem musiała od nowa ustalać równowagę. Kiedy schodziła do piwnicy, mimowolnie czerwieniłem się ze wstydu.

Jej charcząca mowa drażniła mnie brakiem wdzięku. Zamiast mówić ciszej, trochę się tonować, dziewczyna była głośna i przez to nieco wulgarna. Podobało mi się, że Dżamila ożywa dopiero wieczorem. Przez całą kolację była energiczna jak dwie Dżamile, a może nawet trzy...

Co do jej pokiereszowanej cery, to przypomniałem sobie znajomą kosmetyczkę z Aleppo, która opowiadała mi, że dużo kobiet ma tu problemy ze skórą. Jedzenie jest tłuste. Brakuje zdrowych kosmetyków i nie wypada uprawiać sportów. W ogóle do dobrego tonu należy jeździć samochodem, jak najmniej chodzić.

Dżamila pochodziła z Trypolisu w północnym Libanie. Tam spędziła swoje dzieciństwo. Potem rodzina wyemigrowała do Jordanii. Ojciec znalazł w Ammanie dobrą pracę. Szybko się usamodzielnił i otworzył firmę transportową. Dobrze im się wiodło. Najstarszą córkę postanowili wysłać na studia do Damaszku.

Dżamila jest wyjątkowa. Jak powiedział Harun: »włosy jak drogie kamienie i czarnej barwy spojrzenie. Kiedy spogląda śmiele, wstydzą się antylopy i gazele. A gdy odrzuci z twarzy zasłonę, słońce i księżyc gasną zawstydzone«. Choć Libanki w ogóle wyglądają inaczej niż Syryjki. Zresztą, czy po wyglądzie można poznać, jakie ma się pochodzenie?

Wczoraj, wracając z dworca, szedłem ulicą, gdzie mieści się większość biur podróży. W jednym z okien wisiała reklama wycieczki do Bejrutu. Zajrzałem do środka i nie do wiary! Za ladą siedziała Dżamila. No proszę, czyli to jej mama nazywa spaniem przez cały dzień! Zrobiło mi się przykro.

Wszedłem do sąsiedniego biura. Niby studiowałem rozkład jazdy, ale między obwieszczeniami podglądałem Dżamilę. Jej bluzka była bardziej elegancka, dżinsy te same, nos i oczy – mam! Ale czy ja je naprawdę znam? Właśnie, gdzie się podziała warga?

Hostessa w kiosku używała czerwonej pomadki i miała jakby bardziej symetryczne, mniejsze usta. Tak czy inaczej wolałem, żeby Dżamila nie wiedziała, że jej szukam. Tym bardziej, że wcale nie szukam. Tylko brakuje, żeby wyszło, że ją śledzę. A może miała bliźniaczkę? Zapytam przy okazji.

Dopisane przed wieczorem: Po przeprowadzce miałem kiepski nastrój. Wybrałem się na film. Znajoma z bogatej rodziny w Aleppo, która chodzi do kina tylko w ekskluzywnych hotelach, mówiła, że w filmy na mieście wplata się sceny pornograficzne. Zapłaciłem za bilet i odsłoniłem kotarę. To było coś. Na sali sami faceci. Projekcja trwała na okrągło. Kiedy wszedłem, hinduska piękność właśnie chowała się w ramionach partnera. Obowiązkowy blask zachodu. Kiedy skończył się romans, przyszła kolei na akcję. W roli głównej Chuck Norris. Co chwila ktoś przechodził przed nosem. Śmierdziało potem, po krzesłach biegały karaluchy. Przesiedziałem na widowni całą ulewę, ale żadnej pornografii nie było. Tylko karaluchy szemrały monotonnie, jak deszcz, pełzając po oparciach. Zacząłem rozmyślać.

Dżamila i jej mama wydawały mi się kobietami, jakich szukałem. Ich wzajemne stosunki ujęły mnie harmonią. Może to śmieszne, ale czułem się tak, jakbym zawsze umawiając się z dziewczyną, spotykał się też z jej matką.

W czasie kolacji opowiedziałem im o narzeczonej, która z powodu pracy została w domu. Mówiłem, że przyjechałem uczyć się języka i nie wspominałem o Gas-Seek. Chadidża cały wieczór nie podjęła tematu. Tymczasem to wtedy Dżamila opowiedziała o różowym misiu i sytuacja się odwróciła. Zresztą, może to był rodzaj gry? Może to matka interesuje się mną, a nie córka?

Nie. Po prostu inicjatywa należy do nich. Chadidża, kobieta bądź co bądź starsza, zachowuje się z otwartością, którą znam z Europy. To jest miarodajne. Cieszę się ich sposobem bycia. Tylko te czarne zęby... Czerwony Kapturku... Świadectwo nocnego przemęczenia umysłu. Pora iść spać.

Jeszcze jedno: na kolację z Dżamilą kupiłem miejscowego sera, smakującego jak kaszkawał z solą. Jego cienkie nitki splecione w rodzaj warkoczy trzyma się w specjalnej zalewie w lodówce. Do jedzenia trzeba go odcedzić, rozplątać i zagryzać chlebem. Niestety, zapomniałem go w recepcji. Dopiero przy przeprowadzce portier-poliglota wręczył mi opakowanie.

Wczoraj w hotelu znalazłem książkę, skąd pochodził cytat Haruna. Fragment był zaznaczony i kończył się tak: »nikt nie jest zdolen ustrzec się od tej gazeli młodej, która ma lica jak słońce, jeno piękniejsze odeń«. Czy to właśnie chciał mi powiedzieć Harun?

Dziennik Mirka. Opowieść o owocach i sziszy w restauracji z Dżamilą

Wczoraj byliśmy umówieni na kolację w restauracji. Spotkanie wyznaczyliśmy przed sklepem z dżallabami na sąsiednim placu. Dżamila była punktualna i na powitanie rzuciła mi się na szyję.

Powiedziała, że bardzo się za mną stęskniła i już nie mogła się doczekać, kiedy się spotkamy.

Restauracja nie była daleko. Kelner wprowadził nas na przestronną salę i wskazał stolik, który stał na uboczu. Nie byliśmy głodni. Zamówiliśmy szisze i owoce. Umówiliśmy się we trójkę, ale Chadidża nie przyszła. Przeprosiła, ponieważ zachorował dziadek. Postanowiła nie wychodzić, żeby na bieżąco kontaktować się ze szpitalem.

Kelnerzy kłaniali się i zagadywali nas mnóstwo razy. Wreszcie jeden zaserwował schłodzoną paterę z piramidą owoców. Były figi, granaty, mango, ananas i kokos, plastry bananów, ćwiartki jabłek, cząstki pomarańczy i mandarynek. Nigdy takiej konstrukcji nie widziałem. Wydawało mi się, że góry owoców nie zjemy nawet w połowie. Szisze przyniósł inny kelner. Na stole stało pudełko z chusteczkami. Nie było napoczęte, jak przystało na elegancki lokal, gdzie każdy gość dostaje nowe.

Kelnerzy jakby znali Dżamilę. Pozdrowili ją przy wejściu i wymienili kilka zażyłych zdań. Sądziłem po mimice, bo rozmawiali w dialekcie. Czy to dziwne, że ma ulubioną restaurację? Zresztą Dżamila zaraz powiedziała, że przychodzą tu czasem z mamą i stąd obsługa je rozpoznaje.

W środku natknęliśmy się na parę jej znajomych. Po ślubie wyemigrowali z Libanu do Meksyku. Wydzierżawili hotel na Jukatanie, a teraz byli na urlopie. Przysiedli się. Dowcipkowaliśmy o strachu Jankesów przed muzułmanami. Czy wyglądamy na takich, co ich się trzeba bać, pytaliśmy się nawzajem przedrzeźniając brodaczy z telewizji, nawet jeśli ja nie bardzo liczyłem się w konkurencji.

Potem Dżamila odprowadziła ich do wyjścia. Na sali był gwar. Muzyk tęsknie grał na flecie. Do tej pory paliłem sziszę tylko w bazie. Obłożony poduszkami, zagryzając cząstkami owoców czułem błogość, która sięgała palców dłoni i stóp.

Oprócz Libańczyków z Meksyku nie było innych par. Przy stołach wokół sceny siedziały grupki mężczyzn, którzy rozmawiali, podśpiewywali, a niektórzy nawet kołysali się w takt muzyki. W karcie restauracji nie było alkoholu. Wydawało się, że obsługi jest więcej niż gości. Socjalistyczna rozlazłość mieszała się z orientalną obfitością.

Tymczasem wszyscy mi się przyglądali. Pod maską życzliwej ciekawości kryło się coś, czego nie potrafiłem odczytać. Kelnerzy uśmiechali się nienaturalnie i zbyt długo patrzyli mi w oczy. W na pozór przyjacielskiej mimice krył się jakiś sekret. Czy chodziło o pochlebstwo dla pięknej kobiety i szacunek dla mnie, że z nią jestem?

Kiedy Dżamila wróciła, znów zaczęła mówić, jak bardzo się za mną stęskniła, że się cieszy, że Libańczycy sobie poszli i wreszcie zostaliśmy sami, bo ma mi tyle do opowiedzenia, chce, abym wiedział o niej jak najwięcej i że mogę pytać o wszystko, sama na początek przyniosła zdjęcia swojej rodziny z Tarablus, oto mama w czasie ślubu i bracia, jeden dziadek pochodzi z Palestyny, czy sobie wyobrażam, że on mówi po hebrajsku, a ona ostatnio była w Izraelu, gdzie jest bardzo, bardzo ładnie, wszystko jest takie bardzo nowoczesne i bardzo kolorowe, szczególnie w dzielnicach żydowskich, bo Arabowie nawet tam są brudni i zacofani, ale o wyjeździe do Izraela lepiej opowiadać w trzeciej osobie, że niby to przyjaciel był, bo nigdy nie wiadomo kto słucha, dlatego potem to przyjaciel zmienił paszport, żeby znikły stemple z granicy nowoczesności, zobacz! tak teraz wyglądam w dowodzie, to zdjęcie jest sprzed roku, wtedy miałam troszkę krótsze włosy, a kiedy już zupełnie poplątały się płcie i osoby, nie mówiąc o gramatyce, Dżamila nachyliła się i szepnęła o zauroczonym nowym, wspaniałym światem przyjacielu, którym była ona, ale po co ma się z tym afiszować, a ja pierwszy raz zajrzałem jej w dekolt, poczułem słodki oddech i perfumy, wonne niczym mirra, i zapach piżma, czyli ostrą, męską nutę, pomieszany z różą i goździkami, słodkimi, jak mięsiste daktyle, które zajadaliśmy ze smakiem, podczas gdy ona cały czas mówiła, jak bardzo leży jej na sercu moje zdrowie i nastrój, bo coś za dużo to ja nie jem, chodź! zamówimy przynajmniej trochę przystawek, na które oczywiście mnie zaprasza, ponieważ rozmawiała z mamą, że jestem chudy i muszę więcej jeść, wiem! weźmiemy mięso z grila, do tego sałatki i warzywa, gdyż ta restauracja znana jest z wonnych sosów do pieczeni i koniecznie syrop z granatów, choć jeśli arabska kuchnia mi nie smakuje, to nie ma problemu, jest też duży wybór dań europejskich, są hamburgery i frytki z keczupem, a poza tym poczekaj, masz takie cienkie włosy, to na pewno dlatego, że używasz złego szamponu, ona się na tym zna i możemy się wybrać do sklepu kosmetycznego, to mi doradzi przy kupnie.

Szkoda, masz takie piękne włosy.

W ten sposób minęło kilka godzin. Aromat jaśminowo-jabłkowej melasy mieszał się z orzeźwiającym smakiem owoców, które pociły się kropelkami soku, im dłużej leżały pokrojone na talerzu. To właśnie spodobało mi się najbardziej: zimne, gładkie kawałki banana albo jabłka, które przy jedzeniu czule łaskoczą w podniebienie.

Nie jestem entuzjastą owoców. Jeśli w ogóle, jadam je dla towarzystwa. Nawet świeżo wyciskane soki smakują mi tylko z cukrem. Po niektórych jest mi niedobrze. Cóż, żołądek, wychowany na koncentratach rozcieńczanych w kartonach tetrapack.

Tymczasem obsługa nie tyle wykonywała polecenia gości, co wypełniała regularnie powtarzane rytuały. Dżamila nauczyła mnie prosić o zmianę węgla do fajki. Przyglądałem się chłopcu w złoconym stroju. Chłopiec przychodził, kłaniał się i strzepywał popiół na podstawkę główki z tytoniem, potem zsuwał wypalone węgle, aby mosiężnymi szczypcami przełożyć z kociołka żar.

Kiedy mieliśmy dość fajek, Dżamila potajemnie zapłaciła za rachunek. Moje protesty na nic się nie zdały. Kelnerzy ukłonili się w drzwiach, kucharze machali za ich plecami. Męska kawiarka poczęstowała beduińską kawą, za którą osobno zapłaciliśmy.

Po wyjściu Dżamila wzięła mnie pod rękę. Poczułem jej pierś, a ona uśmiechnęła się do mnie. Kilka razy przeszliśmy się dookoła hotelu. Na do widzenia przytuliła buzię do mojego policzka i cmoknęła w powietrze, jak to robią Francuzki. Miła woń perłowej szminki zmieszała się z kwaśnym aromatem tytoniu papierosów, które paliła przez cały wieczór na zmianę z sziszą. Przypomniało mi się znienawidzone zmywanie popielniczek. Zalewany wodą, przyklejony do dna naczynia popiół pachnie tak samo, jak usta palacza. Ile razy próbowałem palić papierosa, gardło jakby zamieniało się w wilgotną popielniczkę. A jednak. Jej pocałunek pozostawił ciepłe wspomnienie.

Dziennik Mirka. Opowieść o wrażeniach po randce z Dżamilą

Lekcje arabskiego przebiegają świetnie. Z Mikołajem odnaleźliśmy wspólny język, choć jego wymagania są wysokie. Młodziutka sekretarka w szkole opowiadała mi, że uczy się angielskiego, żeby zostać stewardessą w liniach Zjednoczonych Emiratów Arabskich. Rzeczywiście, ile razy przychodziłem, ślęczała nad ćwiczeniami i wydawała się pełna zapału.

W drodze powrotnej ze szkoły trafiłem na klub bilardowy w kolonialnym pałacu. Szedłem piechotą. Wobec tych wszystkich limuzyn na dziedzińcu, ledwo odważyłem się wejść w trampkach i w zielonych, maskujących spodniach. Na szczęście jako biały ma się tu fory i można sobie pozwolić na taki rodzaj ekstrawagancji. Okazało się, że w eleganckim barze serwowali alkohol. Jak we wszystkich tutejszych lokalach, było dość jasno. Wyciągnąłem dziennik. Opiszę nieco wrażeń z ostatniego spotkania z Dżamilą. Wspomnienia trochę się uporządkowały.

W trakcie rozmowy w restauracji Dżamila co chwila pytała się, czy mi smakuje i czy mam jeszcze na coś ochotę. Choć stało się jasne, że nie chcę jeść, rytuał jej pytań i siłą rzeczy moich odpowiedzi powtarzał się jak mantra. Samopoczucie jest dla Dżamili pochodną ciała. Ja z natury płci nie potrafię rozpoznać jego potrzeb. Nie chodziło o to, że niby nie znam się na diecie czy na kosmetykach. Kobieta potrzebna jest mężczyźnie jako przewodniczka po jego własnym ciele. Troskę podpowiada jej jakby intuicyjna wiedza, że ja tego od niej oczekuję.

Dżamila próbowała ze mnie zrobić mężczyznę, jakim nie byłem i nie chciałem być. Przecież nie jestem dzieckiem! Czułem się, jak w jakimś melodramacie o misjonarzu wśród dzikich. Ale jej upór zastanowił mnie. Może byłem jakimś wybrakowanym mężczyzną?

Będąc u siebie, pomyślałbym, że Dżamila należy do kobiet, które zwyczajnie nie znoszą milczenia i opowiadają facetom historie, o których tak naprawdę nie chcą rozmawiać. Nie oczekiwała, abym przejmował się jej gadaniem. Od tego miała mamę i przyjaciółki. Z drugiej strony podobało mi się, że Dżamila nigdy nie poprosiła mnie o pomoc przy emigracji. Nie zwierzała się, ani nie skarżyła, że czuje się niezrozumiana, choć nie opowiedziała mi o swoich przyjaźniach. Ja się nie pytałem. Ona przejmowała się mną, dbała i okazywała mi czułość. Nie wydawało mi się, żeby tego samego oczekiwała ode mnie.

Moje wątpliwości wzmocniła pewna obserwacja. Ile razy zaczynałem jej o czymś opowiadać, szybko się nudziła. Sprawiała wrażenie, że słucha mnie nauczona, jakoby mężczyzna potrzebował się wygadać. Wszystko będzie dobrze, jak się mu pozwoli mówić, a potem wprawnie wytrzepie się torbę, jak pieszczotliwie mawiała moja dziewczyna. Nienawidzę tego powiedzenia.

A jednak. Jej pytania, choćby nieszczere i sztuczne, sprawiały mi przyjemność. Dżamila pytała dokładnie o to, o czym chciałem jej opowiedzieć. Czasem reagowała szybciej niż ja sam. Po tych niby przyjaciołach, co zagadują, skąd jestem, brakowało mi takiej intuicji.

Swoją drogą, lubię spędzać czas w otoczeniu pięknych ludzi. Kobiet i mężczyzn bez różnicy. Myślę, że ich atrakcyjne ciało pozwala mi wszystko wyraźniej odczuwać. Jakoś mnie otwiera. Podobnie, jak przez pieszczoty ucha i szyi krzepkie ramiona uczulają się na dotyk, stopniowo budzi się ich wrażliwość, o której prawie się nie pamięta i ostatecznie pozbawione zostają odporności na ból. Ale ten kij ma dwa końce. Najsłabsze uderzenie łatwo staje się cierpieniem. Podobnie było z Dżamilą. Dziś rano nie zadzwoniła, choć się umawialiśmy i było mi przykro.

Dopisane w klubie po partyjce bilardu: Jacyś sympatyczni chłopcy zaprosili mnie do gry. Wygrałem, ale przygnębienie opanowało nastrój. Skoro Dżamila po prostu nauczyła się, jak rozmawiać z facetami, upokarzała mnie. Mocno wierzyłem, że każdy człowiek jest inny. Czy ja ją traktuję jak lalkę?!

A co to?! Brakuje kartek?! To historia! Są powyrywane. Przeszukałem kram i nic nie znalazłem.

A może Janowi po prostu nie chce się dalej zmyślać?

Tymczasem: zaćmienie tuż!

Piękne panie, piękni panowie, na kolejnych stronach przygoda naprawdę:

W czasie trzeciej kolacji czułem, że Dżamila pogardza radością jaką sprawia mi jej zainteresowanie. Świadomość, z którą kieruje swoimi zachowaniami, daje jej poczucie władzy. Nie dopuszczając, żeby mnie upokarzała, dawałem jej mówić jak najwięcej. Bałem się, że stracę jedyną osobę, od której potrafiłem przyjmować ciepło i która nie żądała, abym za nie płacił małżeńską deklaracją.

Stało się to, czego się obawiałem. Atrakcyjność Dżamili powiększyła lęk, bo możliwą stratę czyniła jeszcze bardziej bolesną. Potrzebowałem jej ciepła. Nie chciałem, żeby obawa przed pogardą, która budziła się, kiedy jej coś opowiadałem i podejrzewałem, że się nudzi, zniszczyła wiarę, że dziewczyna otacza mnie czułością. Tylko kiedy mówiła, unikałem upokorzenia jednocześnie chroniąc wrażliwość na jej ciepło.

Uświadomiłem sobie, że bliskość opiera się na stopniowym zwiększaniu intymności. Jest wymianą między dwojgiem partnerów. Ciepło także chciałem traktować na zasadzie wzajemności. Może obopólność jest buńczucznym ideałem, który narzuciliśmy sobie w mojej części świata, a nieszczęścia rodzą się, kiedy tropimy jego brak? A jednak, nie potrafiłem się od niej uwolnić. Z Dżamilą wpadłem w pułapkę. Poczucie, że daje mi ciepło i nie oczekuje go ode mnie, odpowiadało mi, ale jednocześnie drażnił mnie brak równowagi.

Tymczasem Dżamila w ogóle nie wydawała się dostrzegać problemu. Dla niej dawanie ciepła znów po prostu nie należało do naturalnego zachowania mężczyzn. Nie miała szansy go odczuć, nawet, gdy je otrzymywała. A może nie zależy jej na nim ode mnie? Z żadną z tych ewentualności nie byłoby mi dobrze. Brakowało mi czułości Dżamili.

Niedaleko szkoły była budka telefoniczna. Dziś jakaś zakochana dziewczyna w hidżabie rozmawiała tam ze swoim wybrańcem.

Trochę dla żartu pomyślałem o Dżamili. W końcu to ona organizowała nasze spotkania. Ona zapraszała mnie i dzwoniła. Troska i ciepło, zapewnienia, że jak mnie widzi, czuje się szczęśliwa, że tęskni, jak nie, i poczucie, że nie oczekuje ode mnie niczego w zamian, świadczyły, że to jej na mnie zależy.

Prawda jest taka, że to Dżamila stara się o moje względy. Właśnie! Od razu humor mi się poprawił. Nasze stosunki nabrały normalności. Przestało mi brakować wzajemności, bo zakochana dziewczyna dopiero o nią zabiega. Lęk przed pogardą stracił na sile. Teraz mogę nawet ponarzekać, że jest natrętna i męczy orientalną egzaltacją. Przestałem się bać bólu i wszystko powróciło na znajome tory.

W przypływie radości wspiąłem się na wieżę damasceńskiej cytadeli. W wieczornym świetle miasto żegnało dzień, kokietując, jak stęskniona kochanka. Dżamila to właśnie kobieta, której cały czas szukałem! Będę pozwalał jej mówić. Będę słuchał. W niej odnajdę furtkę, która sama otworzy się i zaprosi mnie do świata, nie traktując jak kubeł na pomyje zwierzeń.

Podoba mi się. Pomyje zwierzeń. W sam raz do jakiejś książki. Zamykam dziennik i idę pograć w bilard.

Dziennik Mirka. Opowieść o języku arabskim i o tym, kto i jak narzuca porządek

Dziś cały dzień zajmowałem się nauką. W restauracjach i na targach życzliwie słuchają mojego arabskiego. Czasem ktoś odważa się wytknąć pomyłkę, nota bene często błędnie. Dżamila mówi, abym się nie przejmował. Prości ludzie zwykle gubią się przy odmianie rzeczowników. W dialekcie, służącym wszystkim na co dzień, nie używa się końcówek przypadków. Bezokoliczniki często zamiast koniugacji dopełnia się zaimkiem.

Nauka arabskiego z pełną fleksją naraża mnie na trudności. Mowa potoczna jest innym językiem. Kiedy kupując coś próbuję używać poprawnych zwrotów, uśmiech podziwu i sympatii zawsze miesza się z nutą ironii. Czasem kogoś zdenerwuję, bo wydaje mu się, że go pouczam.

Miejscowi nie są przyzwyczajeni, że obcy rozmawia w ich języku. Nawet jeśli ktoś stara się mówić, jak w szkole, brakuje mu elastyczności, żeby zrozumieć przekręcone słowo, czy błędny szyk. Dochodzi do tego, że osoba zagadnięta po arabsku miesza się i w dialekcie przeprasza, że nie mówi po angielsku. Nikt nie jest przygotowany na spotkanie.

Mało kto wierzy, że arabski po prostu mi się podoba. Ludzie mówią, że jest trudny i nieprzystępny. Sami nie dają sobie z nim rady. Niektórzy spekulują, że jestem agentem obcego wywiadu. Trochę jak z Dżamilą: skoro teoria nie zgadza się z praktyką, tym gorzej dla tej ostatniej.

Poeci!

Nota bene panarabska wspólnota języka okazuje się frazesem. Marokańczyk z trudem rozumie Libańczyka i obaj chętnie rozmawiają po francusku. Wartość arabskiego ma fundament w zakazie tłumaczenia Koranu. Angielski liczy się nie dlatego, że dzięki niemu można zyskać lepszą pracę, ani nawet porozumieć się z wzbudzającymi ciekawość przybyszami, ale bo własna mowa jest przyczyną kompleksu.

Charakterystyczna melodia i imponująca konstrukcja oparta na sformalizowanym przekształcaniu rdzeni czasownikowych w inne części mowy, ginie z zaniedbania. Bierną znajomość języka podtrzymują niektóre media. Tylko szkoły starają się o powszechny język. Stąd ludzie młodzi dobrze mnie rozumieli. Odwrotnie jest gorzej. Ze starszymi w ogóle nie mogę się dogadać. Niby wiemy, że rozmawiamy po arabsku, ale często drażnimy się wzajemnie, próbując się zrozumieć.

Dopisane wieczorem: Oto zebrało mi się na rozważania o języku. Może kiedyś zbiorę je w całość. Arabski nie zna rozróżnienia na małe i wielkie litery. Nie zapisuje się krótkich samogłosek, niektórych końcówek, nierzadko też znaków przestankowych. W dawnych wiekach także diakrytycznych. Kaligrafie są często elementem dekoracji w architekturze, gdzie tekst z trudem daje się uporządkować, jeśli ktoś go z góry nie zna. Czytelnik nie wie, gdzie zacząć, bo nie zachowuje się wierszy. Grafemy poszczególnych słów przeplatają się. Nie łączy się na przykład pewnych liter ze sobą – przerwy w środku wyrazów są takie same jak między słowami.

Mimo silnej geometryzacji ornamentów kaligraficznych, przypomina się Paul Klee. Brak wokalizacji dopuszcza różne interpretacje grafemu. Stąd bierze się jeden z podstawowych problemów interpretacji Koranu. Wiele wyrażeń jest wieloznacznych i daje się określić tylko przez kontekst, którego dziś brak.

Arabski zbudowany jest na „piramidach" o wierzchołkach z pierwotnych, trójspółgłoskowych rdzeni czasownikowych, zwykle w formie wyrazów. Z nich w sposób regularny wywodzą się pozostałe czasowniki i inne części mowy. Nasuwa się porównanie z architekturą. Na przykład w meczetach, to znaczy w miejscach, gdzie tworzy się wspólnota, forma świątyni nie wymusza hierarchii. W kościołach chrześcijańskich nawy i ołtarz z prezbiterium od razu pokazują kierunek, w jakim trzeba się zwracać. Narzucają struktury, nawet jak się ich nie zna. »Nie bądź zbyt głośny w swojej modlitwie, ani też nie bądź w niej za cichy! Poszukaj drogi pośredniej« – mówił pułkownik słowami Koranu.

Europejskie fasady pełne są przepychu, choć ukrywają smrody oficyny. Imperialna forma dyktuje porządek świata. To przeciwieństwo brudów orientalnych ulic skrywających ozdobne dziedzińce i wnętrza. Tu znaczenie czytelne jest dla tych, którzy już je znają. Dla wyznawców. Paradoksalna myśl zdaje się leżeć u podstawy orientalnej rzeczywistości: rozumienie świata dane jest tylko tym, którzy już go wcześniej zrozumieli.

Dziennik Mirka. Opowieść o turystach i o Dżamili, która miała być, ale nie przyszła

Wczorajszy program artystyczny w hotelu znajomego Haruna był żenujący. Typowy popis dla turystów. Niby wiadomo, że to maskarada, ale stopniowo wszyscy się wciągnęli. Przedstawienie zamieniło się w groteskę. Szkoda, że na widowni nie było luster. Turyści nabrali humorów i na szkodę miejscowych poczuli się lepsi. W rzeczywistości to oni stali się pośmiewiskiem. Przyszło mi do głowy, że to nie był przypadek, ale genialnie wyreżyserowana komedia pomyłek.

Dzięki przedstawieniu pogłębiła się nasza znajomość z Harunem. Siedzieliśmy we dwóch przy stoliku. On cały czas przytaczał przepiękne wiersze o miłości, jakby komentując spektakl. Rozumiałem więcej niż z pułkownikiem. Zresztą Harun cierpliwie mi pomagał. Nie wspomniałem mu, że byłem umówiony z Dżamilą. Nie przyszła. Oczywiście nie uprzedziła. Może on się jakoś dowiedział i próbował mnie pocieszyć poezją?

W każdym razie czekałem na Dżamilę ponad godzinę. Ani mama, ani córka nie zjawiły się przed sklepem, gdzie mieliśmy się spotkać. Czułem się fatalnie. Miotałem się między obawą, że zostałem nabity w butelkę i strachem, że po prostu pomyliłem miejsca. Zaglądałem do sklepów, sprawdzałem na bocznych uliczkach – bez skutku. Wreszcie przyszło mi do głowy, że w hotelu czeka na mnie wiadomość. Pobiegłem. Nic. Chciałem zadzwonić. Ale w końcu to ja nie przyszedłem, czy ona? Wtedy Harun zabrał mnie na przedstawienie.

Dziś obudziłem się z myślą, że się co do nich pomyliłem. Prawda była taka, że Dżamila nie była kobietą, jakiej szukałem. Jak mogła po prostu nie przyjść i nie uprzedzić? Znajomość, która stopniowo się rozwijała, została brutalnie przerwana. Może Gruzinka miała rację? Czuję, jakby pętla zaciskała mi się wokół szyi.

Kiedy w hotelu zagadnąłem Haruna, czy jest dla mnie wiadomość, portier dziwnie się na mnie spojrzał, uśmiechnął się i powiedział: wiesz, przypomniałem sobie tę twoją Dżamilę. Najpierw mieszkała z mamą w hotelu za rogiem, tu, na sąsiedniej ulicy. Potem przeniosła się do kwartału przy cytadeli. Później do tego, w którym ją poznałeś. We wszystkich hotelach mam znajomych. Przyjaźnimy się. Oni do mnie dzwonili, jeden niezależnie od drugiego. Mówili: wiesz, mieszka u nas Libanka z mamą. Jest miła. Dużo się śmieje. Wygląda całkiem świetnie. Próbowałem ją pomacać, ale nic z tego. Nie daje. Spróbuj ty. Może będziesz miał więcej szczęścia. Ja oczywiście nie próbowałem, powiedział Harun. No, nie martw się. Cała ta historia to jest dla ciebie dobry znak.

Byłem w szoku.

Pani od literatury uczyła w szkole, że jak się nie rozumie wiersza, warto zrobić analizę formy. Stara, dobra szkoła... Opowieść Haruna pozbawiona była kwiecistych cytatów. Portier zwracał się do mnie z poufałością, która przywiodła mi na myśl bohaterów z arabskich traktatów miłosnych. Archetypowe figury, które otaczają zakochanego, to jest obok pomocnego przyjaciela, zazdrosnego konkurenta i groźnego oszczercy, także człowiek, który poucza i w razie potrzeby czyni wymówki. Jak moja Gruzinka. Ibn Hazm mówi, że uwagi takich ludzi są »cenniejsze od wielu rodzajów pomocy«, jednocześnie »w zadziwiający sposób powstrzymują porywy duszy, jak i delikatnie ją umacniają, są przyczyną jej działania i wzmagają namiętność. Dzieje się tak zwłaszcza wtedy, gdy człowiek ten w sposób serdeczny robi wymówki, umiejętnie wykłada cel swoich myśli, wie, kiedy może utwierdzić cię w zakazach, a kiedy mnożyć rozkazy, i wie też, kiedy nie trzeba robić ani jednego, ani drugiego«.

Dopisane po krótkiej przerwie: Portier właśnie wezwał mnie do telefonu. Dzwoniła Dżamila. Przepraszała tysiąc razy, przecież jest orientalną kobietą i powinienem jej wybaczyć, poza tym dzwoniła, mówiła, ale mnie nie było i pewnie w hotelu mi nic nie powiedzieli, dranie, koniecznie musimy się umówić na następny dzień, pytała, jak mi minął czas, hotelowa impreza, czy się udała, jak samopoczucie i czy niczego mi nie brakuje, bo gdyby tylko cokolwiek sprawiało mi kłopot, to mam jej koniecznie powiedzieć i ona natychmiast zrobi wszystko, żeby mi pomóc, w ogóle, to stęskniła się za mną i chciałaby mnie jak najszybciej zobaczyć.

Dobrze, dobrze. Przecież ciągle jem za mało. Mam za cienkie włosy, bo flakon szamponu jakoś się nie kończy. Ale ucieszyłem się. Niedoszłe spotkanie to tylko zakręt na drodze, która, jak mówi Subart, jest niczym pień potężnego drzewa, o konarach sięgających nieba. Dżamila nie powiedziała, co się stało, ale grunt, że chciała się spotkać. Umówiliśmy się na następny ranek, że przyjdzie do hotelu.

Idę spać. Chłopiec w szkole... Może przyśni mi się latanie? Literatura jest tu kluczem do rzeczywistości, a nie odwrotnie.

Dziennik Mirka. Opowieść o odwiedzinach Dżamili i o kupczeniu córkami

Do mojego hotelu miejscowi wchodzili tylko za specjalnym pozwoleniem. Zaraz po telefonie powiedziałem Harunowi, żeby wpuścił Dżamilę.

Dziewczyna zapukała godzinę wcześniej, niż się zapowiedziała. Właśnie brałem prysznic i prosiłem, żeby poczekała na zewnątrz, aż się ubiorę. Przywitała mnie wylewnie. Zażartowała, że przyniosła ręcznik, ale najwyraźniej już go nie potrzebuję, co nic nie szkodzi, bo w zasadzie przyszła mi powiedzieć, że jej znajomi wybierają się samochodem na kilka dni do Byblos, a ona pojedzie z nimi, jak nie mam nic przeciwko temu.

Byłem w szoku.

Powiedziała, że jak nie chcę, to może nie jechać.

Co miałem nie chcieć? Tym bardziej, że na najbliższe dni i tak szykuje mi się trochę innych planów. Miło, że przyszła się wytłumaczyć. Jak będę wiedział, co robi, spokojnie się bez niej obejdę. Przerwa w jej troskliwości mi nie zaszkodzi. Dżamila uściskała mnie na pożegnanie, miałem na siebie uważać, i obiecała, że niebawem wróci.

Od tego czasu minęło kilka dni. Tyle się działo, że nawet nie zdążyłem zajrzeć do dziennika. Oddychałem swobodnie. Zresztą już wcześniej bywało, że po prostu nie miałem ochoty na Dżamilę. Kiedy portier anonsował telefon, udawałem, że śpię, a potem nie oddzwaniałem. Kiedyś wymyśliłem historię o wujku z Australii, który jest obieżyświatem. Niespodziewanie mnie odwiedził i dlatego nie mogłem się odezwać. Opowieść zrobiła na niej duże wrażenie, choć byłem pewien, że mi nie wierzy. Odtąd jakby chętniej mnie słuchała.

Tymczasem poprzez Haruna dowiedziałem się, że Chadidża wróciła do Ammanu, bo córka wreszcie dostała klucze do akademika. Ostatnim razem, kiedy jedliśmy we trójkę, obie nakarmiły mnie zupą z duszonymi jądrami barana. Zaśmiewały się przy tym do rozpuku. Mama mówiła, abym jadł, puszczając oko do córki. W ostrym świetle w restauracji jej skóra wydawała mi się jeszcze bardziej pomarszczona. Przypomniała mi babcię i odtąd nabrała specjalnych względów. Przy deserze powiedziała, że Dżamila jest dobrą dziewczyną, kiedy tamta wstała na chwilę od stolika. Odpowiedziałem, że też tak myślę. Nie mówiliśmy o tym więcej. Chadidża nie zrobiła nic, co wyglądałoby na jakieś podtykanie mi córki. Oczywiście, jeśli nie przeinterpretować tych jąder.

W drodze do Tartusu przejeżdżałem z kilkoma mężczyznami przez wioskę. Na górze stał zamek, w którym krzyżowcy trzymali się jeszcze długo po upadku Jerozolimy. Zatrzymaliśmy się w barku, w którym matka z córką wypiekały rodzaj pizzy. Piec zakopany był w ziemi. Na dnie szamotowej czary paliły się gałęzie. Matka pilnowała ognia, a córka przyklejała po bokach ciasto nasmarowane pastą z papryki i mielonego mięsa. Dziewczyna o dzikich oczach miała smagłą twarz i małą bliznę na policzku. Płynnie mówiła po angielsku. Podobno miała dwadzieścia cztery lata. Obie nie miały hidżabu, zresztą jak wiele wieśniaczek.

Mężczyzna, z którym jechałem, szepnął, że tyle lat to dużo, jak na niezamężną dziewczynę w wiosce. Pewnie ma jakiś feler, powiedział. Matka wyczuła, że córka mi się podoba, choć nie rozumiała po angielsku. Kiedy się dowiedziała, że studiowałem i że mieszkam w Europie, zaproponowała, abym zrobił u nich przerwę. Przecież dalej mogę pojechać jutro, a na wieczór dostanę elegancki pokój gościnny, gdzie wszystko jest przygotowane. I w nocy przyjdzie mnie ktoś odwiedzić. Tymczasem dziewczyna roznosiła placki, nalewała wodę i skromnie się uśmiechała. Mimo że tylko ja mówiłem po angielsku, nie skomentowała niczego.

Im dłużej nie widziałem Dżamili, tym łatwiej mi było myśleć, że jej troskliwość nie skrywa podstępu. Skoro nie przybywały nowe wydarzenia, pamięć sprawnie porządkowała wspomnienia. Zachowania Dżamili, które upokarzały mnie i bolały, teraz wydawały się potwierdzać wielką sympatię. Co najmniej sympatię... W końcu nie zniechęciły jej żadne moje wykręty. W czasie ostatniego spotkania w hotelu pocałowaliśmy się. Trochę to może wymknęło się spod kontroli. Ale tak to bywa przy pożegnaniach. Nie czułem się do niczego zobowiązany. Zresztą, to była jej inicjatywa. Zobaczymy, co będzie, jak wróci.

Dziennik Mirka. Opowieść o tym, jak to Mirek został oszukany przez Dżamilę

Tyle rzeczy się ostatnio dzieje. W ogóle nie zdążam pisać w dzienniku. Gdzie nie usiądę, ktoś się dosiada i wywiązuje się rozmowa. Chodząc po mieście zawieram ciekawe znajomości. No i nauka języka sprawia mi ogromną przyjemność. To właśnie chciałem robić, tatusiu! Spędzać z ludźmi czas i studiować ten świetny arabski. Jak w fabryce marzeń, której jestem właścicielem.

Tylko Dżamila nie daje mi spokoju. Jeśli jej na mnie zależy, dawno powinna się odezwać. Wcześniej, kiedy nie rozmawialiśmy wieczorem, zaraz lamentowała, że zostawiam ją samą. A teraz z kilku dni zrobiły się dwa tygodnie. Nie znam jej towarzystwa. W Damaszku nie ma nikogo, kogo mógłbym zapytać. Spróbowałem porozmawiać z Mikołajem, ale on mnie zbył. Gdybym zagadnął Haruna, na pewno by mnie wyśmiał i zapytał, czy mało mi w mieście innych cipek.

Niezależnie, czy powiedziałbym, że Dżamila jest moją kochanką, kuzynką przyjaciela z Polski, czy zwykłą znajomą, historia musiała być atrakcyjna. Jeśli szukam pomocy, to powinienem odpowiednio skonstruować opowieść. Tylko wtedy każdy nabierał prawa niby to kumotersko puszczać do mnie oko, że się wie, iż historia jest zmyślona, a co gorsza, że się wie, jaka jest prawda, żeby wydobyć ode mnie już inną historię, która odpowie na inne zapotrzebowanie.

Jednak poprzez opowieść, nawet uzyskując pomoc, stałbym się częścią fabularnej gry, którą sam rozpocząłem, a której temat był dla mnie nieco delikatny. Chciałem tego uniknąć. Przez jakiś czas próbowałem podpierać się przestrogą nauczyciela z Aleppo, że w towarzystwie czas płynie zupełnie inaczej. Wyobrażałem sobie, że Dżamila świetnie się bawi. Tymczasem sam czułem się fatalnie. Wróciły migreny. Jak w bazie, ledwo mogłem spać.

Czułem, że Dżamila mnie oszukała. Pamięć znów zabrała się do roboty. Tym razem uporządkowała wspomnienia ze względu na podstęp. Jak mogłem być tak naiwny, żeby wierzyć, że arabska dziewczyna zaprasza mnie do restauracji tak po prostu, bo lubi się ze mną spotykać? Czy mało słyszałem, że młode kobiety trzymają pod rękę i troszczą się tylko o lalusiów, z których chcą zrobić swoich małżonków?

Że Dżamila nic nie mówiła o emigracji? Zwyczajnie czekała, aż sam ją zaproszę. Chciała mnie pozyskać. Prostym pytaniem wolała nie narazić się na odmowę. A Chadidża, której błogosławiące spojrzenie towarzyszyło nam na spotkaniach? Jeśli inne mamy zabraniały córkom pokazać się na ulicy w męskim towarzystwie? Na pewno myślała, że jestem wymarzoną partią dla dziecka. Dżamila i tak długo siedziała w domu u rodziców. Co ona w ogóle robiła przez te lata po szkole, zanim poszła na studia?

Prawda była taka, że starania Dżamili zakończyły się jednym wymuszonym pocałunkiem, którego żaden mężczyzna przecież nie odmawia. Wiadomość o wyjeździe do Byblos była desperackim krzykiem. Powinienem się oburzyć, a ja się ucieszyłem. Po co było potem do mnie dzwonić?

Rozumiem. Dżamila ukartowała wszystko na zimno. Nie odzywała się, bo się po prostu przeliczyła. I dobrze jej tak. Przykra prawda była taka, że stałem się ofiarą podstępnej, małżeńskiej intrygi. Byłem lalusiem od oczu, rączki i rozmowy. W porządku. Bez niej też znam dość kobiet, które się we mnie kochają. Od dziś Dżamila może się nie odzywać, ile chce.

## Dziennik Mirka. Opowieść o tym, jak Mirek boi się o Dżamilę

Mikołaj opowiedział mi, że tu w latach pięćdziesiątych za pornografię uchodziły paszportowe zdjęcia białych kobiet, bo widać było odsłonięte włosy. Podczas lekcji historia wydawała mi się dowcipna. Śmiałem się, choć pewnie była przesadzona i zdradzała biały resentyment. Teraz opowieść narobiła mi strachu. Przecież Dżamili mogło się coś stać. Była młodą kobietą, sama w obcym kraju. Każdy po akcencie wiedział, że nie jest stąd. Rodzina była daleko. Czy Dżamila ma tu przyjaciół? Nigdy mi o nich nie wspominała. Zresztą dopiero przeprowadziła się do akademika i pewnie nie zdążyła nikogo poznać. Jeśli coś by się stało, minęłyby tygodnie, zanim ktoś by się zorientował.

Wczoraj byłem w szyickim meczecie, mauzoleum Zajnab, wnuczki Mahometa. Dało mi to do myślenia. Zachwycające kafle, którymi wyłożone są minarety i świątynia. Cudownie kolorowe, ze szczegółami. Setki pielgrzymów pchają się, żeby dotknąć srebrzystej kraty grobowca. Po jednej stronie mężczyźni łkają, krzyczą i w ekstazie gładzą grób. Przez uchyloną zasłonę podejrzałem kobiety. Zawodziły jeszcze bardziej. Przywiązywały chusteczki, wrzucały staniki i inne wota. Tymczasem ci sami ludzie, kiedy wychodzili na dziedziniec, spokojnie rozmawiali, jedli z rodzinami, czy robili zakupy na targu przed wejściem. Kiedyś, jeszcze w bazie, widziałem procesję z pułkownikiem. Spodobało mi się, jak przytoczył poetę: ludzie, nie wysilajcie się tak! Przecież nie modlicie się do głuchego, ani do nieobecnego. Wzywacie tego, który wszystko słyszy i widzi.

Po południu było tak gorąco, że musiałem wrócić do hotelu. Walenie w garnki i gwizdy gołębiarzy nie dały mi się zdrzemnąć. Wyszedłem na taras. Zawsze, gdy zwabione dźwiękiem stado lądowało na dachu, właściciel zaraz je przeganiał. Byłem wściekły. Harun wytłumaczył mi, że to gra. Polega na łapaniu ptaków konkurenta. Twoje stado krąży po niebie, otumania obcego marudera i zmusza go do lądowania. Wtedy można go złapać i żądać okupu.

Wieczorem zacząłem się bać o Dżamilę. Starałem się przypomnieć sobie znajomych, z którymi miała wyjechać. Nic o nich nie wiedziałem. Pamiętałem samochód, który pokazała mi kiedyś przed hotelem. Od razu pomyślałem o dziwnych interesach Irakijczyków. Nagle słowa Gruzinki zaczęły brzmieć jak wyrocznia. Ona nie mnie chciała ostrzec, ale Dżamilę! Co wiedziała ta przemądrzała mamusia, która dziwnym zbiegiem okoliczności właśnie się wyprowadziła i ślad po niej zaginął? Teraz i historia Haruna wyglądała inaczej. A nuż któryś z kolegów nie zadowolił się tym, że Dżamila odprawiła go z kwitkiem? Dowcipna opowieść mogła być przykrywką. Chyba nie bez powodu Chadidża przeprowadziła się na pół roku do Damaszku.

Byłem głupim egoistą. Nie przekazałem przestrogi na czas. Wieczorem Harun zadzwonił w moim imieniu do Ammanu i od rodziców Dżamili dowiedział się, że niczego nie wiedzą. Postanowiłem działać. Pojadę do akademika. Ale nawet nie znam jej nazwiska…

Dżamila, możesz na mnie liczyć!

– Mam cię! – krzyknął handlarz przywalając mnie do ziemi. – Oddawaj dziennik!

Słońce ty moje, gdzie jesteś?!

Zaćmienie skończyło się i już… Turyści porzucali okulary i na ulicy robił się śmietnik kolorów.

– Przecież to mój dziennik!

– Ale moje życie!

– Piękne panie, piękni panowie! Mirek… Cha, cha, cha! Zakochał się.

– A kysz kpiarzu!

– Pomagam wyjść z opresji! Opowiadam.

Stawaj do bitwy, poeto!

Gorąca, fajka, brzdęk!
Arabki o niedoścignionych kształtach arabeski.

# ROZDZIAŁ 5

## MALICHA, CZYLI DOSTOJNOŚĆ W DOBIE INTERNETU

Dżamila, możesz na mnie liczyć!

Raz, dwa, trzy, cztery, liczę przejeżdżające minibusy. Jak poznać, który mam zatrzymać?

– Fru! – przeleciało z nieczytelną tabliczką. Zresztą i tak nie znam nazw dzielnic, a co dopiero przystanków końcowych. Co rusz ktoś macha, kierowca popisuje się slalomem godnym alpejskiej kombinacji i hamuje jak wryty.

– Przepraszam panią, chciałbym dojechać na uniwersytet. Który minibus tam jedzie?

– O jak ładnie mówisz po arabsku! Gdzie się tego nauczyłeś?

– Dziękuję, miło mi. Tu się nauczyłem. Zacząłem w Europie. Proszę mi powiedzieć, na uniwersytet…

– A skąd w ogóle jesteś?

– Bardzo proszę, spieszę się…

Na stronie: ta dzisiejsza młodzież, jaka niegrzeczna…

– Po co chcesz tam jechać? Meczet jest tu za rogiem. Idź na piechotę!

– Jak to? Przecież uniwersytet jest daleko stąd.

– Nie. To dwa kroki. Chcesz zwiedzić ten meczet? Jest bardzo ładny. Pokażę ci. A może jesteś muzułmaninem?

Na stronie: stara sklerotyczka!

– Droga pani, wybieram się na uniwersytet. Do domów studenckich.

– Aha. Teraz rozumiem. Akademiki są przy meczecie w centrum. Chodź, przejdziemy przez ulicę i pojedziemy w drugą stronę.

Po prostu pójdzie i cię zaprowadzi, ale dokąd?

Na stronie: »uniwersytet« jest tym samym słowem, co »meczet«. Tylko końcówka rodzaju jest inna. Obce uszy nie przestrzegają świętości, a swoboda studentów deprawuje otoczenie.

– Posłuchaj, to się wymawia z żeńskim »a« na końcu – poucza mnie kierowca minibusu. – Zwróć uwagę, mówię: Dżami'a*. A teraz mówię: Dżami**.

Powiem wprost, choć trochę mi wstyd: nie słyszę różnicy.

Ruszamy z przystanku.

Uczynny pasażer okazuje się profesorem literatury i obiecuje, że pokaże zarząd akademika.

Dżamila, możesz na mnie liczyć!

– Wśród studentów jest niejedna śniada piękność.

– Wiem. Szukam uczelni, a nie świątyni! Nie dziewczyny!

Ruszamy z przystanku.

Co to za jazda, z pasa na pas, raz w prawo, raz na lewo, resztki murów na skrzyżowaniu z kolonialną wieżą zegarową, gdzie w zaułku można znaleźć płatki owsiane. Tu Dżamila uściskała mnie przed sklepem z dżallabami.

Ale jest tłok.

Idą panie, piękne panie! Dziś w hamamie...Jest dzień kobiet. I pomyślałem o stałości, od stuleci miejsce, ech, myślę, życie, wieczna rozkosz jest dopiero w niebie, tu do raju wpuszczają tylko niedojrzałych chłopców.

Ruszamy z przystanku.

Na rogu fatair na śniadanie, potem jest szkoła językowa i Mikołaj macha mi z okna za klubem bilardowym, w którym pocieszenie, w podwórku, schowany przed wścibskimi, serce bijące domostwa, aby było można wychodzić i było można wracać.

Robi się luźniej.

Za główną pocztą jedziemy wiaduktem, szeroka ulica pnie się w górę, rozbiega, to już nie jest sprawa studentów, architekci są

* Po arabsku „uniwersytet".
** Po arabsku „meczet".

w zmowie, plebejska otwartości, kolejowy tor, żal mi go, samotny, biały książę, semafory opuszczone, bo przemknął już pociąg z Aleppo. Jeszcze tam wrócę.

Ruszamy z przystanku.

Szkoła. Na boisku dzieci w mundurkach... Tutuuut! spieszy się nadgorliwy kierowca, choć korek, uallaahu ak'bar! stłumiło żar i odetchnąłem, powiew z okienka minibusu... Allahu! ...dolatuje jeszcze raz i zauważam, że coś jest nie tak... Boże! Ktoś czegoś nie dopatrzył, zapomniał czy nie pomyślał, w każdym razie... O Boże! Dlaczego oczy mają powieki, a uszy nie!?

W ciszy, oj, wyciągnąć się, oprzeć się wreszcie... Po prostu... Nie da się.

Wysiadamy na przystanku.

Kamienne dłonie w zadufanym geście wśród daktylowców i opuncji. Socjalistyczne powitanie zarządu.

Mówi Mirek w dzienniku.

Kobiety mieszkają w osobnych akademikach i mężczyźni nie mogą ich odwiedzać. Przed drzwiami stoją pary zakochanych. Brakuje cienia. Portier obsługuje tablicę z numerami pokojów. Na wezwanie gościa wciska przycisk. Z czteroosobowego pokoju schodzi któraś z dziewczyn i sprawdza, kto przyszedł.

Pozwolisz: czy często tam bywałeś, skoro tak dokładnie wiesz? Nie! Często bywał Jan.

Kiedy zapytałem o Dżamilę, wydało mi się, że recepcjonista uśmiechnął się z przekąsem. Na dzwonek z pokoju zeszła Malicha. Powiedziała, że jest współlokatorką Dżamili, której nie ma od dłuższego czasu. Nie wiedziała, jak długo, bo sama dopiero wróciła z wakacji.

Moja umowa wydawnicza opiewa na dwanaście arkuszy, a my ledwie dobrnęliśmy do piątki. Arabskie pięć wygląda jak kapiąca ze smutku łza. Przepraszam, ale smutki będą później. Teraz potrzebne są arkusze...

Malicha zachowała się dyskretnie. Nie zrobiła głupiej miny przy portierze. Przespacerowaliśmy się po campusie. Opowiedziałem, jak poznałem Dżamilę. Do jej hotelu trafiłem przypadkiem po przyjeździe do Damaszku, tam się zaprzyjaźniliśmy i bardzo polubiłem jej mamę, bo wydawało mi się ważne, że nic mnie z Dżamilą nie łączy, czy też ważne było przyzwolenie jej rodziców, uśmiechnąłem się i wyraźnie powtórzyłem, patrząc dziewczynie w oczy, że nic mnie z nią nie łączy, to zdawało się ją nie interesować, że spotykaliśmy się, wychodziliśmy razem do restauracji i paliliśmy sziszę, to wszystko, a poza tym, mam dziewczynę, z którą znamy się jeszcze ze szkoły, od razu się w sobie zakochaliśmy i kochamy się, a raz wszedłem nawet na wieżę w cytadeli w Damaszku...

To był błąd. Malicha wiedziała, że cytadela od lat jest »remont, przepraszamy«.

Dziewczyna o nic nie pytała. W ogóle niewiele mi pokazała. Mimo hidżabu domyślałem się, że ma długie włosy. Podobały mi się jej dłonie. Na mieście zwracała na siebie uwagę, bo była murzynką. Niewysoka, miała dziwny nos. Jej wypukłe usta oraz malowane henną palce były dla mnie dość egzotyczne. Ktoś mówił, że to tradycyjna ozdoba. Malicha była skromna i religijna. W Damaszku miała zostać farmaceutką. Uderzyła mnie jej obszerna sukienka. W ciągu ostatniego roku przytyłam dziesięć kilo, to było pierwsze, co o sobie powiedziała.

– Ups! – obsunęła jej się noga i Malicha złapała mnie za rękę. To była sensacja! Ludzie przystawali i przyglądali się murzynce w hidżabie, która spaceruje tak z białym księciem.

Nagle w oknie profesor literatury, tak, ten sam, ukłoniliśmy się, oczywiście, przedrzeźniliśmy, mina, profesor roześmiał się razem z nami. Bo to wiadomo, czy wtedy razem za pierwszym razem?

Kiedy wróciliśmy do akademika, powiedziałem, aby Malicha napisała mi email, i podałem adres z moim prawdziwym imieniem.

Jaki Subart?! Sub-Art!

Malicha, mów mi Mirek!

Oto Mirek przeczytał, Jan przetłumaczył, a kiedy już zupełnie poplątały się osoby, nie mówiąc o gramatyce...

Na stronie: Raz lepiej, raz gorzej przełożył jedną na drugą i trzecią dołożył, aby przełożyć autentyczną czwartą. Tym bardziej, że pierwsza, to znaczy Piękna, pisała po angielsku, jak po arabsku i to z tego wynikły same nieporozumienia...

@@@

halo mirek!

pierwszy raz piszę do ciebie email i nie wiem o czym ma być cieszę się bo się poznaliśmy nie mam wielu okazji by pisać po angielsku jestem bardzo szczęśliwa.

póki co mogę ci donieść że dżamila nie wróciła do akademika jesteśmy zaniepokojone bo zaczyna się sesja za kilka dni są egzaminy jak tylko wróci dżamila dam ci znać.

wiesz jesteś pierwszym chrześcijaninem jakiego znam zawsze myślałam że chrześcijanie nie są dobrzy ludzie więc przyznaję ty wyglądasz ok ;-) czy teraz zmienię zdanie?

ucieszę się jeśli mi odpiszesz życzę wszystkiego dobrego tobie całej twojej rodzinie i twojej dziewczynie mam nadzieję że jesteście zdrowi i szczęśliwi!

malicha

@@@

cześć mirek

bardzo mi miło bo do mnie napisałeś nie myślałam.

cieszę się bo nauka arabskiego sprawia ci dużo przyjemności następnym razem będziemy rozmawiać w moim języku ;-)

dziś rano było tak ładnie więc poszłam na spacer do parku i przyglądałam się kwiatom daktyli pachniało szczęściem pomyślałam byśmy się spotkali jeśli byś miał ochotę bardzo bym się ucieszyła ja nie jestem z tych pań które uważają że nie można spotykać się z mężczyzną chętnie się z tobą spotkam bóg wie jak jest dobrze on nie zabronił się spotykać on jest jedyny i kocha wszystkich którzy w niego wierzą a więc chrześcijan też i żydów też czuję jego miłość nie chcę jej zawieść jestem winna posłuszeństwo bogu bo nie odrzuca się czyjegoś nieskończonego uczucia wiesz arabskie słowo religia wywodzi się od zobowiązania i wdzięczności więc teraz już wiesz co o tym myślę.

chyba ci nie mówiłam bo moi rodzice są muzułmanami więc uciekliśmy przed wojną w erytrei do arabii saudyjskiej tata znalazł tam dobrą pracę całymi dniami nie było go w domu ale wieczorem zawsze miał czas by się pobawić ze mną i z moją siostrą więc teraz wiem jak to jest było mu wtedy bardzo trudno w obcym kraju ale był z nami wesoły niczego nie zauważyłyśmy.

bardzo dużo zawdzięczam rodzicom mam nadzieję że będą ze mnie zadowoleni są dla mnie dobrzy namówili mnie bym po szkole przyjechała na studia do damaszku.

więc ucieszę się jak znajdziesz czas i się ze mną zobaczysz pozdrawiam cię bardzo serdecznie także twoją rodzinę i dziewczynę.

malicha

@@@

dzień dobry

było mi bardzo przyjemnie się z tobą spotkać spędziłam miło czas i mam nadzieję że ty się nie nudziłeś ;-) cieszę się tyle mi opowiedziałeś o swojej dziewczynie musicie być bardzo szczęśliwi poznaliście się tak romantycznie więc wiem teraz co najbardziej lubicie robić nawet kiedy pocałowałeś ją pierwszy raz ;-) bardziej podobało mi się jak urządzaliście wspólnie mieszkanie ja też bym tak chciała.

dziś po południu było bardzo gorąco od dziecka znam duże temperatury ale je źle znoszę zawsze czuję się słaba zaczynam coś i nie mogę skończyć na szczęście nie miałam dziś zajęć w college'u więc kiedy upał osłabł usiadłam przed akademikiem chciałam uczyć się do egzaminu mam tu swój mały fikus podlewam go i dbam by mu się nic nie stało słońce ostatnich dni dobrze mu robi listki uśmiechają się do mnie świeża zieleń jest taka piękna drzewko ma dobry nastrój więc ja też.

nasza rozmowa dała mi wiele do myślenia nie mogłam skupić się na czytaniu postanowiłam napisać ci o tym mówiłam ci myślałam chrześcijanie to nie są dobrzy ludzie moja znajoma kilka lat mieszkała w europie opowiadała mi mężczyźni są tam źli więc w autobusie kiedy jest tłok nikt nie zważa na panie każdy rozpycha się łokciami to okropne takich mężczyzn bym zamieniła w małe dziewczynki i kazała im całymi dniami jeździć w ścisku ;-)

bardzo się cieszę bo tu mężczyźni zawsze ustępują miejsca w innych krajach muzułmańskich też tak jest mężczyzna nie siada obok nieznajomej pani na siedzeniu on jest zawsze silniejszy jeśli mu na wszystko pozwolić co by było ja jeżdżę taksówkami znajoma opowiadała że w europie taksówki są drogie ja bym ze strachu nie wychodziła z domu więc słusznie mówi koran »o proroku! powiedz swoim żonom i swoim córkom i kobietom wierzących, aby się szczelnie zakrywały swoimi okryciami to jest najodpowiedniejszy sposób aby były poznawane, a nie były obrażane« ale ty nie rozpychasz się łokciami?

mam ci wiele rzeczy do opowiedzenia czy spotkamy się jeszcze raz chcę się też dowiedzieć więcej o twoim kraju.

zapomniałam mogę ci powiedzieć moja współlokatorka widziała dżamilę na egzaminie sala była duża i nie udało jej się dopchać więc to znaczy że dżamila wróciła pewnie jest w pokoju kiedy ja tu siedzę i piszę do ciebie ;-) więc możesz zadzwonić ale chyba lepiej jak przyjdziesz do akademika jest jeden telefon na piętro jak odbierze dziewczyna która nie zna dżamili to jej nie znajdzie więc lepiej abyś przyszedł to jest dziwne że dżamila nam nie powiedziała że tak długo jej nie będzie tyle problemów o nic ja bym tak nie postąpiła jeśli bym się tak zachowała mama by była ze mnie niezadowolona.

ukłoń się ode mnie twojej rodzinie siostrze i dziewczynie która musi być bardzo szczęśliwa skoro ma takiego chłopaka jak ty.

pamięta o tobie malicha

@@@

mirek

czy twój dzień jest miły?

myślę o tobie życzę ci abyś bardzo dobrze się czuł oby cień orzeźwił cię w gorącym dniu mnie chłodzi mój mały fikus więc musiał cię bardzo polubić bo po twojej wizycie od razu wypuścił nowe listki są takie śliczne ostatnio go zaniedbałam ale on o mnie nie zapomniał pomyślałam jak to bóg wszystko cudownie zrobił poprzednim razem zapytałeś o panie które czekają w raju na mężczyzn świętej wojny więc przypomniała mi się historia staruszka przyszła do proroka i zapytała czy ona też wejdzie do raju powiedziała mu że słyszała że w niebie nie ma starych kobiet a prorok boga uśmiechnął się i odpowiedział że jej skromność doprowadzi ją do ogrodów tam jest zaopatrzenie bez rachunku jej ciało stanie się piękne jak rubin i koral więc będzie szczęśliwa otoczona młodzieńcami jak perły i nie będzie liczyła pór.

muszę ci powiedzieć że dżamili ciągle nie ma w akademiku może moja współlokatorka pomyliła się i na egzaminie to nie była ona wiesz rozmawiałyśmy dzisiaj na jej temat ona przypomniała sobie co jej opowiadała dżamila po przyjeździe do damaszku dżamila pracowała w biurze podróży przy autobusach nie wiemy czy nadal to robi jeśli byś poszedł to byś zobaczył czy ją tam znajdziesz wiesz gdzie jest dworzec autobusów zapytaj tam coś ci powiedzą.

portier teraz uważnie mi się przygląda więc chyba pamięta jak go pytałeś o dżamilę potem widział cię ze mną nie wiem co on myśli żal mi go jeśli bym była na jego miejscu bym się czuła bardzo samotna jest jedynym mężczyzną w budynku nie może wejść na piętro siedzi w kiosku i tyle dobrze że czasem odwiedzają go kuzyni bez nich chyba umarłby z samotności.

bardzo cię serdecznie pozdrawiam i kłaniam się twojej rodzinie oraz dziewczynie.

mała czarna

@@@

witam mirek!

oczywiście mam jutro po południu czas chętnie się z tobą spotkam możemy pójść na lody sprzedają je w moim ulubionym parku.

:-) :-) :-)

dziś wstałam bardzo wcześnie za kilka dni mam egzamin z farmakologii ale dzień źle się dziś zaczął łazienka była od rana zajęta musiałam długo czekać aż się zwolni potem okazało się wczoraj zapomniałam w laboratorium książkę bez niej nie mogę się uczyć sala była zamknięta zawsze mam takiego pecha jak czegoś potrzebuję czekałam godzinę książka była na miejscu ale spotkałam koleżankę z etiopii tak się ucieszyłam nie wiedziałam że jest w damaszku poszłyśmy do kawiarenki przy wydziale nie wiem jak to się stało nagle zrobił się wieczór więc teraz podręcznik leży przede mną patrzy na mnie i skarży się czy wiesz co myślę to wszystko dlatego że wychodząc z pokoju do łazienki zapomniałam ręcznika i musiałam się wrócić ale na jutro mam mocne postanowienie zabiorę się jestem niedobrą niedobrą studentką :-(

do zobaczenia – malicha

@@@

drogi mirek

mam nadzieję dobrze dotarłeś do hotelu po naszym spotkaniu bałam się że nie będzie już jechał żaden minibus napisz mi proszę bo będę się niepokoić.

muszę ci coś opowiedzieć więc zdarzyła mi się straszna rzecz poprzednio byłam w kawiarni internetowej z moją kuzynką to jest bardzo ciekawa pani cały czas stała mi za plecami dziś postanowiłam zmienić hasło konta email zajęło mi to dwie godziny popłakałam się cały czas wyskakiwały jakieś nowe okna jeszcze robiły pip pip nic nie rozumiałam najchętniej poszłabym do innej kawiarenki ale w tej części miasta nie ma ich dużo obok siedzieli sami mężczyźni wydawało mi się że wszyscy się na mnie patrzą i śmieją w końcu poprosiłam właściciela kawiarni aby mi pomógł było mi wstyd od płaczu miałam brzydkie oczy dobrze że mnie tak nie widziałeś wiesz ja bym wolała żeby były kawiarnie tylko dla pań wtedy by były w obsłudze same panie i nie byłoby mi wstyd.

przekaż najlepsze życzenia twojej rodzinie i dziewczynie tobie też życzę wszystkiego najlepszego.

twoja niezdarna czarna

@@@

dzień dobry mirek

ostatnio do mnie nie piszesz dlaczego czy znalazłeś sobie nową przyjaciółkę która wie jak zmienić hasło konta? ;-)

mam nadzieję że po prostu gdzieś wyjechałeś i nie masz dostępu do internetu stęskniłam się za twoimi miłymi listami i jeśli ich nie ma jest mi smutno :-(

dżamili ciągle nie ma wiesz ja nie rozumiem tutaj dziewczyn jestem w syrii ponad dwa lata i zawsze jest to samo jeśli zaprzyjaźniłam się z jakąś panią ona po pewnym czasie znikała więc nagle przestawała się odzywać i nie mogłam jej odnaleźć próbowałam się dowiedzieć co się stało ale nie udawało się z jedną z nich się potem spotkałyśmy w kawiarence ona udała że widzi mnie pierwszy raz!

najgorsza była jedna palestynka zachowywała się jak wielka przyjaciółka zwierzała się i wszędzie za mną chodziła nagle przestała się odzywać potem dowiedziałam się że cały czas obgadywała mnie za plecami więc żadna koleżanka tu nie jest mi bliska chłopcy są jeszcze gorsi chcą tylko jednego ty mnie znasz jestem prawdziwą muzułmanką i nie szukam przyjaciela musisz wiedzieć że nigdy się nie całowałam czekam aż będę miała męża »niech on będzie lekarstwem na moje choroby niech jego pocałunek będzie słodki jak miód w jego ramionach niech się poczuję jak w raju będę go kochać bardzo czy jest blisko czy daleko«.

na szczęście w damaszku jest osiedle afrykanów i mieszka tam kilka kuzynek mamy z nimi czuję się dobrze razem załatwiamy sprawunki no i jeszcze z tobą miło jest chodzić do sklepów ;-) ale nie chcę wracać do erytrei też do rodziców w arabii saudyjskiej nie chcę.

mam nadzieję że się na mnie nie pogniewasz ale muszę cię coś zapytać więc bym bardzo chciała byśmy byli ciągle przyjaciółmi lubię cię obiecaj mi że teraz nie będziesz zły czy ty pamiętasz mówiłeś mi możemy o wszystkim rozmawiać ;-)

powiedz mi proszę co ciebie łączy z dżamilą bo bardzo lubię twoją narzeczoną choć jej nie znam widziałam ją tylko na zdjęciach wtedy w świetle latarni i bardzo mi się podobała tyle wspaniałych rzeczy mi o niej opowiadałeś powiem ci że bardzo cię kocha dlatego codziennie robiła ci śniadanie mogła dalej spać nie czuję się dobrze jak cię o to pytam ale nie podejrzewam że jesteś dla niej niedobry więc napisz proszę po co ci jest potrzebna dżamila.

przekaż pozdrowienia swojej rodzinie i dziewczynie czy nadal chcesz kupić dla niej kabkab'y jak w aleppo mówią na dawne buty do łaźni chętnie się z tobą wybiorę do sklepów znam kilka miejsc gdzie sprzedają stare rzeczy spodobają ci się ale ja starych rzeczy nie bardzo lubię.

wiesz kiedy patrzę na ciebie wydaje mi się że miłość jest wielką tajemnicą dwoje ludzi razem jest szczęśliwych jak w raju więc mam nadzieję, że kiedyś poznam smak miłości »mąż jest jak ciepłe okrycie na zimę niech kołysze mnie do snu gdy jestem śpiąca niech jego miłość jest jedyna w swoim rodzaju niech jego miłość pachnie słodko, jak aloes«.

stęskniona malicha

@@@

drogi mirek,

bardzo się cieszę że się jutro spotkamy.

przypomniałam sobie że chciałeś swojej babci kupić fajkę wodną więc masz bardzo fajną babcię której spodoba się taki prezent zazdroszczę ci rozmawiałam z kuzynkami i dowiedziałam się gdzie jest dobry sklep z fajkami razem tam pójdziemy jak będziesz chciał pokażę ci kilka ciekawych straganów w suku które trudno znaleźć obok starego meczetu jest tam malutka piekarnia czynna non stop bardzo ją lubię możemy tam razem kupić chleb.

chcę ci powiedzieć że do akademika dzwonią mężczyźni i pytają o dżamilę wczoraj wieczorem odebrałam taki telefon powiedziałam że jej nie ma głos w telefonie zapytał czy ja bym się z nimi umówiła i poszła na imprezę wcale mi się to nie spodobało choć ten mężczyzna mówił miłym tonem więc powiedział że skoro jestem koleżanką dżamili na pewno jestem tak sympatyczna jak ona powiedział że mi się spodoba nie chciałam go słuchać i odłożyłam słuchawkę wiesz miał bardzo miły głos i było mi trochę przykro ale w końcu dzwonił po dżamilę nie po mnie.

do zobaczenia jutro już się nie mogę doczekać ukłony dla twojej rodziny i dziewczyny.

niecierpliwa malicha

@@@

miły mirek

długo myślałam nad twoją propozycją bardzo ci dziękuję za zaproszenie do restauracji więc nigdy nie jadłam na mieście nie wiem jak jest w lokalach niestety nie mogę z tobą pójść po pierwsze nie mogę chodzić gdzie jest twój hotel mówiłeś to jest dobre miejsce i hotel polecają przewodniki dla turystów wierzę ci tak jest ale słyszałam dużo złego o tym rejonie i o ludziach którzy tam chodzą przede wszystkim o paniach jeśli ktoś by mnie zobaczył by pomyślał jestem niedobrą panią nie chcę żeby mnie zaczepiali mężczyźni turyści tacy są przede wszystkim ci co przyjeżdżają sami samotność to nieszczęście ja rozumiem nikt nie chce się męczyć szkoda że nie mogę zaprosić cię do akademika sama lubię gotować i bym ci coś przygotowała z erytrei może by ci się spodobało nasze jedzenie.

wiesz rodzice dają mi pieniądze na utrzymanie ale mi nie wystarcza chyba zacznę pracować więc mogłabym uczyć arabskiego który znam od dziecka może poprowadzę zajęcia dla dzieci na szczęście w syrii nie ma problemów z pozwoleniem na pracę w krajach islamu można wyjeżdżać i pracować gdzie się chce moja znajoma która była we włoszech mówiła że tak nie jest jeśli się chce pracować w krajach europy widzisz nie da się o was dobrze myśleć ;-)

nie myśl że ciebie nie lubię i dlatego nie chcę pójść do restauracji to nie jest tak bardzo bym chciała nie mogę więc chętnie umówię się na spacer jeśli ty chcesz.

pytałeś się mnie o bimaristan w damaszku to najstarszy szpital na świecie prawie tysiąc lat temu miał oddziały gdzie doktorzy specjalizowali się w różnych rodzajach chorób za leczenie nie trzeba było płacić zajmowano się tam także chorymi psychicznie pacjenci mieli opiekę medyczną i farmakologiczną i także psychiczną odpowiednia muzyka uspokajała nerwy chory odzyskiwał siły chętnie pójdę do bimaristanu więc chodź ze mną co ty na to?

tymczasem bądź zdrów i uśmiechnięty pozdrawiam też twoją rodzinę i narzeczoną.

malicha

@@@

drogi mirek

bardzo żałuję, że nie poszliśmy do bimaristanu ale jeszcze pójdziemy czy obiecujesz?

dziś ktoś złamał gałązkę mojego fikusa nie wiem jak ludzie mogą być tak źli gałązka nikomu nie przeszkadzała przyszłam i drzewko płakało kleistym sokiem to się stało niedawno wyobraziłam sobie to był jakiś brzydki i potężny chłopak jestem tak smutna jestem panią i jeśli bym tu była bym mu nie przeszkodziła czy wiesz jak okropnie jest być bezbronną?

więc napiszę ci teraz smutną historię opowiedziała mi ją moja etiopska koleżanka z którą spotkałam się kilka dni temu nie mogę przestać o niej myśleć jej przyjaciółka jasmin mieszka w jordanii ma czterdzieści kilka lat ma męża i czwórkę dzieci pochodzi z gór na północy kraju i pracuje na przejściu granicznym z syrią.

koleżanka z etiopii opowiedziała mi tak: cała wioska wiedziała jasmin kocha się w chłopaku który ma wizę i wyjeżdża do usa on też ją bardzo kochał chciał ją zabrać z sobą chciał się z nią ożenić i żyć w ameryce ale jasmin nie chciała bez rodziny mężczyzna wyjechał sam jasmin była piękna podobała się chłopcom było trzech przyjaciół jej najmłodszego brata którego bardzo kochała jak już tamten wyjechał rozmawiała kiedyś z bratem i dla żartu spytała który z nich by był najlepszym mężem brat wskazał jednego a następnego dnia rozbił się samochodem nie mógł mówić i zmarł w szpitalu dla niego ożeniła się z chłopakiem którego dla niej wybrał wybudowali sobie dom urodziły im się dzieci ale jasmin nie może zapomnieć o ukochanym nie jest szczęśliwa miłość męża umarła bo nie doczekał się jej miłości czwarte dziecko urodziło się ale go nie chciała ukochany w usa ciągle czekał na jasmin więc jeśli tylko by się chciała rozwieść on by ją przyjął ale jasmin się zmieniła.

nie wierzy w miłość co przetrwa wspólne życie przez wiele lat i mówiła dlatego nigdy nie pojedzie do usa bo kiedy nie mieszkają razem kochają się do śmierci ale do dziś cała wieś boi się że ukochany przyjedzie z usa i zabierze ją ze sobą ludzie myślą że przyśle posłańca który ją uprowadzi i każdy kto przyjeżdża do wioski wzbudza podejrzenia.

przykro mi że cię zasmucam bym chciała napisać ci coś miłego może brakuje mi rodziców i domu który jest tak daleko ale postanowiłam być dzielna dam sobie radę w obcym kraju mama i tata będą ze mnie dumni przywiozę im dyplom uczelni.

uśmiecham się do ciebie i przez to wszystko płaczę ale mam nadzieję że ty się masz lepiej.

niech pokój będzie z tobą z twoją rodziną i twoją dziewczyną.

smutna malicha

@@@

mój drogi mirek

nie mam dobrego nastroju najchętniej leżałabym w łóżku i nic nie robiła :-( ciągle płaczę mam dosyć tych studiów czytam podręczniki po kilka razy i nie rozumiem wszyscy wokół mnie uczą się szybciej i mają więcej czasu i mniej się boją zastanawiam się po co ja to studiuję nie wiem czy mnie to interesuje nie wiem co chcę w przyszłości robić czy mam zrobić dyplom i pracować sześć dni w tygodniu po dziewięć godzin nie będę miała na nic czasu ledwo się wyśpię a gdzie czas dla ukochanego wiesz może znajdę bogatego męża on będzie mnie utrzymywał a ja poświęcę jemu cały czas.

przez to wszystko poszłam dziś do grobu zajnab i prosiłam żebym znalazła wspaniałego męża bez problemu skończyła studia i miała szczęśliwe życie wyrwałam sobie kilka włosów owinęłam w chusteczkę i przywiązałam do kraty przed grobowcem bo tak ta odważna kobieta będzie o mnie lepiej pamiętała i odwiążę chusteczkę jak się spełnią moje życzenia.

pewnie wiesz o zajnab co uwięziona przez złego kalifa jazida nie bała się powiedzieć mu jakim jest okrutnym władcą i łamie przykazania boga nie podobają mi się ludzie którzy kaleczą się na pamiątkę jej brata husajna zamordowanego w karbali ale oni byli bardzo odważni w słusznej sprawie i chciałabym w życiu wyrazić odwagę nie tylko za pomocą słów dlatego rozumiem pielgrzymów nad grobem i sama płakałam kiedy tam byłam.

zastanawiałam się nad tym co mi odpowiadałeś o europie u kuzynów oglądałam telewizję dużo mi się nie podoba ale jest dużo co lubię tam świat jest inny jest po prostu piękny jak w raju więc jest »czego dusze zapragną i czym rozkoszują się oczy« ludzie są mili i otwarci nawet jeśli większość jest chrześcijanami i każdy robi to co chce nie jest się ograniczoną dla wszystkiego jest zrozumienie można żyć w komforcie wiesz ja bardzo lubię jak jest czysto tu wstydzę się chodzić po ulicach dlatego jeżdżę taksówkami jeśli by mi było tam zimno kupię sobie ciepłe ubrania.

przepraszam cię że męczę cię smutkami pewnie się złościsz i przestaniesz czytać moje emaile ale obiecuję że od jutra będę wesoła.

pa pa i pamiętaj o swoich rodzicach i dziewczynie.

twoja czarna malicha

@@@

mój szlachetny

mam nadzieję że u ciebie wszystko jest dobrze.

bardzo dużą radość sprawił mi list od ciebie cieszę się że mogę ci znów pisać szkoda ale ani po angielsku ani arabsku dobrze nie mówimy twój ostatni email był trudny napisz mi proszę o co ci chodziło przy końcu rozumiem że w europie nie wszyscy są bogaci ale ja bym miała dobrze.

czy wiesz twoje imię mirek czytane wspak to kerim ale niespodzianka kerim pochodzi od szlachetności i dostojności więc widzisz powoli odkryłam twój urok ;-) postanowiłam będę cię tak nazywać wierzę imiona zdradzają kim jesteśmy mam nadzieję tobie się podoba zresztą bardzo mi miło jak się do mnie odnosisz z dostojnością jak książę.

dziś miałam bardzo fajne zajęcia były eksperymenty w laboratorium ja bardzo lubię chemię czasem żałuję ale jej nie studiuję ale jako farmaceutka będę pomagała chorym ludziom może wymyślę lek na raka albo na aids w europie jest dużo mądrych ludzi tam bym z nimi pracowała by to osiągnąć.

muszę ci powiedzieć że dżamila pojawiła się w akademiku mówiła była w domu została dłużej bo dziadek był chory zanim jej powiedziałam o tobie zaczęła mówić jak było w ammanie wyciągnęła zdjęcia i na kilku z nich byłeś ty pokazywała nam ciebie opowiadała jesteś przyjacielem rodziny z francji mówiła poznała cię kiedyś przez tatę przyjechałeś uczyć się arabskiego na zdjęciach paliliście fajkę przy stole z dużym talerzem owoców nic nie mówiłam czy ci mówiłam kilka dni temu przyszedł do akademika jakiś mężczyzna i pytał o nią tak jak ty ;-) rozmawiałam z nim wyglądał na bogatego znów się mnie pytał czy bym nie wzięła kilku koleżanek i nie wyszła na imprezę powiedziałam nie czy nie jest to dziwne?

przekaż gorące pozdrowienia rodzicom i swojej dziewczynie do zobaczenia.

twoja piękna

@@@

mój dostojny i szlachetny

po co nagle wyjeżdżasz do akaby szkoda bo cię nie będzie bardzo bym chciała byśmy się jeszcze zobaczyli czy będziesz miał chwilę czasu przed wyjazdem jeśli byśmy się spotkali bardzo bym się ucieszyła chcę cię też poznać ze swoim kuzynem marin właśnie wrócił do damaszku z hamy czy pamiętasz wspominałam ci o nim mam nadzieję uda się on jest właśnie taki jak chcę by był mężczyzna jest troskliwy i wyrozumiały niczego ode mnie nie chce jeśli wychodzimy i robi się wieczór zawsze pyta czy się nie boję czy wszystko jest w porządku i czy nie jestem zmęczona by już wracać do domu ale nie będę cię zanudzać swoimi historiami mam nadzieję nie jesteś smutny na twoim miejscu bym była szczęśliwa.

przekaż ukłony swojej rodzinie i narzeczonej.

dużo ciepła od twojej pięknej

;-)

proszę napisz czy jak teraz się nie spotkamy to we trójkę uda się nam zobaczyć jak wrócisz.

Udało się.

Przepraszam, czy to zbyt wystylizowane emaile, Królowa Saby, damasceńska farmaceutka? Dobrze, powiem wprost, choć trochę mi wstyd: rzeczy nie są tym czym się wydają.

Wiem, ciągle brakuje objętości. Zacytuję oryginał, ostatni email, jaki napisała do mnie Malicha.

cześć dzieciaku

mój drogi mirek jestem taka szczęśliwa że znów mi napisałeś mam się bardzo dobrze i życzę ci tego samego więc mam nadzieję że dobrze się masz i ucieszę się jak też mi napiszesz dziś myślałam o tobie bo poszłam do bimaristan więc pamiętałam o tobie to jak postępuje twoja praca? ciągle myślę o wyjeździe do niemiec albo innego kraju w europie aby zdobyć wykształcenie wiesz chciałabym się tam wybrać więc poszłam do instytutu kultury jak mi pisałeś z akaby oni nie dali mi żadnych informacji w ambasadzie jest straszna kolejka ludzie się biją aby się dopchać albo dają pieniądze więc ja pytam cię czy ty możesz zrobić mi zaproszenie i wizę do niemiec albo polski albo innego pięknego miasta w europie więc czekam abyś się zapytał więc daj mi znać jaka jest twoja odpowiedź czekam na ciebie to jest wszystko co mam przekaż moje pozdrowienia dla swojej dziewczyny i wszystkich przyjaciół zawsze twoja przyjaciółka

malicha

...której nie wysłałem zaproszenia, bo wydawnictwo nie płaci za nienapisane książki i nie miałem z czego poręczyć w urzędzie emigracyjnym.

Przeprosiłem ją.

Więcej mi nie odpisała.

W tym miejscu zatem dziękuję Ci Malicha, że wymyśliłaś Kerima, mój szlachetny, choć może on od początku był, odkryłaś go w każdym razie, a to on stworzył Malichę.

Na stronie: żądam lepszych ambasad!

# ROZDZIAŁ 6

## WALID I ZAPOMNIENIE W MĘSKIM UŚCISKU DŁONI

Oto ćwiczenie dla początkujących handlarzy. Weźmy motyw: ręka. Noga, mózg na... Nad pustym kramem tabliczka: sprzedaję świeże, sprawdzone i prawdziwe wspomnienia...

Niech będzie ręka.

Dokładniej: jaka ręka?

Męska.

Wiemy, co o tym myśleć: potężna dłoń, owłosione knykcie, żyły. Krótko obcięte paznokcie. Obgryzione? Nie wiem. W każdym razie szerokie. I przybrudzone.

Zaraz, zaraz, a dlaczego nie wiotkie palce, które gną się w uścisku?

Nie wiadomo czyja to ręka.

Może Walida, brata Pana Młodego, obiboka z Akaby, który bywa kalifem-poetą, odstępcą zamordowanym w ósmym wieku za obrazoburstwo i dekadencję, choć pisał dobrą poezję. Walid, to po arabsku młodzieniec w okresie dojrzewania.

Walid bywa jeszcze kim innym.

Na stronie: Dialog XII.

Z tematem tej powieści nie jest łatwo. Surrealistycznie, sangwinicznie... zapętlone. Weźmy bohatera. Jest Subart. Jan, Mirek, Szymon, Salomon i kalif, a kiedy już zupełnie poplątały się osoby, nie mówiąc o gramatyce, nowy wspaniały świat, zapach mirry, piżmo pomieszane z różą i goździkami, słodkimi jak mięsiste daktyle... Jest! Przekraczanie granic.

I bez żadnych wiz proszę. Bo zbliżam się...

Już lepiej.

Zatem bliskość i przekraczanie granic.

Zimna, przerażająca twarz doskonałości, w którą mozolnie przekuwam rzeczywistość.

Męskie epizody o bliskości i przekraczaniu granic.

Gotowi?

Ćwiczymy!

## I. Męski epizod o bliskości i przekraczaniu granic

– Człowieku, cześć! Pamiętasz mnie? – zapytał ktoś po angielsku i złapał mnie za rękę.

Odwróciłem się.

Młody mężczyzna, wysoki i wysportowany, miał spory brzuch. Ogolony w saraceńską bródkę zarost nie łagodził niesmaku wygryzionych paznokci i nowobogackich sygnetów na palcach. Poznaliśmy się wczoraj przy nadmorskim bulwarze, w parku miejskim w Akabie. Szwendał się nocą z beduinami.

– Pewnie. Już oddałeś konie? – zapytałem z przekąsem.

Spojrzał mi w oczy. Stał zbyt blisko i za długo trzymał mnie za rękę. Odsunąłem się.

– Człowieku, nie bądź taki dowcipny – dał mi kuksańca. – Nie jestem Beduinem.

Nerwowo wciągnął flegmę.

– A tak? Nie wiedziałem…

– Mówię ci! Wyszedłem coś zjeść. Człowieku, dobre tu są kanapki?

– Świetne.

W budce niedaleko targu ryb somalijski emigrant sprzedawał tosty z warzywami.

– Człowieku, to dobrze. Zamówię i dosiądę się. Poczekaj!

Zanim się obejrzałem, był z powrotem.

– Człowieku, chciałem z tobą pogadać, ale się nie złożyło. Jesteś porządny gość. Ostatnio śniła mi się moja dziewczyna. Mówię ci! Powiedziała, żebym na nią nie czekał, tylko korzystał z życia, póki jest.

– Poczekaj, odbiorę kanapki – Somalijczyk machał, że są gotowe. Przy ladzie zagadnął mnie poufałym szeptem.

– Słuchaj, mój kolega z tamtego stoiska zna niemiecki i chce z tobą pomówić.

Odwróciłem się. Drugi Somalijczyk skinął. Dziwne. Przecież i tak bym do niego podszedł. Codziennie kładł mi majonez do kanapki, bo mój handlarz miał tylko ostry sos. Nigdy się nie przyznawał do niemieckiego.

– Co ty z nim robisz? – zapytał z nadreńskim akcentem. – To pedał.

– Słucham?

– Przez szesnaście lat mieszkałem w Kolonii. To stolica gejów. Znam się na tym. On będzie chciał... No wiesz... Ale może sam jesteś jednym z nich?

– Nie jestem – zniecierpliwiłem się. – Skąd o nim wiesz? – wymknęło mi się.

– Już ja wiem... – powiedział. – Mówię ci, znam się na tym.

– Rozumiem.

– On ma jakiś taki dziwny nos...

– Dziękuję za majonez – rzuciłem głośniej, by mój znajomy nic nie podejrzewał. Kiedy podszedłem do fotelika, ostentacyjnie patrzył w drugą stronę.

– Słuchaj, jak ty się właściwie nazywasz? – zapytałem. – Chyba nie mówiłeś.

– Człowieku, jestem Walid. Dzięki za kanapkę. Podzielisz się ajranem?

– Proszę!

Walid przyniósł drugi kubek, ugryzł kanapkę i od razu zaczął mówić.

– Człowieku, no więc wracając do snu. Moja dziewczyna zabiła się rok temu w wypadku. Bum! I koniec. Czołowo. Była u kuzynów. Dzień wcześniej dzwoniła do mnie. Długo rozmawialiśmy.

Chcieliśmy wyjechać do Stanów. Mówię ci! Ona miała kogoś, kto by nas zaprosił. Człowieku, bierzemy ślub i jedziemy. A potem ona nie zapięła pasów. Bum! I wyleciała przez przednią szybę. Mówię ci! Przebiła płuco i się wykrwawiła. Pomoc nie przyjechała na czas. Człowieku, chodziliśmy ze sobą od szkoły. Kochałem się z nią pierwszy raz. Miałem wtedy trzynaście lat. Mówię ci! Przedtem oglądałem porno, żeby jej nie zawieść. Ale i tak wyszło inaczej. A potem, najbardziej lubiliśmy jak wtedy. Człowieku, kiedyś byłem w jednym klubie w Bangkoku. Półmrok. Siedzę na barowym stołku. Muzyka jak w dyskotece. Łup, łup, lekki trans! A pod nogami skośnookie cipy. Na czworakach. Jakie one miały oczy! Mówię ci! Nigdy takich nie widziałem. Na kolanach mi między nogami. Mało mi spodni nie rozwaliło. Ale trzymałem nogę na nogę i nic. Człowieku, rozumiesz?! To dla niej nie dałem. Tak ją kocham! Zresztą, nie lubię cip, co robią laskę każdemu. Dla mnie kobieta musi być niedostępna. Mówię ci! Choćby się chuje pchali drzwiami i oknami. Za taką będę biegał jak pies. A te bangkockie dziwki? Każdy mógł je mieć. Człowieku, a może miały syfa? Lepiej, że im nie dałem... Odkąd moja zginęła, nie spojrzałem na dziewczynę. Jakbym nie widział i nie słyszał. Człowieku, i dziś mi się przyśniła. Powiedziała, żebym poszukał innej. Spotkamy się w raju, wsparci na łokciach, na zielonych poduszkach. Znam taką jedną. Jaka jest podobna, mówię ci! Ten sam zapach. Człowieku, ja mam odlot na zapachy. Bez tego ani rusz. Zrobię dla niej wszystko. Ale człowieku, dusza nie ta. Niech mnie nie kusi! To nie fair. Zresztą ma dzianego tatusia. Człowieku, ja tego nie lubię. Mówię ci! Potem taki tatuś z nich wychodzi. Prędzej czy później wychodzi. Niby go nienawidzą, ale kasa nie śmierdzi. Człowieku, na pieniądzach mi nie zależy. Mam dosyć. Ale tu... Mówię ci! W Jordanii jest przebabrane. Człowieku, wszystko kręci się wokół kasy. Nie to, co z moją...

– Walid mówił jednym ciągiem i dopiero teraz zrobił przerwę na kanapkę.

– Człowieku, a co teraz robisz? Może się przejdziemy kawałek? Mówię ci! Mam pomysł! Przeprowadź się do nas. Wynajęliśmy z kumplami duże mieszkanie. Jest wolny pokój. Człowieku, w którym hotelu jesteś? Mówię ci! Dawaj, przeniosę ci rzeczy.

– Dziękuję – powiedziałem. – Teraz nie mogę. Muszę iść. W czwartek mam wolne. Wtedy możemy się spotkać. Chciałem się przejść do nowych dzielnic Akaby. Z przeprowadzką pomyślę. Poczekaj, zapłacę za kanapki.

– Szkoda! Człowieku, polubiłem cię – zamyślił się. – Moglibyśmy coś razem porobić. Mówię ci! To widzimy się w czwartek na śniadaniu.

Walid wstał, wyciągnął komórkę i powiedział, że śniadanie przyniesie trochę później. Może na obiad.

– No i co, już powiedział, czego chce? – Somalijczycy najwyraźniej rozmawiali w międzyczasie. Sprzedawca zrobił minę. – Tego? – złapał za blat i zaczął uderzać biodrami.

– Przestań – powiedziałem. – Płacę za kanapki i idę.

– Za obie? – zapytał z ironią. – Jednak cię wzięło. Mówiłem, że za długo jesteś sam! Dinar dwieście. To baw się dobrze!

## II. Męski epizod o bliskości i przekraczaniu granic

Przy ulicy prowadzącej do bulwaru był niezabudowany plac. Spaloną ziemię otaczały kilkupiętrowe gmachy. Boczne elewacje nie miały okien tylko partackie dziury na klimatyzatory. Urządzenia zamknięto w klatkach. W poprzek działki biegł mur, przy którym gromadzili się mężczyźni w dżallabach. Kucali obok siebie. Każdy telefonował, osłaniając ręką usta.

## III. Męski epizod o bliskości i przekraczaniu granic

– Cześć Polska! – powiedział recepcjonista, jak zwykle, kiedy mnie widział. W holu siedział jeszcze jeden Palestyńczyk i oglądał telewizję. Była noc. – Znów wracasz bez dziewczyny? Co robisz tak do późna? Przyznaj się! W mieście nic już się nie dzieje...

Wzruszyłem ramionami.

– To jest mój wujek Ibrahim – ciągnął portier. – Opowiadałem mu o tobie. Poznajcie się!

– Mów mi Ibu.

– Jak się masz? – ukłoniłem się, aby nie uchybić czci niestosownym uściskiem dłoni.

– Dobrze, a ty? Dużo słyszałem o tobie. Miło cię poznać. Długo tu zostajesz?

– Nie. Za kilka dni wracam do Damaszku.

– I co, podoba ci się w Jordanii? – dopytywał wujek. Był chyba jednym z tych, którzy domagają się sakramenckiego »bardzo-mi-się-tu-podoba« tak, jak dziecko domaga się cukierka. Possę z przyjemnością. I zaraz zapomnę.

– Mnie niespecjalnie. Możesz mówić śmiało – dodał po chwili milczenia.

– Tak? A dlaczego?

– Palestyńczykom nie jest tu dobrze. Jesteśmy obywatelami drugiej kategorii. Kiedy idę do urzędu, zaglądają mi do paszportu i od razu czekam dwa razy dłużej. Są opryskliwi, każą przychodzić po kilka razy i donosić papiery, które już dostali. O pracę też trudno. Myślisz, że siedziałbym w tej dziurze, gdybym znalazł coś lepszego? Jestem nauczycielem.

– To co tu robisz?

– A dokąd mam pójść? Żydzi zbombardowali nasz dom. Szkoła w wiosce jest zamknięta. Dziś dzieci uczą się robić zamachy, a dorośli napychają cukierkami. Na Boga! Nie jestem nauczycielem od bomb. Moja żona poroniła, bo izraelscy żołnierze nie chcieli przepuścić jej karetki. Tu jesteśmy bezpieczni. Powiedz, dlaczego wy tak popieracie Żydów i Amerykę?

– Dlaczego popieramy? – namyślałem się. – Słuchaj, jesteś nauczycielem. Przed wojną mieszkało w Europie więcej Żydów, niż teraz w Izraelu. Bez nich nie ma naszej kultury. Wiesz, że już kilkaset lat temu Żydzi w moim kraju mieli swój parlament? Do dziś, kiedy zagadasz starszego Izraelczyka po polsku, to on cię zrozumie. W Polsce prawie każdy ma w rodzinie Żyda. Tylko nie wszyscy się do tego przyznają...

– Rozumiem. Trochę jak i u nas – powiedział Ibu. – My też mamy wspaniałą przeszłość. Ale co dzisiaj? Gdyby nie ta przeklęta Ameryka...

– Ty, Polska, przecież tak nie może być – włączył się bratanek. – Oni tylko pilnują ropy. Saddama uzbroili przeciwko Chomejniemu. Nikt się nie interesował, kiedy spuszczał gaz na irańskie wioski. We własnym kraju, ile wymordował? A Afganistan? Talibowie mieli skończyć wojnę domową, która wybuchła po wyjściu Sowietów. Amerykanie dawali im broń, szkolili. Dlaczego nie poparli Szaha Masuda? Bo dla nich był komunistą.

– Powiedz szczerze, co Amerykanie zrobili wam dobrego, że tak ich lubicie? Przecież zostawili was na pastwę losu. Pomagali, jak już było za późno.

– Skąd mam wiedzieć? Ja bym chciał, aby wszyscy żyli w pokoju. Tylko nikt się mnie nie pyta. Wiesz, dlaczego przyjechałem do Jordanii? – uderzyłem się ręką w pierś. – Bo bardzo-mi-się-tu-podoba.

## IV. Męski epizod o bliskości i przekraczaniu granic

Spod dachu plażowej restauracji sączy się bezduszne, jarzeniowe światło. Aluminiowe maszty podtrzymują prowizoryczną konstrukcję. Mikołaj mówił, że jarzeniówki pozwalają zobaczyć kto, z kim i na jak długo. Światło to podpora obyczajowości. Poza barami ekskluzywnych hoteli, gdzie miejscowych wpuszcza się tylko za specjalnym pozwoleniem, w kawiarniach jest jasno, jak na dłoni.

## V. Męski epizod o bliskości i przekraczaniu granic

W filmie *Przełamując fale* Van Trier kazał sypiać Bes z innymi mężczyznami, bo jej uwielbiany mąż, sparaliżowany w wypadku, chciał zwrócić żonie wolność. Zakochana dziewczyna broniła się, póki nie uwierzyła, że przełamując się, składa ofiarę za zdrowie chorego. Tu dramat Bes szokowałaby nie ze względu na okrutny los bohaterki, ale jako absurdalna inwersja. Namiętność kobiety opiewa poezja. Na codzień nie mieści się nikomu w głowie i w gruncie rzeczy nie jest na rękę.

## VI. Męski epizod o bliskości i przekraczaniu granic

Pliastikowe foteliki w restauracjach są tu jednakowo niewygodne. Jedna noga zawsze się obsuwa, kształt deformuje i niby nie zmienia się wiele, ale zwodnicza forma nie chce się do mnie dopasować. Tymczasem poprawianie rzeczywistości wciąga jak hazard. Moralność jest po mojej stronie. Od zwycięstwa dzieli zawsze tylko ten jeden gest. Niestety. Każdy ruch przenosi problem z jednego miejsca w inne. Mijały godziny, a ja ledwo jadłem. Dopiero kiedy pora była wstać, pokonany, machałem ręką.

### VII. Męski epizod o bliskości i przekraczaniu granic

Rewolucja seksualna, która tu się nie odbyła, prezentuje swoje osiągnięcia poprzez obrazy z telewizora i turystów z Zachodu, którzy uciekają tu przed swoimi kompleksami. Zamorskie kobiety chętnie korzystają z usług arabskich młodzieńców. Po powrocie wszystko wraca do normy, nie tak znów odległej od miejscowej. Tu nikt im po prostu nie patrzy na ręce.

### VIII. Męski epizod o bliskości i przekraczaniu granic

W kawiarniach nie ma obrusów na stolikach i blaty szarzeją w miejscach, gdzie goście wspierają dłonie. Koniecznie, oprzeć dłonie! Resztki cudzego potu czepiają się ciała, które lepi się po całym dniu. Wstręt niszczy radość z ochłodzenia. Kelnerzy na swój sposób wyrównują braki. Dbają, aby napoje pić przez jednorazową słomkę, którą ostentacyjnie gną, podając do każdej butelki nową. Na stołach są pudełeczka z chusteczkami, a zimną wodę podaje się bez ograniczeń.

### IX. Męski epizod o bliskości i przekraczaniu granic

Kiedy chcę z kimś porozmawiać, murek, dziurawa łódź, nawet krawężnik są lepsze niż giętkość fotelika. Tylko piwo odstawiane na ziemi każe mi przy każdym wyciągnięciu ręki marzyć o stole.

## X. Męski epizod o bliskości i przekraczaniu granic

Z tarasu restauracji rozciąga się panorama na Akabę i Synaj. Przy stole w rogu świętowała grupa ludzi. Mały chłopiec odłączył się od nich i podszedł do mnie. Niby zaczął oglądać balustradkę, ale ukradkiem zerkał na mnie.

– Jak się masz? – odważył się wreszcie zapytać po angielsku.

– Dobrze, a ty?

– Dobrze. Jak się nazywasz?

– Jan.

– A skąd jesteś?

– Z Polski. A ty jak się nazywasz?

– Muhammad. No to cześć! – chłopiec pobiegł z powrotem i zaczął gestykulować z przejęciem. Kilku dorosłych obejrzało się. Kiwnąłem. Muhammad za chwilę wrócił. Usiadł najpierw na krzesełku, nieopodal mnie. Patrzył kątem oka, a ja nic nie mówiłem. Ze słów wynikają same nieporozumienia. Ale za każdym razem będzie można się przysiąść trochę bliżej. Potrzebny tu jest pewien obrzęd. To także sprawa, która już nieco popadła w zapomnienie. Obrzęd sprawia, że jakiś dzień różni się od innych dni, jakaś godzina od innych godzin. Chwilę siedzieliśmy w milczeniu.

– A gdzie jest twój kraj? – zapytał Muhammad.

– Wiesz mniej więcej, gdzie są Niemcy i Rosja?

– Tam, gdzie jest zawsze zimno – wyrecytował z dumą geografa, któremu brak jest badaczy.

– No to tam jest i mój kraj – uśmiechnąłem się.

– To z zimna ma się tyle piegów?

– Nie – odpowiedziałem rozbawiony. – Czy tam są twoi rodzice?

– Tak, obchodzimy urodziny brata. Ile ty masz lat?

– Trzydzieści – odpowiedziałem, starając się użyć jakiejś prostej liczby. – A ty ile masz lat?

– Mam siedem lat – powiedział chłopiec. – A masz braci?

– Nie. Mam siostrę. Jest młodsza ode mnie.

– A ile ważysz?

– Chamsa wa-samanun! – odpowiedziałem na wszelki wypadek po arabsku.

Chłopiec powtórzył po angielsku.

– A kim jest twój tata? – zapytał.

– Artystą, a twój?

– Przedsiębiorcą. A ile u ciebie w kraju zarabia artysta?

Pomyślałem, że nie jest ciekaw spraw zasadniczych.

– Jesteś tu na wakacjach? – zapytałem po chwili.

– Tak. Mieszkam w Bejrucie. Przyjechałem do Akaby na dwa tygodnie. Nie mam tu przyjaciół. Smutno mi. Będziesz moim przyjacielem?

– Pewnie, zostańmy przyjaciółmi – wyciągnąłem rękę.

Chłopiec mocno uścisnął mi dłoń.

– Super! Mam przyjaciela z Europy – powiedział i przysiadł się trochę bliżej.

– A ja, z Arabii – ucieszyłem się.

– Przepraszam – powiedział. – Muszę już iść. Wracamy do hotelu. Do widzenia, przyjacielu.

– Do widzenia, przyjacielu!

Nigdy się więcej nie spotkaliśmy.

## XI. Męski epizod o bliskości i przekraczaniu granicy

– Hej ty! Chcesz się przejechać? – zapytał dziecinny głos.

Jeździec stał pod światło z restauracji.

Rozejrzałem się.

Na plaży zebrali się beduini, którzy za dnia wynajmują konie na deptaku. Rozpalili ognisko. Smukłe, przybrane kolorowymi pomponami klacze nie przypominały zajeżdżonych przez dzieci kucyków, które ciężarówkami przyjeżdżają do kurortów w Europie. Zwierzęta były niedożywione. Wystające kości jakby ledwo nie rozrywały skóry. A jednak. Konie miały sprężysty chód. Żywe oczy nie były przysłonięte klapkami.

– Ee... – powiedziałem.

Nie wypadło naturalnie.

Park między plażą a bulwarem był zadbany. Przy wysypanych żwirem dróżkach rosły przystrzyżone drzewka. Suche liście palm zebrano w snopki. Wzdłuż alejek ciągnęły się rowy nawadniające, a codziennie wypróżniane śmietniki stały na każdym skrzyżowaniu ścieżek.

– Hej ty! Przecież umiesz jeździć – wtrącił się chłopak, którego poznałem kilka dni temu na deptaku.

Nocne życie parku koncentrowało się na promenadzie, która o tej porze zamieniała się w tor wyścigowy.

– Taaak... – jakby mi było trzeba przypominać.

Wokół zrobiło się zbiegowisko.

– Spróbuj! Tu, na plaży!

– Dawaj! Wybierz sobie konia i wio! – beduini prezentowali zwierzęta i poszturchiwali, abym się zdecydował.

– Człowieku, skąd jesteś? – wysoki mężczyzna zeskoczył z konia, wziął mnie za rękę i odprowadził kawałek, zagadując po angielsku. Był bardziej wypielęgnowany i lepiej ubrany niż pozostali. – Oni chcą tylko zarobić pieniądze. Mówię ci! Nie słuchaj ich! Człowieku, możemy pogadać? Jesteś sam? Nie ma z tobą dziewczyny?

– Nie ma.

– Mówisz, że skąd jesteś?

– Z Polski.

– Człowieku, a gdzie to jest? Gdzieś koło Rosji? To u was jest bardzo zimno... Człowieku, co tu robisz? Uczysz się arabskiego? Nieźle. Podziwiam cię. Główka nie od parady, co? Przecież znasz angielski. Nie wystarczy ci? Mówię ci! To my uczymy się innych języków. Człowieku, bzdura! I tak wychodzimy na dzikich. Po co ci język dzikusów?

– Spodobał mi się.

– A co tu jest do podobania? Ja go nie lubię. Jest trudny. Może masz tu dziewczynę?

– Nie mam.

– Słusznie! Człowieku, dziewczyny dają turystom tylko dla pieniędzy – spojrzał się, jakby sprawdzał, jakie zrobił wrażenie. Oczy błysnęły niecierpliwością, która zaraz zgasła.

– One w ogóle dają tylko dla pieniędzy. Człowieku, nie przejmuj się! Nam też. Mówię ci! Pierwsze to patrzą, czy masz samochód i gdzie pracujesz. Przed małżeństwem udają niewiniątka. Ciągle biegaj za nimi i trzymaj za rączkę. Ile można za rączkę? Człowieku, ja długo nie mogę... Potem z najlepszymi żenią się ci, co to gorzej niż baby. Delikatne to, spermę spuszcza w domu pod kołdrą, a do panienki o oczach. Człowieku, kiedy ci taka da, to od święta i jeszcze w tyłek, żeby się rodzina nie czepnęła. Mówię ci! Za to jak się hajtną, to laluś w kąt i kto pierwszy, ten lepszy. Nie upilnujesz. Człowieku, każda z nich to kurwa, tylko najpierw nie widać. Co robić? Jak zgrywasz grzecznisia, to cię oszuka, a chcesz się pieprzyć, to nie masz szans. Mówię ci! Jestem tu na wakacjach, nie z nimi – pokazał na ognisko. – Mieszkam w Ammanie. Pożyczyliśmy konie, ci dwaj tam, to moi kumple. Człowieku, pracujemy u ojca w firmie. Chciałbym stąd wyjechać. Jak jest u was z kobietami? Mam kuzyna we Francji. Mówię ci! Kiedyś się przeniosę. Tu nie ma życia. Człowieku, wszystko kręci się tu wokół pieniędzy. Czekaj, muszę zobaczyć, jak kumple.

Dziwne. Arabowie zwykle nie zadają się z beduinami.

– Hej ty! To Pedał! Uważaj! – zaśmiał się ten sam dziecięcy głos. – Chcesz się przejechać? – chłopiec podjechał tak blisko, że zwierzę musnęło mnie ogonem. W strzemionach tkwiły bose stópki.

– To świetny koń. Dotknij tu… Patrz! – pogalopował do końca plaży i z powrotem. – Chcesz? – zapytał.

– Nie.

– Bleee! – pokazał mi język. – Gdzie twoja dziewczyna? Wolisz mężczyzn, co? Twój zaraz wróci! – dzieciak ułożył usta jak do pocałunku i zaczął chlipać, niczym mleko.

Kot gwałcił drącą się w zaroślach kotkę. Ktoś rzucił kamieniem i zwierzęta ucichły. Dzieciak wybuchnął śmiechem, spiął konia i pogalopował, klepiąc mnie w ramię.

– Ciao bella! Ciao… – usłyszałem, zanim zagłuszyła go kotka.

### XII. Męski epizod o bliskości i przekraczaniu granic

Spojrzałem na zatokę, w prawo, w stronę Ejlatu. Co noc siedzę na łodzi i patrzę na światła orientalnego miasta. Za plecami rozpościerają się pustynne wzgórza. Majestatyczne grzbiety są jak garby wielbłądów, które czuła ręka ukoiła do snu. Nadmorski bulwar jest granicą, która oddziela pustynię od parku w stylu ogrodów francuskich.

### XIII. Męski epizod o bliskości i przekraczaniu granic

Kiedy jestem z kimś umówiony, spotkanie na długo naprzód staje się niezbywalną częścią mnie. Życie jakby od zawsze mnie do niego przygotowywuje, nawet jeśli nie potrafię go sobie dokładnie wyobrazić. Tymczasem jeśli ktoś nie przychodzi, albo w ostatniej chwili dzwoni i dowiaduje się choćby o najważniejszych, bezdyskusyjnych powodach, czuję nawet nie żal, że nie widzę człowieka, na którym nieraz mało mi zależy, nie urazę albo obawę, że zostałem oszukany, ale ład czasu jakby rozpada się i już nie daje poskładać. Czuję się bezradny, niczym dziecko, które w Leśnym Parku zgubiło opiekuńczą rękę taty. Czasem wspomnienie przywołuje spędzone z brakującą osobą chwile i wtedy znajduję pocieszenie. Spotkanie jakby się odbywa, a poezja pozwala odbudować harmonię, choć nie chroni przed melancholią kolejnych zawodów.

## XIV. Męski epizod o bliskości i przekraczaniu granic

Niedaleko Akaby leży kotlina Petry. Od południa droga prowadzi przez ciasny wąwóz. Rudy metali zdobią wypłukane erozją zbocza pasami ciepłych kolorów i mienią się kryształkami krzemu. W skałach wykuto portale świątyń. Ozdobne kapitele i przepełnione opowieściami tympanony wyłaniają się wprost z kamienia. Dziś w opuszczonych wnętrzach panuje mrok i przyjemny chłód. Puste nisze dają świadectwo bogom, których imion nikt już nie pamięta. A może to ich opiekuńcza dłoń porzuciła wyznawców, skazując ich na zagładę?

– Hej, przyjacielu! Chcesz się przejechać? – śniady koniarz krótko trzymał wodze. Rozgrzane gonitwą zwierzę kręciło się nerwowo. – Pożyczę ci konia do końca wąwozu i z powrotem! Na próbę.

– Dawaj!

Przypiąłem chlebak do pasa i przedłużyłem strzemiona. Na moją łydkę klacz ruszyła wydłużonym stępem.

Druga łydka – stęp.

Trzecia, czwarta... Wreszcie zrozpaczony zacząłem okładać konia nogami. I nic. Tylko poganiacz śmiał się coraz głośniej.

Za późno przypomniałem sobie, że konie ujeżdża się tu inaczej. Zwierzęta ćwiczone są, aby obcy nie rozpędził się bez zgody właściciela. Opowiadał mi o tym pewien hodowca. Było po sezonie. Brakowało klientów i zaczęliśmy rozmawiać. Hodowca dał mi konia i powiedział, spróbuj zagalopować. Nic. Wtedy pokazał, abym nad łękiem świsnął wodzami, ale w żadnym razie nie uderzał zwierzęcia. Chodziło o dźwięk. Klacz od razu przeszła do galopu i potem na każdą łydkę wydłużała chód. Wiedziała, że mam glejt i reagowała posłusznie.

– Fiju! – poganiacz gwizdnął i koń wrócił galopem.

Tymczasem jeźdźcy zaczęli się śmiać.

– Pół dinara – rzucił poganiacz, odbierając wodze.

– Chyba żartujesz. Miało być raz za darmo.

– Ale było trzy razy!

Rzeczywiście, na skraju wąwozu obróciłem kilka razy, próbując obłaskawić zwierzę.

– Jakie trzy? – oburzyłem się. – Twoja szkapa nawet nie chciała się rozpędzić, a ty chcesz pieniądze?

– No no, tylko nie szkapa! Ciesz się, żeś nie wyleciał z siodła. Pół dinara, dobra, niech będzie ćwierć.

Poprawiłem chlebak i zrobiłem krok w kierunku kolegów. Chciałem sprawdzić, czy mnie zatrzymają. Cofnęli się.

– To co, chcesz, żeby zdechła z głodu, tak?

– Masz turystów, którzy ci płacą. Mówiłeś, że jesteśmy przyjaciółmi.

– Cha, cha, cha! Mój biały przyjaciel! A przyjdziesz jutro? Zrobimy wyścigi. Jak wygrasz, nic nie zapłacisz. Wybierzesz konia i pokażemy ci, jak się z nim obchodzić. Nawet niech będzie mój.

– O której jesteście?

– O jedenastej – odpowiedział poganiacz.

– To do jutra!

Jeźdźcy powoli zebrali się do stajni. W dolinę poszedłem na piechotę. Jak większość turystów, na Petrę zaplanowałem jeden dzień i wieczorem wróciłem do Akaby.

## XV. Męski epizod o bliskości i przekraczaniu granic

Martwiejące fale zatoki urywają się przed pustymi stolikami, które zapadają się w piasku. Nocą nikt nie chce moczyć nóg i ostatni goście siedzą w głębi plaży. Patrząc na restaurację czułem ostry, trochę cierpki zapach morza, który mieszał się ze słodkim, owocowym aromatem fajek. Czasem zapach tytoniu ustępował kwaskowej rdzy parasoli, jeśli wiatr wiał od strony lądu. Karłowaty kelner wyszedł zza kontuaru i żwawo wyrównał stolik. Z jego twarzą było coś nie w porządku. Raz wydawało mi się, że widzę jego lewy, zwrócony w stronę miasta profil, a raz prawy – ku zatoce. Tymczasem głowa nie obróciła się nawet, kiedy pozdrowił mnie unosząc dłoń.

## XVI. Męski epizod o bliskości i przekraczaniu granic

W ogródku willi na przedmieściach trafiliśmy z Walidem do pijalni soków. Budynek były nieotynkowany. Z płaskiego dachu sterczało zbrojenie, gotowe, gdyby właściciel chciał wznieść się i poszerzyć horyzont. Między prętami suszyła się bielizna.

Barman w fartuchu zwinnie wyciskał owoce i serwował soki z kruszonym lodem. Na życzenie dolewał mleka. Masywna brama prowadziła do ogródka, choć zamiast płotu dom otaczał płytki rów.

– To co, napijemy się czegoś? – zapytałem Walida.

– Pewnie, a na co masz ochotę?

– Banan, pomarańcza i marchewka – powiedziałem, przypominając sobie smak z dzieciństwa.

– Dla mnie mango z grejpfrutem.

Barman przyniósł pełne po brzegi szklanki.

– Mówię ci! Jeździłem trochę po okolicy. Saudyjczycy są obleśni. Człowieku, to tłuści zboczeńcy. Pedofile i sodomici. Nienawidzę ich zwalistych wozów. Za ciemnymi szybami robią nie wiadomo co. Syria to miły kraj. Mówię ci! Tam warto jechać na dziewczyny. Jest biednie, ale swobodnie. Człowieku, wiedziałeś, gdzie się zatrzymać. Cha, cha, cha! Z dziewczynami to jest tak, że Jordańczycy jeżdżą do Syrii, Syryjczycy do Jordanii, a bogatsi razem do Libanu. Mówię ci! Byłem w Ejlacie. Tam prostytutki mają swoją dzielnicę. Ale w Izraelu jest drogo, niebezpiecznie i szykanują nas. Człowieku, najlepiej jest w Zjednoczonych Emiratach, w Dubajju. Mówię ci! Dobrze zarabiasz i nikt się ciebie nie czepia. Najgorsi są Palestyńczycy. Prymitywni i podstępni. Człowieku, nigdy im nie wierz. W Sudanie trzeba uważać. Tam czarni są tak zdesperowani, że pieprzą kamienie. Mówię ci! A ty jesteś przystojny… Najbardziej bawią mnie Japończycy, kiedy truchtają z kamerkami na swoich kaczych nóżkach. Człowieku, nie chcesz się do nas przeprowadzić? Po co masz płacić za hotel? Mówię ci! Wieczorem zrobimy imprezę. Spodoba ci się!

– Dziękuję. Dziś jestem umówiony na wieczór. Potem jeszcze kilka dni i wracam do Damaszku.

– Zaproszony?! Człowieku, do kogo? Przecież nie do kobiety... Miejscowi? Mówię ci! Ja bym nie szedł. Człowieku, nic z tego nie będzie. Albo powiedzą, że kolacja w lokalu i ty za nią zapłacisz.

– Znam tych ludzi.

– Człowieku, jak chcesz – odpowiedział. – Ale pamiętaj, ostrzegałem. A może umówimy się na autobus do Ammanu? Człowieku, muszę coś załatwić. Potem wracam, a ty pojedziesz do Damaszku. Masz już bilet?

– Tak. Na niedzielę. Odjazd o ósmej rano.

– Człowieku, świetnie! Jesteśmy umówieni. Będę się zbierał. Stąd mam blisko do domu... Tylko pójdę do kibla.

Kiedy Walid wstał, zapłaciłem za swój sok.

– Człowieku – widziałem, że zanim wrócił, rozmawiał z barmanem. – Mam tylko pięćdziesiąt dinarów w banknocie. On nie ma wydać. Zapłacisz za mnie? Oddam ci, jak będziemy jechać do Ammanu.

Walid mocno objął mnie na pożegnanie i ręka zsunęła mu się tam, gdzie nie potrzeba. Ale może byłem uprzedzony.

W niedzielę nie przyszedł na autobus.

## XVII. Męski epizod o bliskości i przekraczaniu granic

Po drodze Salim nie miał ochoty na zwierzanie i idąc prawie nie rozmawialiśmy. Obce miejscu przyzwyczajenia bywają złym doradcą, ale nie należy opuszczać rąk. Kiedy się przekonałem, że nie ma nic złego w milczącym spacerze, po prostu przebywa się razem, a gdy przyjdzie chęć, jest się do kogo odezwać, spodobała mi się ta bezpretensjonalna harmonia bycia, niczym szlachetna gotowość, aby się wznieść i poszerzyć horyzont.

## XVIII. Męski epizod o bliskości i przekraczaniu granic

Ręka, noga, mózg na...

Jak wyglądamy w lustrze?

Ze spuszczonymi oczyma: czterdzieści lat pracy przy rożnie z kebabem, szesnaście godzin dziennie bez urlopu, żona i dzieci w świecie, do którego nie należę i nigdy nie będę należeć, choć muszę w nim żyć.

Ze spuszczonymi oczyma: dzieci dorośleją i nie mają szansy, ich dom jest im obcy i wstyd im, że nie mają innego.

Ze spuszczonymi oczyma: rodzinie, która oszczędzała na bilet i łapówki, posyłam fotografie przy sportowym wozie, który przypadkiem zaparkował przed barem kebab.

Ze spuszczonymi oczyma: kiedy dzieci jadą do swojego obcego kraju, udają, że są częścią wspaniałego świata, choć w to nie wierzą.

Lustro?

Ze spuszczonymi oczyma... Moja to polityka, moje i w ogóle, wszystko co nam przeszkadza spokojnie leżeć, trzymać ręce na piersiach panienek i patrzeć na chmury typu cumulus w kolorze białym, natomiast niebo jest przy tym niebieskie.

To nie ćwiczenie poezji.

Żądam lepszej rzeczywistości!

Na stronie: białe adidasy zostawiłem w przedsionku.

## XIX. Męski epizod o bliskości i przekraczaniu granic

W pustynnych zamkach obserwowałem małżeństwa turystów z Półwyspu Arabskiego. Twierdze kalifów były popularnymi celami wycieczek. Relikty wielkiej przeszłości cieszyły dzieci, które biegały, wdrapywały się na kamienie i bawiły w chowanego. Dorośli chronili się przed słońcem i rozkładali z piknikiem. Wycieczki składały się z kilku rodzin. Mężowie radzili się żon, jak zrobić dobre zdjęcie. Z czułością dbali, aby kobiety nie zmęczyły się ponad siły. W jednym z zamków Walida spotkałem taksówkarza z Akaby, który gdy zmieniał bieg, próbował głaskać mnie po udzie. Zaprosił mnie na posiłek, który przygotował z żoną i dziećmi.

## XX. Męski epizod o bliskości i przekraczaniu granic

Bezrobotny elektronik odłączył się od żony, zabrał synka na rowerku i podszedł do mnie. Wymieniliśmy grzeczności. Po chwili zaczęliśmy rozmawiać. Syn miał trzy lata, ojciec dwadzieścia dziewięć. Elektronik pytał, po co tu przyjechałem, skoro nie siedzę na plaży i nie szukam narzeczonej, tylko szwendam się po przedmieściach.

– Wy Europejczycy jesteście dziwnym narodem – powiedział po namyśle. – Dla nas człowiek, który jest sam, musi być smutny. Czegoś mu w życiu brakuje i trzeba mu pomóc. Wy z własnej woli podróżujecie w pojedynkę. To tak, jakbyście chcieli się ukarać. Czy los aż tak was dopieszcza, że sami wymierzacie sobie cierpienie?

Mężczyzna opowiedział o rodzinie i o swojej żonie. Niedawno był w Ejlacie, a wcześniej studiował w Petersburgu. Podobało mu się. Ale w Akabie czuje się u siebie. Tu nigdy nie będę samotny, mówił. Mam wspaniałą rodzinę.

Żona siedziała na murku kawałek dalej i przyglądała nam się, kołysząc w wózku młodsze dziecko. Po chwili elektronik przeprosił. Powiedział, że nie chce dłużej rozmawiać, bo żona została sama.

Potem jego synek zawrócił, pomachał z daleka i popędził za rodzicami, którzy skręcili za róg, trzymając się za ręce.

## XXI. Męski epizod o bliskości i przekraczaniu granic

Walid nie mógł mnie zranić nieodwzajemnioną bliskością. Jego zachowania były mi obce, a mało atrakcyjne ciało nie wyrównywało braków. Słuchałem jego historii, jak się czyta książkę, której bohaterom nie chce się przecież zwierzać. Krótki moment, w którym próbowałem odpowiedzieć mu zażyłością, przyniósł rozczarowanie, może nawet smutek, ale nie pozostawił cierpienia. Byłem turystą – wojerem, który czerpie satysfakcje z podglądania i od wszystkiego umywa ręce.

## XXII. Męski epizod o bliskości i przekraczaniu granic

Salim rozumiał, że wyjazd w pojedynkę wybrałem sobie sam. Kiedy mi się zwierzał, chciał abym mu pomógł jako ktoś, kto podróżuje dla przyjemności. Wierzył, że u Lubov mają lepszą przyszłość. Rosja należała dla niego do wspaniałego świata z telewizji. Był dumny z zaproszenia i choć znał los emigrantów, dzięki ukochanej miał nadzieję uniknąć upokorzeń. Strach, że nie ma w Moskwie nikogo, dotyczył chwili wyjazdu z Akaby. Salim widział się w Rosji szczęśliwszym niż kiedykolwiek byłby w Jordanii – biednym i sponiewierany przez Wielkiego Sojusznika kraju, którego króla kocha się, jak rodzonego ojca, czując, że jest słaby. Taki ojciec zostawia dzieciom spuszczone oczy. Fatalizm chętnie rośnie na postkolonialnej glebie. Salim nie był wyrachowany wobec gotowej go utrzymywać Lubov. Decydując się na nią, zrywał z tradycją pogardy dla mężczyzn zbyt słabych, aby potrafili utrzymać rodzinę. Tu turystki były obcymi kobietami, z którymi robi się interesy. Do wyjazdu popychała go miłość.

Trzymam kciuki, aby mu się udało.

### XXIII. Męski epizod o bliskości i przekraczaniu granic

Wysłuchawszy tylu osobistych historii, nie czułem się blisko ludzi, którzy mi je opowiadali. Intymność straciła wartość bez nadziei na wyłuskanie prawdy. Uśmiechy, gesty, buńczuczne zapowiedzi i stałe zapewnienia o wielkiej przyjaźni były przynętą, na którą ciągle dawałem się złapać. To, że za każdym razem połykałem haczyk, było chyba mniej naiwnością niż wiarą, nawet jeśli nie w prawdziwe opowieści, to w istnienie prawdy, choćby sama historia miała ją ukryć. Powiem wprost (choć trochę mi wstyd): posługiwałem się poezją, aby bronić prawdy. Opowieść o mojej narzeczonej pozostała grą. Choć wymyślona historia mi się podobała, moja przeszłość zaczęła przeciekać mi przez palce. Oszustwo zdeprecjonowało prawdę i w lustrze obnażonych marzeń obudziły się upiory. Moje życie zaczęło wyglądać na nieudane.

### XXIV. Męski epizod o bliskości i przekraczaniu granic

Słońce przeszło już na drugą stronę zatoki i Ejlat spowijała słoneczna mgła. Postanowiłem kupić coś do picia. O tej porze dzieci wychodziły na dwór. Pusty plac, który przeciąłem w drodze do sklepu, okazał się boiskiem. Chłopcy przestali kopać piłkę i zaczęli się przyglądać. Najstarszy miał może dwanaście lat. Wyciągnąłem rękę. Jeden schylił się, podniósł grudkę ziemi i rzucił. Przyspieszyłem kroku. Następny też rzucił. Otoczyli mnie. Powiedziałem coś pojednawczo i chłopcy podeszli bliżej. Nie rozumiałem ich dialektu, a oni zaczęli mnie przedrzeźniać. Sądzili, że się drażnię, bo przecież mówię po arabsku. Dookoła leżało pełno kamieni. Grudki ziemi rozpadały się w locie i żadna nie zrobiła mi krzywdy. Z pobliskiego domu wybiegł dorosły i zaczął krzyczeć. Chłopcy uciekli. Nie przyjąłem zaproszenia na herbatę, bo gęsta przestrzeń lepiła się, jakby ciśnięta w niebo ziemia nasączyła się potem.

## XXV. Męski epizod o bliskości i przekraczaniu granic

Na skraju Akaby jest murek, który ogranicza chodnik przy osiedlowej obwodnicy. W drugą stronę dzielnica domków ciągnie się do starego traktu nad Morze Martwe i dalej, do stolicy. Za murkiem – na wyciągnięcie ręki – pustynia.

## XXVI. Męski epizod o bliskości i przekraczaniu granic

W nocy klimatyzatory na ścianach domów wyglądają jak monstrualne karaluchy, które przywarły do elewacji i nie ważą się zakłócić ciszy miasta.

Kiedyś przyglądałem się karaluchom. Miały wielkość męskiego palucha i były tak leniwe, że gdy w kuchni kończył się blat, wolały z furkotem opaść na podłogę niż zejść po ścianie obok. Lot karalucha nie jest przewidywalny. Owad nagle zrywa się, jakby podrzucała nim jakaś wielka siła. Po wylądowaniu potrzebuje chwili, aby się zorientować. Zdarza się, że w locie uderza o krzesło, zatrzymuje się, nagle spada na podłogę, odwraca i podrywa kolejny raz. Nocą furkot karaluchów nosi się po domu a strach, że obudzę się w towarzystwie, nie daje mi spać. Czasem rano na środku kuchni znajdowałem owada, który nie wiadomo, czy przejadł się i spał, czy zdechł pod moją nieobecność. Szybki ruch i: pyk! – tułów pękał i wątpliwości pryskały na terakotę. Ile razy wchodziłem do kuchni, ożywała nadzieja, że tym razem będę sam. Zabierałem się za gotowanie. A kuku! Pyk! – pryskało na terakotę. Z czasem wydawało mi się, że na listwie, której używałem zamiast buta, każdy tułów zostawiał nowy ślad. Byłem sam wobec odradzającej się masy. Później zauważyłem, że karaluchy nie wchodzą do pokojów, nawet jeśli drzwi były otwarte. Zacząłem spać spokojnie. Stopniowo rozzuchwaliłem się na tyle, że w pokoju zostawiałem resztki jedzenia. Karaluchy zemściły się na swój sposób. Po wyjeździe z kraju zauważyłem, że nawet w mieszkaniach, gdzie ich nie widziałem, bałem się drobnych, poruszających się cieni. Kiedy ścierka drżała od przeciągu, odwracałem głowę, czując tę samą, boleśnie zawiedzioną nadzieję.

W nocy klimatyzatory na ścianach domów wyglądają jak monstrualne karaluchy, które przywarły do elewacji i nie ważą się zakłócić ciszy miasta. Handlarze dawno już poszli spać, muezzini wezwali do ostatniej modlitwy i morze przypomina o sobie tylko zadziwiająco delikatnym zapachem.

Mam nadzieję, że po powrocie do Damaszku spotkam Dżamilę i od ręki poczuję się lepiej.

## XXVII. Męski epizod o bliskości i przekraczaniu granic

Kiedy wracając w skwarze zastanawiałem się, czy obejść »Trans-Jordan«, aby mnie Salim nie zauważył, myśl, że go spotkam, że on znów opowie mi swoją historię i będzie czekał, że podejmę za niego decyzję wyjazdu do Moskwy, była mi wstrętna. Ręce precz! Naokoło i do hotelu! Wieczorem trochę się ochłodziło. Pot już nie zalewał mi oczu, a koszulka wyschła w podmuchach orzeźwiającej bryzy. Poczułem radość. Podbiegłem do bramy »Trans-Jordan« i zawołałem z mocą paradoksu: jestem!

## XXVIII. Męski epizod o bliskości i przekraczaniu granic

Przed snem chciałem się przejść plażą od strony hoteli wielkich sieci turystycznych.

Jeszcze raz: Przed snem chciałem sprawdzić, jak blisko podejdę brzegiem do Izraela.

Przejście graniczne w Akabie otwarte jest tylko w dzień. Nie wiedziałem, gdzie go szukać. Plaże przed hotelami były ogrodzone, ale znalazłem uliczkę, która prowadziła na zachód. Przydrożny park porastały krzaki. W miarę jak kończyła się zabudowa, roślinność przerzedzała się. Pas suchej ziemi ograniczał łuk ulicy, prowadzącej coraz dalej od plaży. Hotele dawno się skończyły. Po lewej stronie zobaczyłem ścieżkę, która wracała w kierunku morza. Za skrzyżowaniem latarnie i tablica »Teren prywatny. Wstęp wzbroniony«. Nie było ogrodzenia, ale nie odważyłem się wejść. Czasem jakiś taksówkarz zwalniał, chwilę toczył się za mną i potem pytał, czy mnie gdzieś nie podwieźć. Niektórzy martwili się, że się zgubiłem i proponowali przejażdżkę po mieście. Mogą mi pokazać ciekawsze miejsca. Potem taksówki znikły. Pojawił się samochód na prywatnej rejestracji i jechał, nie wyprzedzając. W pewnej chwili zobaczyłem Ejlat. Samochód zatrzymał się. W oknie żydowskiego hotelu kochała się para. Na oświetlonej bramie przed hotelem wisiał szyld jordańskiego klubu młodzieżowego. Dalej szosa zatoczyła koło i po drugiej stronie parku wróciłem do centrum. Samochód zniknął. Na ławkach mężczyźni głaskali się po rękach, a w krzakach przemykały sylwetki beduińskich chłopców.

## XXIX. Męski epizod o bliskości i przekraczaniu granic

Posłuchaj, ona codziennie przychodzi do mnie i płacze, bo minęły cztery lata, jak rozwiodła się z mężem i od tamtego czasu nie miała nikogo. Ty się jej podobasz. Nie odmówi ci. Ale będzie się broniła. Masz ją zmusić. Tu mężczyzna gra tę rolę. Nie? A może jesteś chory? Wiem, ty po prostu wolisz mężczyzn!

## XXX. Męski epizod o bliskości i przekraczaniu granic

Drogę między Akabą a Petrą spędziłem ze znajomą Syryjką, żoną zagranicznego dyplomaty. Od trzech lat byli na placówce. W czasie jazdy znajoma opowiedziała o miejscowych koleżankach, że pogardzają mężczyznami za brutalność, za prymitywizm i oszustwa, bo to są tchórze, z których każdy ma kochankę. Jak się wyda, umywają ręce i szukają następnej. Poprzez seks można nimi rządzić. W małżeństwie lepiej zostać, bo dzieci, dom i przyjaciółki, na które zawsze jest czas, kiedy nie trzeba pracować. Przy odrobinie elastyczności można mieć wygody. Mąż jest w pracy od rana do nocy, kolację każe podawać przed telewizorem i potem nie zostaje wiele czasu. W piątek, dzień wolny od pracy, osobno chodzi się nawet na modlitwę. Kiedy zdecydujesz się rozwieść, rodzice muszą cię wesprzeć, bo kto zapewni byt? Kobiecie nie wypada mieszkać samej. Można założyć hidżab, ale i to niewiele pomaga. Proces dobrze robi, bo zabija sentymenty i uczy pogardy. Kochanka zawsze znajdziesz. Sztuka polega na doborze – na przykład chrześcijanin boi się, gdyby się wydało, że jest z muzułmanką.

Bycie utrzymanką ma swoje zalety, tylko nie wszystkie jesteśmy cynikami.

## XXXI. Męski epizod o bliskości i przekraczaniu granic

Szkot John mieszkał w Damaszku. Na bankiecie poznał dziewczynę. Od razu wpadli sobie w oko. Lilianna była managerem we francuskiej firmie, miała samochód i mieszkanie, dużo zarabiała. Po tygodniu wyznali sobie miłość, kiedy jej przyjaciółka wstała na chwilę od stolika. Ale Lilianna spotykała się tylko we trójkę. Inaczej ojciec mógłby się dowiedzieć. Codziennie wracała do niego przed dziesiątą i tam spała, aby się nim opiekować. Lilianna urodziła się i wychowała w Homsie. Jej matka pochodziła z Jugosławii, a ojciec Syryjczyk był właścicielem fabryki serów i miał dwóch synów z pierwszego małżeństwa. Lilianna w wieku osiemnastu lat zakochała się w pewnym Katarczyku. Wzięli ślub i urodziło im się dziecko. Po kilku latach rozstali się, ona jeszcze raz wyszła za mąż. Ten związek też się rozpadł. Nie mieli dzieci. Lilianna wróciła do Katarczyka, ale za drugim razem znów się rozwiedli. Przed sądem przegrała sprawę o wychowanie dziecka. Syna, który mieszka za granicą, widuje raz na rok. John zaproponował Liliannie, aby z nim wyjechała. Odmówiła, bo nie zostawi ojca, który nie zawaha się jej wydziedziczyć i bracia zagarną cały majątek. Jeszcze jest dziecko. Szkot postanowił wyprowadzić się do Ammanu. Lilianna i przyjaciółka przyszły go pożegnać na dworzec. Dziewczyna nie wysiadła z samochodu, tylko w ciemnych okularach załamywała ręce, płacząc za kierownicą.

## XXXII. Męski epizod o bliskości i przekraczaniu granic

Podeszło do mnie czterech Irakijczyków. Byli ubrani w dżinsy i koszule, jeden miał na sobie dżallabę.

– Cześć, poczekaj chwilę – zagadnął mnie ten w dżallabie.

– Słucham.

– Możemy zrobić zdjęcie?

– Proszę. Ustawcie się. Gdzie, na tle morza, czy gór?

– Nie. Chcemy zrobić zdjęcie z tobą.

– ??

– Bardzo ładnie wyglądasz! Możemy?

Ustawili się po obu stronach, jeden odszedł i błysnął flesz.

– Dziękujemy!

Uścisnąłem cztery irackie dłonie i tak się rozstaliśmy wbrew tradycji.

## XXXIII. Męski epizod o bliskości i przekraczaniu granic

Marin powiedział, że Malicha jest jedyną kobietą, która nie chce od razu zaciągnąć go do łóżka.

Przyjrzałem mu się.

Wyglądał na mniej niż dwadzieścia pięć lat. Szczupły, miał sympatyczną twarz o wielkich oczach i wąską linią brwi, która razem z piegami i jasną karnacją była nietypowa. Jego urodę określały głównie braki. Skóra wisiała mu na policzkach. Zbyt wielkie stopy zniekształcały proporcję nóg. Garbił się. Jakby mówił, patrzcie, nie chcę być ładny, tak jak to sobie wyobrażacie. Swoim buntem prowokował kobiety. Każda próbowała, aby rozkwitł właśnie dla niej.

– Widzisz, Malicha jest dla mnie bardzo dobra – powiedział. – Wiesz, czuję się bardzo samotny. Nie mam tu znajomych.

Poszliśmy do niego na kawę. W salonie stały ciężkie kanapy z pseudorkokowymi ozdobami. Pstre kwiaty na zielonych obiciach przetykane były brokatowymi nitkami. Na ścianach zdjęcia rodziców. Miękkie dywany dawały wytchnienie stopom.

W samochodzie powiedział, że urodził się w Akabie, a tu z ojcem handlują walutą i dobrze zarabiają. Za to ciągle żyją w strachu.

– Wiesz, chciałbym stąd wyjechać i pracować legalnie. W końcu w Libanie skończyłem ekonomię ze specjalizacją w prawie bankowym.

Zatrzymaliśmy się pod głównym meczetem. Z pobliskiej restauracji wyszły dwie wyzywające kobiety bez hidżabów i zagadnęły po angielsku, czy nie szukamy towarzystwa.

– Widzisz – powiedział, kiedy odeszły – nie mogę się pogodzić z czymś takim.

Milczeliśmy, słuchając muzyki z restauracji. Męski głos opowiadał o tęsknocie, która noc pozbawia snu. Po okrzykach domyśliłem się występów tancerki. Próbowałem przypomnieć sobie te dwie kobiety. Nie widziałem, czy były ładne, tylko ich kręcone włosy falowały mi przed oczyma. Pomyślałem, że w kraju hidżabów nie ma w tym nic dziwnego.

Usiedliśmy na schodach tyłem do restauracji. Podświetlone kolumny rzymskiej świątyni zamykały główny pasaż suku. Półkole nad bramą meczetu ograniczało rozetę w kształcie wieloramiennej gwiazdy. Filigranowy detal kontrastował z surowością muru. Czułem ten rodzaj zmęczenia, który w podróży czynił mnie szczęśliwym.

Takie znużenie nie przychodziło często. Odparzone stopy po prostu bolały, a ciało brzydziło się siebie z gorąca. Ale czasem łuk bramy lub śmiejące się oczy przechodnia niespodziewanie objawiały harmonię, która wnikała prosto w ciało. Skwar zamieniał się w błogość promieniującą przez stopy i lędźwie aż do palców, które rozwierały się zachłannie. Harmonia przestawała być zimną, przerażającą twarzą doskonałości, w którą mozolnie przekuwałem rzeczywistość. Poprzez znużenie mogłem patrzeć jej w oczy. W takich chwilach budziła się wrażliwość, która istnieje poza płcią.

Siedząc z rozwartymi nogami u wejścia do wielkiego meczetu, czułem, że ulegam rozkoszy jak kobieta, której doskonałość odciska wewnątrz bolesny ślad, aby jak u mężczyzny niecierpliwie szukać ujścia. W samą porę uświadomiłem sobie, że nie mogę wrócić do hotelu z poplamionymi spodniami. Wyciągnąłem swój dziennik.

Marin ujął mnie troską, z jaką obwoził mnie i pokazywał urocze zakątki miasta. Patrząc na niego wyobraziłem sobie, że ma inną fryzurę i pomyślałem, że spodnie z rozszerzanymi nogawkami nadałyby mu atrakcyjność. Gładki tors od razu wydał mi się bardziej pociągający. Chciałem wybrać się do fryzjera. Pomyślałem, aby zaproponować mu wspólne wyjście.

– Widzisz? Zobacz tam! – wyciągnął rękę. Nisko między domami widać było ogromny sierp księżyca. – Podoba ci się?

– Śliczny! Dziękuję, że mnie tu przywiozłeś – odpowiedziałem.

– Nie, to ja dziękuję, że się ze mną wybrałeś. Nawet nie wiesz, ile to dla mnie znaczy.

Głupek! Niczego nie zrozumiał. Spojrzałem na wyciągniętą przed chwilą rękę. Z największym trudem utrzymał ją w powietrzu. Wcielony spokój i łagodna mowa. Na pewno, kiedy podaje rękę, jego dłoń jest wiotka i gnie się w uścisku. Będąc kobietą, potraktowałbym go jak koleżankę, z którą naradzamy się co do nowej fryzury. Niech sobie rozkwita dla kogo innego.

– Jest mi zimno – powiedziałem. – Odwieziesz mnie do hotelu?

Nie potrafił narzucić mi roli kobiety. Mimo wstydu czułem pogardę do człowieka, który budząc płeć, pozwalał jej natychmiast obumrzeć i nawet się nie zorientował.

– Jak chcesz, możesz u mnie przenocować – powiedział. – Mamy elegancki pokój gościnny, gdzie wszystko jest przygotowane. Chcesz?

Byłem wściekły. Radość, której zacząłem się oddawać, rozpłynęła się niczym słodkie zauroczenie. Chciałem go kopnąć w kostkę, tak aby go zabolało i aby nie wiedział, że to ja. Zemściłem się myśląc, że pchające mu się do łóżka koleżanki odstraszają go tylko dlatego, że same nie dają mu się zaprosić. Flak. Nagle odkryłem. Był impotentem. Jego wyrozumiałość, to po prostu strach.

– Uf!

Za chwilę mi przeszło. Grałem już tylko tyle, abym nie musiał piechotą wracać do hotelu.

– Nie. Bardzo dziękuję – odpowiedziałem na jego noclegową propozycję. – Wolę pojechać do siebie. To niezwykle miło z twojej strony.

– Jak chcesz – powiedział nie próbując oponować.

Na tylnym siedzeniu leżał chlebak, podobny do tego, który zgubiłem wracając z Akaby. Pomyślałem, że dobrze, że tam został, bo już nie mam z nim nic wspólnego. Zmieniając biegi, Marin dbał, aby nie dotknąć mi nogi. Pod hotelem poczekał, aż Harun otworzy drzwi. Zanim odjechał, wiotko pomachał dłonią. Nie wiedział, że ciągle na niego patrzę.

Dosyć tych ćwiczeń.
Jestem gotów do bitwy poetów!

Piotrusiu, uważaj!
Nie pobrudź adidasów.

# ROZDZIAŁ 7

## ALIMADŻ, ALBO PIĘKNO NA WSPAK

Idąc na śniadanie minąłem hotel »Dżamila«. Wspomnienia czepiały się imion i nie dawały zapomnieć o przepuszczonych okazjach. Czy ja coś przepuściłem? Sprzedaję świeże, prawdziwe i sprawdzone wspomnienia. Ocena należy do klienta. Handel jest funkcją rynku.

Mówiłby Mirek w dzienniku.

Dopiero wróciłem z Akaby, ale mam dość siedzenia w Damaszku. Kurs arabskiego na uniwersytecie jest nie do zniesienia. Dżamila też przepadła na dobre. Co mi tam. Przeniosę się do Aleppo i zacznę wszystko od początku. Muszę wyrobić sobie nową wizę. A z nią przyjdzie może nowe spojrzenie na świat. Jeszcze dwa, góra trzy dni. Chcę się tu wybrać do łaźni. Tymczasem wczoraj w bocznej uliczce suku zobaczyłem Mercedesa Dżamili, czy raczej tej pary, z którą miała wyjechać na wycieczkę.

– Dżamila, gdzie jesteś?!

Tak była dla mnie czuła. Empatyczna i troskliwa, im dłużej o tym myślałem, tym bardziej mi się wydawało, że jak o małego chłopca. Mój drogi, sam jakoś nie potrafisz się przypilnować, kto o ciebie zadba, jeśli nie ja? Kobiety lubią niepokoić się o swoich chłopców. Byle tylko potrafili się zdecydować…

Ja potrafię! Misjonarz innej męskości.

Cały czas tęskniłem i niezłomnie czekałem na powrót mojej Pięknej. Mirra kapiąca na uchwyty zasuwy, piżmo – ostra, męska nuta i goździki z różą, słodkie jak mięsiste daktyle. Nikt tak wspaniale nie pachniał. Chwileczkę, niech sobie przypomnę. Ktoś dawno… Już zapomniałem. Kiedyś różowa, perłowa szminka kojarzyła mi się z jarmarczną modą wieśniaczek. A teraz wcielenie kobiecego wdzięku. Przepraszam, dziewczęcego. Furtka, która otwiera się i prowadzi do tajemniczego świata… Piotrusia. Właśnie, teraz będzie Piotruś Pan.

Uśmiechnąłem się wspominając jej gęsie kroczki, kiedy nosiła buty na obcasach.

Czy dlatego tak rzadko chodziliśmy na spacery?

Obok. Zamknięte. Srebrzysty przycisk klamki nie chciał ulec.

Wyobraziłem sobie, jak codziennie wsiadała, naciskała, ostrożnie! uważaj, aby sobie nie połamać paznokci, też potrafię się troszczyć, prawda? drzwi trochę skrzypiały, ale ustępowały, klucz w stacyjce, palce na desce, dźwignia i udo... sponiewierane.

– Dżamila, gdzie jesteś?!

Na tylnym siedzeniu. Wsparta o podgłówek szofera nad rączką hamulca, pamiętam, jak potrafiła mówić bez przerwy. Czy jej słuchał? Czart z piekła rodem! Chłopcy tacy są. Udają i gapią się w lusterko w dekolt w... podszczypując swoją dziewczynę. Funkcja rynku.

– Przepraszam pana...

Małpa, co wgniotła fotel za kierownicą! Dobrze, że się gdzieś nie rozbili. Następnym razem jej nie puszczę. Kobieta ma siedzieć w domu i już!

– Przepraszam, halo...

No otwórz się wreszcie!

– Hmm... Nie, to ja przepraszam – przeklęta klamka... – Tak. Chyba pomyliłem samochód. Nie, policja nie jest potrzebna. Już idę.

Włos, zużyta szminka, nic. To było męczące lato. Pryszcze ropiały, jak przy dojrzewaniu. Ludzie przyglądali mi się na ulicy. Jego książęca białość, co nie widział starego Mercedesa. To ci dopiero bajka...

Nie! Naprawdę pamiętam, tam stał ich samochód, i że pomyślałem o wiadomości, co na pewno czeka na mnie w hotelu. »Wróciłam. Zadzwoń do akademika. Dżamila«.

Co powie, jak będziemy rozmawiać pierwszy raz? Tak bardzo się za tobą stęskniłam, tak mi było ciężko na sercu bez ciebie.

Drążek i udo...

No, nie dąsaj się, przecież wiesz, że jestem orientalną kobietą, zresztą dzwoniłam do twojego hotelu, mówiłam, kiedy wrócę, co, nie powiedzieli ci, idioci, proszę cię, nie obrażaj się, posłuchaj, następnym razem pojadę z tobą, dobrze, ach, było super, tak mi się podobało, doskonała pogoda, ludzie przemili, cudowne imprezy, jaka przyroda, a ty, jak się masz, koniecznie chcę z tobą jeszcze raz, choćby jutro, mam nadzieję, że jadłeś, jak należy, kiedy mnie nie było, no chodź, ty biedaku, widzę, że nie miał cię kto doglądać, a co robiłeś, głupki, że też nic ci nie przekazali, jak to faceci, pstro w głowie, ale teraz już się dobrze czujesz, prawda?

Prawda.

Portierzy chętnie bawili się w chowanego. Patrzyli spod oka i czekali, aż grymas zdradzi białe rozczarowanie.

– Ktoś dzwonił? Nie ma dla mnie żadnych wiadomości? – zwlekając, obojętnie.

– A co, czekasz na wieści od dziewczyny, tak? – prowokacyjnie.

– Nie no... – wstydliwie, lecz dlaczego?

– A kto to jest dla ciebie? Siostra, tak? Cha, cha, cha! – drwiąco i bezczelnie.

Cześć Polska, znowu wracasz sam?!

I tryumfalnie:

– Nareszcie znalazłeś dziewczynę! Nasze też nie są złe, co? Tak, telefonowała... Cha, cha, cha... Stęskniłeś się, no powiedz!... Zaraz, kiedy to było? – Dobrze, jak dowiedziałem się, kto dzwonił. – A kiedy właściwie miała się odezwać? – Aura niepewności unosiła się nad recepcją. Czasem udawało mi się wygrać, dojrzeć zakręt i przechytrzyć światła orientalnego miasta.

Jego książęca białość pozwoli: to ile było tych kobiet, które mogły dzwonić do hotelu?

Porzuciłem Mercedesa.

Mówiłby Mirek w dzienniku.

Kolację jem teraz sam. Mam czas, aby wszystko przemyśleć. Z Malichą od początku czegoś mi brakowało. Niby nie było na co narzekać. A jednak. Nawet nie wiedziałem, czy mi się podoba. Nie chodziło tylko o jej gruby brzuch. Była w niej jakaś powszedniość, która nie odwoływała się do niczego. Brakowało tajemnicy. Orientalna namiętność, nigdzie ani śladu.

Przyszło mi do głowy, że Malicha traktuje mnie bezpłciowo.

Słucham?! Zimna, arogancka baba! Na katolicyzm i do klasztoru! Jednak hermafrodyta przylgnął i drążył jak pijany kornik. Pozornie wszystko wypadło naturalnie. Dzięki niej poznałem ludzi i wiele się dowiedziałem. Było mi przyjemnie i dziwnie długo niczego nie zauważyłem.

Przepraszam, pogubiłem się. To pewnie próżność domaga się adoracji, której prostolinijna dziewczyna zwyczajnie mi odmawiała. Kiedy zobaczyłem Mercedesa, myśli potoczyły się same. Wróciła Dżamila i szybkość piękna. Znów będą codzienne telefony i zaproszenia nie w porę. A ja nadal mało jadłem, byłem chudy i denerwowałem się, jak ktoś czepiał się mojego szamponu.

Zanim na dobre odszedłem od samochodu, pewność spotkania znów kazała mi z niechęcią o niej myśleć. Zacząłem się zastanawiać, jak go uniknąć. Na szczęście wyjeżdżam do Aleppo. A dziś jest piękny dzień i nie ma powodu spieszyć się do hotelu. Wiadomość nie ucieknie. Może jak wino, z czasem nabierze szlachetności?

W tył zwrot i naprzód marsz! Do suku!

Hałas i tłok jest nieodłączną częścią orientalnego targowiska. W staromiejskich pasażach stoiska tłoczą się jedno przy drugim. Sklepiki z mauretańskimi witrynami istnieją na złość postępu i naprędce sklecone kramy uczą się od nich dostojnej wytrwałości. Dla rozterkotanych wózków każda luka to okazja, aby przystanąć i dać pohandlować. Tylko luksusowe butiki boczą się zazdrosne o długowieczność, swoją ulotność tuszując pychą.

– Przyjacielu, zapraszam! Obejrzeć można za darmo! Czego ci potrzeba? – tak w zmyślnie ocienionych przejściach świat wodzi na pokuszenie.

Ludzie chętnie się targują. Zdarza się, że ktoś nie ma siły, przez okno spuszcza kartkę i pieniądze w siatce. Zawsze znajdzie się jakiś chłopiec, Wielki Odkrywca Uwodzenia, i zaciekawiony kupi i przyniesie.

– Tylko u mnie! Niedrogo! Co, drogo?! Poczekaj, podejdź do mnie. Obejrzyj, jak pięknie wykonana. Podoba ci się? Mam pomysł. Ty zaproponujesz cenę. Śmiało! Ile byś za nią dał?

– Ya mister! Ya mister! Wots yor nejm? – zawołał za mną jakiś głos.

Na szczęście czuwają targowi dostawcy. Ich zwrotne wany zakłócając umizgi i wymuszają posłuch. Na postojach kierowcy godzinami palą diesel, co prawie nic tu nie kosztuje i w każdej chwili mogą ruszyć. Osły były bardziej wyrozumiałe. O przepraszam, nie wiecie? Wielbłądy to był transport dalekobieżny. Na skraju miast rozkulbaczano je w karawanserajach i towary rozwoziły do centrum kłapouchy.

– Jazda! Ruszaj bracie! Ale już!

Korek, wąsko, klaksony drą się bez opamiętania, a piesi walą w karoserię, gdy dostawca tarasuje przejście.

– Tutuuut!

Kwartały suku dzielą się na spożywcze, z tkaninami, przedmiotami gospodarstwa domowego i z ozdobami. Gdzie indziej są pachnidła, a gdzie indziej odzież, dewocjonalia i materiały przemysłowe. Ozdobne wrota mamią w zaułkach, oznaczając łaźnie, aby zmyć brud targowiska, lub meczety, gdzie można spotkać* się czystym i wspólnie pokłonić** Najwyższemu. W dawnych czasach ta sama fundacja budowała sklepik, a w zapleczu Dom Boży lub dom, właśnie, łaźnia czyj to dom? Przepraszam, o tym będzie później. Budowali hamam.

– Gorąca kawa gorąca! Herbata, kawa! – kokietują nosiciele napojów z termosami w grawerowanych obudowach na plecach.

Misternie rozstawione towary do każdego wdzięczą się inaczej. Brzęczą, połyskują, pachną, wypinają się i ocierają, a czasem wprost rzucają się na szyję. W domu ukrywane, tu bezwstydne, jeszcze bezpańskie, są niczym elfy, które tańczą ze szczęścia u królowej na balu. Pamiętacie? Przecież zanim byliście dziećmi, byliście ptaszkami i bardzo przyjaźniliście się z elfami. Tak w każdym razie myślał Piotruś Pan.

– Obejrzyj proszę, spodoba ci się! Gładkie, miękkie, jędrne i puszyste, tylko dotknij! Śmiało chłopcze, spełnię każde twoje życzenie!

Piżmo: ostra, męska nuta i słodkie goździki z różą. Chłopcze! Przepraszam, czy ja tu szukam swojej Pięknej?

– Ya mister! Ya mister! Wots yor nejm?...

W suku jest pełno kobiet. Wytatuowane henną palce chętnie wyłaniają się z czadorów i pod nosem oniemiałego przechodnia rozciągają tasiemki w filigranowym kroku stringów. Gorąco, mimo cienia, przymierzane pod hidżabem kolczyki wabią czarodziejską siłą w stoisku z biżuterią.

---

* W arabskim używa się dwóch różnych słów na meczet. Jedno pochodzi od rdzenia opisującego spotykanie, gromadzenie się (dżami).

** Drugie arabskie określenie na meczet bierze się od bicia pokłonów (masdżid).

Zasłonić, zamknąć w domu i już!

– Mmm! – zapachniało z cukierni olejkiem jaśminowym i wanilią, niczym od najwytworniejszej z dam.

To radość zrobić komuś radość.

Suk działa od rana do nocy. Potem też. W każdym razie, kiedy chodziłem po targowisku, handlarze zapraszali mnie, abyśmy wypili mate. Wywiązywała się rozmowa, uśmiech, ciekawość, aromatyczny dym i kawałek baklawy błyskotliwego cukiernika sprzed wieków. W zagraconym zapleczu zbierali się koledzy. Można usiąść, posłuchać muzyki i wypalić. Handlem i gastronomią zajmują się mężczyźni. Nikt nie pracuje sam.

– Przyjacielu, powiedz, czego szukasz!

Wcale nie szukam! Zresztą już mówiłem. Na pewno nie macie…

Wytrwali koledzy tak się starali, że sam szybciej dawałem za wygraną. Jeśli się nie udawało, handlarz prosił o zastępstwo i prowadził do sąsiada. Miła przechadzka, »po prostu pójdzie i cię zaprowadzi«, mówił nauczyciel. Choćby nie było co kupić.

Poza bezdusznym socjalizmem. Pustawe supermarkety na bulwarach buchających skwarem i wieczny plac budowy przed wejściem bez cienia. W neonowym świetle sprzedawczynie bez hidżab, pomarszczone i staromodne. Monotonna podaż w sterylnie klimatyzowanych przestrzeniach. Bez przechadzek i bez objaśnień. Brrr! Zimno, jak na kosmicznym statku Kubricka.

– Powąchaj, ambra bielsza niż śnieg, hiacynt w chryzolitowym flakoniku inkrustowanym złotem, ręczna robota! U mnie zapachy raju!

– Ya mister! Ya mister! Wots yor nejm?…

W stoisku z pachnidłami sprzedawca właśnie modlił się na specjalnym dywaniku. Codziennie, o pięciu stałych porach, muezzini przez megafony wzywają na modlitwę. Śpiewający tworzą kanon: kiedy jeden jest przy »wielki«, drugi wyśpiewuje imię Boga, a trzeci, proroka. W południe ich przenikliwe wezwania nadają monotonny rytm drżeniom gorącego powietrza. Gardłowa, męska mantra... Dosyć! Na teraz wystarczy. O polifonii będzie później. Tymczasem klienci czekali cierpliwie, aż handlarz skończy się modlić.

Nagle: musnęła mnie, przeszła słodka woń ponętna moja, mięsiste daktyle – długi aromat z piżmem, ostrą, męską nutą i goździki z różą, olejkiem sandałowca białego niczym konwalia, odwracam się, czaję... Skok!

– Dżamila! Gdzie jesteś?

Wącham: tłum, pobudza ogłuszająca mgła zapachów, szukam, jest! worki barwnych proszków na drodze kopce bergamotki i anyżku i goździków i róż, wonie kolorami drażnią tkaniny, też nie mieli się gdzie podziać! wąska uliczka – na szczęście wjazd wzbroniony, są także fundacje, z których opłaca się układanie chodników, bo ulice w Damaszku posiadają chodniki dla ludzi pieszych po obu stronach ulicy i jezdnię pośrodku dla ludzi jadących.... Naprzód!

Wącham: urwał się nie-długi ślad, nie! przepycham się, lepkie ciało korpulentne na drodze ambra i gorzkie zioła, krzyczy, uważaj! nie obracam się, gdzie się wpychasz!? w prawo w przesmyk w... nisza z przodu zimna i rozdęta, w tyle ciemna i śmierdząca – jak podupadła łaźnia jak wysłużona dziwka, niskie przejście wskazuje rozgrzany kurz w smugach światła z dziur w kolebce sklepienia, które jaśnieją jak księżyce.

– Ya mister! Ya mister! Wots yor nejm?...

W załomie wilgotny puszek zielonkawej pleśni, wyciągam rękę i moczę się, dojrzewający chłopiec! na drodze mauretański łuk – omega z bieli przekładanej czernią przekładanej pleśnią, nosem w szkło wystawy opuszczam się, puszczam: sandały, kierpce, mokasyny, miękka skóra pachnie łagodnością i szeleści wypreparowana, bez czucia, białe adidasy! bez krwi krystaliczne, zgubiłem! młodzieńcze, zostały sznurówki... marsz żałobny, marsz! błyszczący nosek, pantofel woskowany jak łysina korpulentna, chodź! mam dla ciebie buty! uśmiecha się szewc stuka młotkiem, chcesz? profil, zimna stal kowadła – trup lubieżnie wyślizgany, nie chcę! mój przyjaciel nosek wścibski...

– Ya mister! Ya mister! Wots yor nejm?...

Kałuża i fetor benzyny, na chodniku wzór oleisty ciągnie się wibrująca tęcza przed kawiarnią, kręci mi się w głowie, potykam się, synu?! upadłem, co z tobą?! prysło szkło, parzy kawa z kardamonem, kwas i zimno mi w zęby, kiedy się zatapiają w niezmielonym ziarnie, czerń rozlewa się i tęcza zasnuta boli goryczą niespełnienia, piecze, ciągnie się po podniebieniu afrodyzjak jeden z drugim z pieprzem perskim z cynamonem z goździkiem korzennym, oj! nie potrzebowałbym ich, jakbym ją teraz spotkał, kelner grozi i gość i pięść, małpo! taką gębę by nad drzwiami łaźni wymalować! krzykacze, kiedy wstaję.

– Ya mister! Ya mister! Wots yor nejm?...

Spłynęła krwią zbrukana ropą tęcza, niech płynie! zgubiłem wrzawę i pościg, gość szklaneczkę, nową kawusię dostał na osłodę ciasteczko, warzywa, owoce, mam: na straganie rajskie daktyle pocą się cukrem jak ona, pamiętam mały ślad pod pachą, co w restauracji uwodził słodko i cierpko, teraz tylko rozkosz z drzew pomarszczona dojrzałością i dyskretnie uwypuklona słońcem, plastik mości słodycz osłoniętą hidżabem z tekturki, ona jędrne ciało odsłaniała śniada, pukle przynajmniej nie były za cienkie, nie! kręciły się, jak ser pleciony w warkocze w wodzie w miseczce w lodówce w kuchni, specjał z Libanu, co żmudnie się rozplątuje, co dialektyka i co w ogóle wszystko co nam przeszkadza spokojnie leżeć, trzymać ręce na piersiach panienek i patrzeć na chmury typu cumulus w kolorze białym, natomiast niebo jest przy tym niebieskie.

– Ya mister! Ya mister! Wots yor nejm?...

W zaułkach kluczę, głowa w ramionach, byk czy torreador? na drodze beczka, kusi warkoczami ser, bydlęce kopyta urosły rogi, łup! – boli, lepiej było się wyprostować, sprzedawca się rzuca i szisza i stołek i krzyczą, idioci! lecą pyszne oliwki toczą się po bruku, przecież błoga fajka w porze wytchnienia, aromatyczny dym, wsparty na poduszkach, człowieku, jakże to piękne miejsce wypoczynku, po co się marszczysz?! bruzdy, sól na koszuli, oj! żal mi go, mrożą lodówki, grzeją dookoła, biedak musi się rozładować, chwytam warkocz, oj! dlaczego pod prysznicem nie chciałem ręcznika? sam się pieprz, kramarzu! cholera, rozumie po angielsku.

– Ya mister! Ya mister! Wots yor nejm?...

W tłum, na czterech kopytach, byk czy torreador? zapach, zgrzyta w zębach kurz bez księżyców, dzieci bawią się w chowanego i zasłaniają byka, mama spogląda, spod hidżabu kosmyk włosów zawinął się na nos, ona też czuje pot, mdląca sól i lepka magnolia, tęsknota pociąga baraszkujące dzieci nie rozumieją mamy, robią miny do mnie ona do nich ja do niej, tamten dał spokój – z góry i tak mnie nie widać, torreador? nie nadymaj się! lepiej nie jej wonności nie są moje.

– Ya mister! Ya mister! Wots yor nejm?...

Bachory i nuty goryczy, poty i magnoliowe kwaski, mamy wzrok mamy za mną, szkoda, bo ładny nos i włos... precz! wisi na drodze dmuchana lalka, kram z zabawkami, lateksowe ramiona pręży gładkie nowością talku, jak ja nie znoszę lateksu, woń, której nie zagłusza sztuczna truskawka, precz! gorący podpłomyk na ladzie targowej jadłodajni, wreszcie trochę wytchnienia: »Cieciorka z jogurtem – zupa, co ją lubi cała trupa, wonnością kremu ujmuje, z kminkiem spokojem pulsuje. Gdy ją dasz chłodną i pachnącą, zaskwierczy oliwą gorącą, bo w kontraście siła miła, przeciwności połączyła!«

– Ya mister! Ya mister! Wots yor nejm?...

Spokój wierszoklety, niedobrze się robi! na śniadanie z surową cebulą breja z kiszonką, całą noc wielki kocioł na gazie stał, au! au! w jadłodajni żuję rześką zieleń mięty gorzkie ziele, byk czy torreador? pora wytchnienia, kręcę głową i żuchwą, jak na miękkim kobiercu abkari...

Tak!

Kapie na uchwyty zasuwy jak mirra, woń ponętna moja, mięsiste daktyle i piżmo, tfu, ziele! byk czy torreador? boks-przebieralnia, czy szkarłat pachnie rozkoszą? nisza z przodu zimna i rozdęta z tyłu... przepraszam, stoi przede mną, powoli podnoszę się na dwie, i głowę biedną, i wcale się nie spieszę, tak czy nie? ciśnie bluzka dekolt pokaźny, biust, jeszcze raz przepraszam, piękny i wyraźny! lecz czy usta me poznały ciało, co je przemierzały? nos i oczy, mam... czy ja je naprawdę znam?

– Wejdź do środka! – przyjemne ciepło, stopień, próg... Chłopcem przeklęty! Zgubiłem. Uśmiechnięta łaziebna zaprasza gości do hamamu. A przy tym himam znaczy śmierć.

Mówiłby Mirek w dzienniku.

Ślepy zaułek skręca w prawo i przysłania alejki suku. Z pustych nisz przed wejściem śmierdziało jajkami. Wrzawa ucichła. Ozdobne drzwi łaźni wyglądają jak wejście do świątyni. W górze wije się relief, który przypomnina papierowy łańcuszek na choinkę, taki sam, co wieszałem z mamą przed gwiazdką. Paski kolorowego papieru sklejałem końcami i zginałem w harmonijkę. Bombki połyskiwały w świetle lampek. Jak co roku trwał rodzinny spór o karpia. Smażony przysmak, ale nigdy nie ustaliliśmy, czyj. Każdy jadł dobroczynnie, uśmiechał się, żuł, pluł, oj! przepraszam, ość, dobroczynność klepała w plecy w imię Wielkich Smakołyków, ale nie robiło się ani trochę lżej. Nie karpiowi.

No nic, tym razem potrzeba łańcuszka. Handlarz wspomnień sprawnie prowadzi interes. Kiedy choinka była gotowa, mama przytulała mnie i zabierała do stołu. Nadchodził czas prezentów. Tymczasem w damasceńskiej łaźni relief biegł po framudze i w zwieńczeniu portalu już wtedy spięty był wstrętną gębą małpy.

– A kysz!

Maszkaron odganiał złe duchy, które piszcząc kotłowały się w niszach. Co chwila jakiś biedak lądował na chodniku, podbiegał do mnie, wrzeszczał, a kysz! gnał z powrotem i tratował w kotle sąsiadów.

– Kolego, a ty dokąd? – zapytała łaziebna, która zapierała się w na wpół uchylonych drzwiach i z twarzą czerwoną jak burak już wcale nie wyglądała, jakby miała mnie zaprosić.

Wśród czartów nie brakowało zuchów. Sposób na małpę był prosty. Chowaj się człowiekowi za plecami! Do diabła, do łaźni. Zuch przechytrzył maszkarona i potem szukaj wiatru w polu.

– Do hamamu, proszę pani... – odpowiedziałem niezbyt pewnie, żałując, że nie jestem dżinem.

– Poczekaj, poczekaj! Nie tak zaraz – furtka, która wprowadza do egzotycznego świata jakoś nie chciała się otworzyć. – Mój mały, o tej porze łaźnia zarezerwowana jest dla kobiet. Chłopcy wchodzą, o ile jeszcze nie zaczęli dojrzewać. Ty wyglądasz podejrzanie. Muszę cię sprawdzić. Powiedz mi, czy zdarzyło ci się ostatnio obudzić nocą w mokrym łóżeczku?

Mówiłby Mirek w dzienniku.

Mam dość szkoły arabskiego na uniwersytecie. Właśnie szkoła to jest najlepsze słowo. Lekcje są od rana do popołudnia, niedziela do czwartku. Pani robi kartkówki. Sprawdza listę obecności i pyta na wyrywki. Oczywiście zadaje lekcje do domu. Zapowiedziała, że co miesiąc będzie sprawdzać zeszyty. Znów siedzę w za ciasnej ławce. W przerwach wychodzimy na boisko ogrodzone murem. Wczoraj ściągałem od pobożnej muzułmanki, która z pamięci recytuje Koran, choć mleko umie kupić tylko w dialekcie. Dobrze, że nie mam dzienniczka i rodzice nie będą pytać o stopnie. W klasie jest kilka żon dyplomatów. Są kobiety z małżeństw mieszanych i wielu niearabskich muzułmanów. Jest też dwunastolatek, którego rodzice są Syryjczykami i żyją w Kanadzie. Czasem jedziemy razem minibusem. Chłopiec opowiada mi o swojej kanadyjskiej szkole, o zabawach z kolegami. Mieszka u ciotki i czuje się samotny w swoim obcym kraju. W szkole pierwszaki mówią głównie po rosyjsku, po turecku i włosku. Starsi, jak kto potrafi, po arabsku. Przez tydzień sporo się nauczyłem. Ale najlepiej idą mi produkty spożywcze ćwiczone w sklepach i jadłodajniach. Ludzie traktują mnie jak dziecko, któremu pomagają w lekcji. Tu każdy chętnie zajmuje się dziećmi. Dorosłość ma tyle ograniczeń. Kiedyś musi być czas na szaleństwa.

– Nie proszę pani! – odpowiedziałem łaziebnej. – Nie budzę się nocą w mokrym łóżeczku. – Czy ja siusiam w pościel?! Bzdura! Przecież nie wyglądam na niemowlaka. Baba chce wiedzieć, czy mam polucje. Ha! Niedoczekanie twoje! – Jestem już duży i wiem gdzie się chodzi, kiedy mi się chce... – Najprzyjemniej jest w wannie. Szyszyszyszy, spłukać bez śladu, szyszyszy, aby się nie osadziło w odpływie. Potem spać spokojnie. Chrrr-pszszy, chrrr-pszszy... monotonny szmer suku był niczym plusk rzeczki w moim rodzinnym miasteczku. Kiedy po szkole jest ładna pogoda, urządzamy wyścigi patyków, który pierwszy spłynie do starego mostu. Zwycięzca rozdziela lekcje i popołudnie spędza w wannie.

Szyszyszyszy! Gdy rodzice wracają z pracy, rozradowany idzie i odbiera zeszyty.

Na stronie: moje patyki zwykle grzęzną w sitowiu. Niestety, taka jest prawda.

– Proszę – łaziebna odsunęła się i eunuch z obrazu Gerome'a wyszedł ze swoim malarzem. – Już panów przepuszczam. I zapraszamy ponownie!

Mówiłby Mirek w dzienniku.

W suku poszedłem do kwartału księgarzy. W niepozornym sklepiku znalazłem album XIX-wiecznych Orientalistów wydany w Libanie. Sprzedawca uśmiechał się dwuznacznie, jakby wyciągał świerszczyka. Wskazał mi miejsce na zapleczu i zamknął drzwi. Delacroix, Ingres, Gerome, Bouchard, Bridgman. Spodobała mi się Salome Wygrzywalskiego. Tematem albumu były łaźnie. Plany kotłów sprzed tysiąca lat imponowały precyzją. Były też urywki literackie. Między arabskimi fragmentami tak zwanych traktatów łaziebnych znalazłem Flauberta i Lotiego. W sumie ponad trzysta kredowych stron z oszałamiającymi kolorami. Libańska jakość orientalnej namiętności. W książce dominują reprodukcje Gerome'a. Znalazło się nawet jego zdjęcie. Fala i rubaszny wąs w pracowni z paryskimi modelkami. Na okładce jego eunuch z białym turbanem, który lśni niczym jarmarczna zabawka. Pilnuje zamkniętego wejścia do hamamu. Marzenia rozbijają się o drewniany skobel drzwi.

Już wiem! W czasie podróży do Egiptu malarz postanowił, że znów będzie dzieckiem i już nigdy więcej nie dorośnie.

– Jest pan zawsze mile widziany!

Podobnie jak Piotruś Pan artysta był stary. Niestety, nie udało mu się zachować wieku tylko siedmiu dni życia. Niechętnie, jakby ze wstydem, już kilkadziesiąt razy obchodził urodziny. Kara była dotkliwa. Artysta nie potrafił latać.

– Dobrze, mój mały – łaziebna przepuściła mnie w drzwiach. – Ty jeszcze nie zacząłeś dojrzewać.

Dwóch Piotrusiów spotyka się przed hamamem. Poczekajcie, ja dopiero idę się myć! W każdym razie jemu kąpiel nie pomogła. Zauroczony, zwiedziłem wszystko, widziałem na własne oczy i wiem, jak namalować – on, jak opisać, ja.

– Niech pan przyjdzie jutro – zachęcał eunuch.

Malarz nie zwracał na niego uwagi.

– Prześliczny – mruczał. – Prześliczny Leśny Park, gdzie nie ma nic pożytecznego, nie to, co u nas – i dał się wyprowadzić. Bo jedna wielka różnica zachodzi między ludźmi a elfami: oto elfy nie robią nigdy nic pożytecznego. Czasem wyprowadzą zagubione dziecko z parku.

– Proszę – łaziebna wskazała mi korytarz.

Moment nieuwagi i zza rogu wyskoczyło trzech wagarowiczów. Podglądacze zwinnie wdrapali się na dach. Smugi światła z okienek w kolebce sklepienia, które jaśnieją jak księżyce i nosek wścibski, a raczej jeden, dwa i trzy.

– Zresztą zdaje się – ciągnęła łaziebna – przed chwilą weszła twoja mama. Leć, to ją dogonisz w korytarzu.

Leć?! Hurra! Ja lecę!

Słodycz daktyli, piżmo i goździki z różą, konwalią i sandałowcem, niech sobie przypomnę, ktoś kiedyś... wiem kto! Przecież to »Eternity«, których używa moja mama.

– Mamusiu! Nie zostawiaj mnie samego!

– Kochanie! Chodź do mnie! Mój ty Piotrusiu... Już dobrze, nie bój się. Prosiłam cię. Nie biegaj tyle, bo się spocisz. Jesteś za chudy na chłopca w twoim wieku. Powinieneś więcej jeść. No, bądź grzeczny, to ci opowiem bajkę – tak przyjemnie, kiedy mnie głaszcze.

– Będę grzeczny. Obiecuję! Uwielbiam, kiedy mi opowiadasz!

– Powiedziane jest – usłyszałem pierwszego wagarowicza na dachu, bo nagle przypomniałem sobie, jak elfy nauczyły mnie czytać myśli i słyszeć, co mówią ludzie mimo ścian – mężczyźni słuchający kobiet są straceni!

– Dawno, dawno temu, kiedy Pan Bóg stworzył świat, polecił ludziom budować świątynie, gdzie mógłby zamieszkać i gdzie można by się modlić. W ten sposób powstały najpiękniejsze budowle na ziemi. Kiedy diabeł się zorientował, pozazdrościł Bogu i przyszedł do niego na rozmowę. Dobry Panie Boże, powiedział przymilnym głosem, jak zawsze, kiedy czegoś potrzebował, dla ludzi stworzyłeś piękny świat. I będziesz miał tam swoje miejsce. Ale co ze mną? Jestem bezdomny. Chyba nie chcesz, abym się zakradał do ludzkich domów. Ja też muszę mieć swoje miejsce! Proszę cię… I Pan Bóg się zlitował. Kiedy odpoczął, ósmego dnia stworzył łaźnie. Tymczasem diabeł zatarł ręce. Pan, Bóg, drwił śmierdząc jajkiem, a dał się namówić na łaźnie. Żar i para, jak w piekle. Ha! Tam dopiero będę kusił ludzi! Kiedy Pan Bóg to usłyszał, zawstydził się swojej pomyłki. Dla niepoznaki wykreślił ósmy dzień tygodnia z kalendarza. Ludzie zapomnieli, skąd się wzięły łaźnie, a stworzenie świata rozpisane jest na siedem dni. Dlatego hamamu trzeba pilnować przed złymi duchami, a jego nazwa ostrzega nas o śmierci.

– Boję się…

Może powinienem zaczekać? Nie wszystko sam, wrażeń moc…

– Kochanie, nie martw się! Małpa pilnuje wejścia… Hej, głuptasku! Przecież to historyjki dla małych dzieci. Chyba już z nich wyrosłeś. Zresztą, trzymaj się mnie, to nic ci się nie stanie.

W przestronnym pomieszczeniu migotało światło, a fontanienka pozdrowiła nas wesołym chlupaniem.

– Mamusiu, czy to tutaj wpadł Jurek Śmiały, a Smoluch go uratował i okazało się, że jest jego zaginionym tatą?

Jak ja zazdrościłem Jurkowi, który pływa najlepiej z klasy i zawsze ma szczęście z patykami.

Mówiłby Mirek w dzienniku.

Inne płótno Gerome'a. Hamam, basenik. Na brzegu siedzi naga piękność i rozpala sziszę. Jest biała jak śnieg. W tle zieleń dziedzińca. Na dywanie stoi mosiężny czajnik i taca z trzema pomarańczami niczym trzej podglądający wagarowicze, jeden, dwa i trzy…

Naguska usłyszała rozmowę o Jurku i chlap! chlusnęła mnie wodą.

– Aj! – pisnąłem. – Czemu pani chlapie?

– Kochanie, nie poznajesz? To mama Jurka.

Nie mogłem oderwać oczu od jej ślicznej twarzy. Nagle zrozumiałem Piotrusia: wszystkie kobiety są z natury piękne i okrutne. Podbiegłem do dywanu i pociągnąłem co sił. Dywan poderwał się i naczynia przewróciły z brzdękiem.

– Ty urwisie! – krzyknęła mama Jurka z miną obrażonej dziewczynki. Dokładnie tak, jak się spodziewałem.

Siup do wody. Bo co, tylko Jurek jest śmiały?! Zobaczycie, już ja wam pokażę! Gorąco, fajki, brzdęk! Arabki o niedoścignionych kształtach arabeski… Nasiąknięte ubranie krępowało ruchy, ale i tak przepłynąłem cały basen pod wodą.

– Mój mały!

Z mocą paradoksu – jestem!

– Zmokłeś jak kura. Dlaczego się nie rozebrałeś? A co tam za rwetes? To ty przewróciłeś fajki?

– To latający dywan…

– A fe! Nie zmyślaj! Nie jesteś poetą. Idź i przeproś! Ale już!

– Przeee-praaa-szam! – szepnąłem najciszej, jak tylko mogłem, ale echo odpowiedziało głośno: szyszyszyszam... Wstrętna małpo, a kysz! I siup! Do mamy pod sukienkę.

W albumie nie zabrakło piękności Ingres'a. Owalne płótno. Wewnątrz hamamu jest wielki tłok. Skulona lutnistka przygrywa koleżankom. Dwie naguski szczypią się za piersi. Jak one się wszystkie patrzą! Czarnuszko, dlaczego masz takie duże oczy? Ojej! Czarnuszko, a dlaczego masz takie lśniące, białe zęby?

Żeby cię lepiej zjeść!

– Nie pójdziemy tam, dobrze? Proszę! – zapiszczałem ze strachu.

– Kochanie, nie nudź! Najpierw się rozbierzemy – rozpięła mi spodnie. – Pomogę ci. Służebni wysuszą ci przez ten czas ubranie. – Wstrętna koszula! Przykleiła się i nie chciała się ze mną rozstać. Tak przyjemnie, kiedy mnie głaszcze.

Łaziebna nazywała się Nasturcja. Wspomnienia uczepiły się imion zauroczone paniami Butterfly. Kobieta przyniosła mi sandałki, które z fajkami porwał latający dywan i postawiła na marmurowej ławie. Czarnoskóra pomocnica Lilia odkurzyła je z popiołu. Dywan leżał teraz spokojnie, jakby nigdy nic. To nicpoń! Już ja go znam. Tylko czeka, aby znów nabroić.

– Konwalio, jak myślisz, czy Jaśmina nadaje się na żonę dla mojego syna?

– Jaśmina? Nie, ma za wąskie biodra. Jej dzieci będą chorowite.

Co by się stało, gdyby piękność pozbierała się i na nowo rozpaliła fajki? Wsparte na łokciach, na miękkich kobiercach abkari, jakże to piękne miejsce wypoczynku... Bo tylko miłość do matki nie ośmiesza mężczyzny.

– To może Gardenia? – zapytałaby ją koleżanka.

– Co ty! Tydzień temu sprawdziłam ją przy myciu. W ogóle o siebie nie dba. Wyobrażacie sobie?! Nie goliła cipy od ostatniego okresu! Jeszcze była z tego dumna.

– Konwalio, moja miła. Jak dla ciebie, żadna się nie nadaje. A może ty po prostu podtykasz mi twoją córkę Bergamotkę?

I siup pod sukienkę. Piżmo i daktylowa słodycz róż. Tymczasem Nasturcja rozbierała klientkę. Szyszyszy... Flaubert. Niczym u królowej Saby jej suknia ze złotego aksamitu, przyozdobiona szeregami falban z pereł, agatu i szafiru, obciskała talię ciasnym gorsetem, a naokoło w najcudowniejszych kolorach wyhaftowano dwanaście znaków zodiaku. Nogi obute w wysokie trzewiki, z których jeden czarny, usiany srebrnymi gwiazdkami z półksiężycem, a drugi biały, pokryty kropelkami złota ze słońcem po środku.

Szerokie rękawy, przystrojone szmaragdami i piórami ptaków obnażały jej białe ramię z bransoletą z hebanu, na rękach pierścienie, a palce kończyły się paznokciami tak ostrymi jak igły. Złoty łańcuch przechodził jej pod brodą – szedł wzdłuż policzków, spiralnie otaczał włosy, posypane błękitnym pudrem, po czym spływał na dół, dotykał łopatek i przyczepiał się na łonie do skorpiona z diamentu, którego język tonął jej między piersiami.

Powiem wprost, choć trochę mi wstyd: w wysokich trzewikach tylko grzyb lęgnie się między palcami. Łaziebna podsunęła kabkab'y, które tak lubił Gerome.

– To są buty! – powiedziała Magnolia. – W nich nie sparzysz się nawet w piekle!

Szyszyszy, błękitny puder z gorsetem zapodział się tu z wiktoriańskiego żurnala, niech wraca, skąd przyszedł, demonie, a kysz! Małpa coś się leni.

– Oto ręczniki dla pani. Kiedy zamokną, proszę zawołać, przyniosę nowe.

– Mój kochany Piotrusiu! Ten jest dla ciebie – specjalnie dla mnie świeży i pachnący, taki kolorowy, gdyż widziała mój przetarty i on jest na pewno za mały dla takiego dużego chłopca jak ja, będzie cały mokry, zanim się wytrę, więc gdybym potrzebował, to ona osuszy mi włosy i wymasuje głowę, rozgrzeje mnie, porozmawiamy, a potem włoży suknie i odprężeni pójdziemy coś zjeść.

– Prawdziwie powiedziane jest – drugi wagarowicz powtarzał to, czego nie zrozumiał w szkole – kobieta jest jak żebro: jeśli spróbujesz je wyprostować, złamiesz je; jeśli chcesz, żeby ci dobrze służyło, musisz przystać na to, że jest wykrzywione.

– Chodź kochanie. Jestem gotowa. Zobacz, jakie mozaiki! Spodobają ci się.

– O! Oni bawią się w ciuciubabkę. Ja też lubię ciuciubabkę. I wszyscy na golasa! Patrz! A co on tak stoi i trzyma się za siusiaka? Czy mój też będzie tak odstawał?

– Kochanie. Jak nie będziesz chciał, to nie będzie odstawał... Cha, cha, cha! Chodź do mnie, co jest napisane pod spodem?

– »Posłuchaj co mówi poeta: kiedy podnosi się drzewiec chorągwi zwycięstwa, Arab trzyma go w swojej prawicy!« Nie rozumiem... Skąd mam wziąć chorągiew?

– Słodki mały. Chodźmy!

W sąsiedniej sali było przytulnie ciepło. Z mosiężnych kranów kapała woda. Usiedliśmy w niszy i zaczęliśmy się pocić.

– Kochanie, potem wezmę masaż. Pójdziesz ze mną, dobrze?

Był suchy, letni żar i oddech parzył spoconą skórę. Z sąsiedniej sali wydobywały się kłęby pary. Tam jest pewnie przyjemniej.

– Aua!

W przejściu naguska w filigranowej przepasce trzymała w ręku... Okrutna Salome i Jan.

– Ratunku, ona trzyma mnie za głowę! – przerażony rzuciłem się w kąt.

– Co ty mówisz?

– Odciętą! Patrz! – złapałem się za włosy i wskazałem przejście.

– Kochanie. Tam nic nie ma. Zobacz.

Jak to nie ma, kiedy jest. I siup! Gdzie jest sukienka?

– Nie pójdziemy tam. Dobrze? Proszę! – zapiszczałem.

– Słodziutki, nie bój się. Dobre dziecko – tak przyjemnie, kiedy mnie głaszcze. – Opowiem ci bajkę o głowie i łaźni. Spodoba ci się.

Dawno, dawno temu, pewien człowiek postanowił pójść do hamamu. Wezwał służącego i powiedział:

– Widzę, że moje włosy są długie, a ciało zanadto brudne. Wyszukaj mi zatem łaźnię, do której mógłbym się udać, i cyrulika, z którego usług będę mógł skorzystać. Żeby mi ta łaźnia była obszerna, miała przyjemne powietrze i umiarkowanie gorącą wodę; cyrulik zaś niechaj ma lekką rękę, ostrą brzytwę, czyste ubranie, niech nie będzie gadatliwy i niechaj zbytnio się nie spieszy.

Służący rzekł:

– Znalazłem dla ciebie to, czego pragniesz.

Poszedłem więc do łaźni. Nie zauważyłem nadzorcy przestępując jej próg, ale wszedłem nie zważając na nic. Po chwili zjawił się jakiś człowiek, który trzymał w ręku kawałek gliny. Wysmarował mi tą gliną czoło, a potem położył mi ją na głowie i wyszedł. Za moment wszedł drugi, który tak mnie zaczął masować, że aż rozbolały mnie kości, i tak mnie nacierał, że o mało nie wyłamał mi stawów. A gwizdał przy tym i pluł nieustannie. Potem zabrał się do mycia głowy, polewając ją wodą. Ledwo to zaczął robić, gdy wszedł pierwszy mężczyzna. Przywitał drugiego takim uderzeniem pięścią, że aż zęby rozwarły mu się jak w uśmiechu i powiedział:

– Ty hultaju! Co ci do tej głowy, skoro ona należy do mnie?

Wtedy drugi rzucił się na pierwszego z pięściami i bił tak długo, dopóki tamten nie utracił sił. Potem powiedział:

– Przecież ta głowa należy do mnie, jest moją własnością i znajduje się w moich rękach. Potem obaj zaczęli okładać się pięściami, co ich tak zmęczyło, że postanowili znaleźć kogoś, kto ich rozsądzi. Poszli do właściciela łaźni. Pierwszy z nich powiedział:

– Ta głowa należy do mnie, bo posmarowałem jej czoło i położyłem na niej glinę. A drugi powiedział:

– Nieprawda, należy do mnie, bo masowałem tego, co ją nosi, i rozcierałem mu stawy. Na to odezwał się właściciel łaźni:

– Przyprowadźcie mi człowieka, który nosi tę głowę, a ja go zapytam, czy ta głowa jest twoja, czy też należy do tego drugiego. Przyszli obaj do mnie i rzekli:

– Chcemy od ciebie świadectwa, więc pofatyguj się z nami. Chcąc nie chcąc ruszyłem z nimi. Właściciel łaźni rzekł:

– Człowieku! Mów tylko prawdę i świadcz tylko o tym, co prawdziwe. Powiedz mi, do którego z nich należy ta głowa? Odparłem:

– Niech Bóg cię uzdrawia! To przecież moja głowa! Towarzyszyła mi w drodze, wędrowała ze mną przez Mekkę i nigdy nie wątpiłem w to, że należy do mnie. Odpowiedział mi:

– Zamilknij, gaduło! Potem skłonił się ku jednemu z dwóch przeciwników mówiąc:

– Hej, ty! Jak długo masz zamiar bić się o tę głowę? Zrozum, że niewarta jest tego, żeby narażać się na przekleństwa Boga i na gorące piekło. Przypuśćmy, że tej głowy wcale nie ma i że nigdy tu nie było tego głupca.

– Cha, cha, cha! Głowa nic nie warta! Ale nikt mi mojej nie obetnie, prawda?

– Oczywiście, że nie! Chodź, pójdziemy wziąć masaż. Dość już się napociliśmy.

Na tym obrazie Gerome'a czarnoskóra masażystka zabiera się do pracy w chłodniejszym pomieszczeniu hamamu. Światło nadaje jej skórze łagodności porannego kakao. Stylizowane astry na kaflach podkreślają kontrast orzeźwienia z opiekuńczością ciepłych ścian. Berberyjski naszyjnik masażystki to bufonada, na którą wskazują kotary pod łaźnianym sufitem.

– Położę się. Czekaj tu grzecznie.

– Dzień dobry! – Hiacynta ustawiła podstawkę pod głową. – Proszę się odprężyć. – Muskularne dłonie zaczęły rozcierać ramię, naga masażystka pochyliła się, malarz marzył o piersiach kakao, ale na niedojrzałych chłopcach cycki nie robią wrażenia, fuj! obrzydliwe wisiory, oklepywała barki, poprzez ramiona mocniej, ponad biodrami, och! pośladki, daktylowa słodycz, och! jak cudownie...

W głębi pouczał matczyny głos.

– Twój mąż, córeczko, musi być bogaty. Żeby ci niczego nie brakowało. Małżeństwo to zwykła wymiana. Ciebie głowa o nic nie boli, a on ma swoją dziurkę. Nie martw się. Pięć minut to nie fatyga. Weź przykład z Chryzantemy. Ona to miała szczęście...

Wyjrzałem zza podestu. Poczciwy Loti...

Z górnej ławy dobiegał śpiew. To była Chryzantema, a piosenka raczej wesoła. Z głosem mieszał się jakiś dźwięk, którego nie rozumiałem: dzyń, dzyń! Dźwięk wyraźnie metaliczny, jakby monet rzucanych energicznie na ziemię. Co też ona może robić? Czy bawi się w rzucanie obręczy, czy też żongluje nimi? Nic z tych rzeczy! Podkradłem się ostrożnie, na czworakach, z czujnością czerwonoskórego Indianina. Chryzantema siedziała odwrócona tyłem do wejścia. Na podłodze leżały rozrzucone wszystkie piękne, srebrne dolary, które zgodnie z umową wręczył jej mąż wczorajszego wieczora. Ze zręcznością starego właściciela kantoru wymiany waluty obracała monety w palcach, rzucała na podłogę i małym młoteczkiem uderzała w nie kolejno, wsłuchując się w ich dźwięk.

– Mamusiu, ratunku! – z dzielności Indianina nie zostało śladu.

– Kochanie, proszę! Daj mi dokończyć masażu.

– Nieszczęście czai się w kobiecie – skomentował trzeci wagarowicz z zapalczywością ignoranta – one biorą mężczyzn na próbę. Najpierw wyciągają żelazo, które chroni drzewiec twego oszczepu. Nie powiesz im nic, wezmą twą tarczę i będą na niej siekać mięso. Jeśli i wtedy będziesz cierpliwy, wezmą miecz i będą nim rżnąć kości. Kiedy i teraz nie zareagujesz, dobędą siodło, wsadzą ci na grzbiet i będą jeździć, krzycząc, że jesteś pospolitym osłem.

– Pamiętasz, opowiadałam ci, jak powstały łaźnie. Może jakiś dżin zakradł się tu za twoimi plecami...

– Szyszyszy! – szorowała plecy Hiacynta. Masażystka zebrała złuszczoną skórę w kupkę, im wyższą, tym była pilniejsza i na większy zasłużyła bakszisz, wreszcie koniec, powiedziała z dumą, jaka kupa brudu!

Jak to? Przecież piękność się nie łuszczy. I nie kupa tylko fiołki.

– Zobaczcie, jaki jestem odważny – podbiegłem do Chryzantemy – zjawo przebrzydła! – i z cynową miską na głowie wywijałem cybuchem, niczym chorągwią zwycięstwa.

– Mały, uciekaj stąd, a kysz!

– Kochanie, chodź! Mówiłam ci, że nic tam nie ma.

– Powiedziane jest – perorował drugi wagarowicz z dachu – kto widział piekło, ten wie, że większość jego mieszkańców to kobiety!

W następnej sali było wilgotno. Jakby w tropikalną wiosnę, gdy natura rozkwita, ale jest już bardzo gorąco. Salome znikła. Waniliowy puch omotał świat jak wata cukrowa, lecz nagle rozpłynął się niczym słodkie zauroczenie. Dorosłem. Prawda rozpadła się na wielogłosy.

Ozdobne drzwi wyglądały, jakby prowadziły do świątyni. Oddźwierny z twarzą czerwoną jak burak ukłonił się i bez słowa poprowadził mnie w dół. Schody zdawały się zawieszone w pomieszczeniu bez ścian i podłogi, jakby dryfowały w przestrzeni przygnębiającego snu. Drewniane kraty ograniczały stopnie zamiast poręczy. Wydawało mi się, że jeden fałszywy ruch, a spróchniałe listwy połamią się i klatka zawali. Chciałem zawrócić. Tymczasem strach mi nie odpuścił. Noga za nogą wlokłem się śladem oddźwiernego.

Na dole ciągnął się korytarz. Zatęchłą kotarę odsłoniłem z obrzydzeniem. O ladę kantorka wspierał się karzeł w perłowym fraku. Niewielki westybul czasy świetności miał już za sobą. Od ścian odchodziła boazeria. Fornir strzępił się na krawędziach lady. Przy mdłej żarówce dostrzegłem kartkę »Po prostu pójdę i cię zaprowadzę« drukowanym pismem i pod spodem kulfonami dziecka »Dokąd chcesz«.

Ledwo zdążyłem przeczytać, karzeł odwrócił się.

– Dobry wieczór – powiedział. – Od dawna czekaliśmy na pana. Wszystko jest przygotowane. Proszę podejść – ale nikt nikogo nie podchodził. Korytarz był pusty.

Po środku pogrążonej w mroku sali stał stół i plastikowy fotelik. Pudełeczko chusteczek było napoczęte. Na ceracie obok zegara szachowego leżały długopisy. Lewa tarcza dzieliła się tylko na pięć pór. To niesprawiedliwe, pomyślałem, a ciekawość ostatecznie przemogła strach.

– Nazywam się Alimadż – zagadnął karzeł, który znikł, jak mnie przyprowadził, a teraz pojawił się nie wiadomo skąd. – Jestem furtką, która otwiera się i zaprasza do tamtego świata. – Kiedy mówił, z góry padał snop niebieskiego światła. Upiorny cień krył postać nie dotykając ziemi. – Proszę się nie obawiać. Nie ranię traktowaniem jak kubeł na pomyje zwierzeń. Wiem, po co pan tu przyszedł. Proszę skorzystać z oferty lokalu. Polecam realizację męskich snów. Przyprowadzę do stolika, kogo pan tylko zamarzy. Wszystko zależy od pana. Są też nisze i pomieszczenia na zapleczu. Oczywiście za każde spotkanie trzeba dać bakszisz. W razie potrzeby, czuwam w pobliżu.

Głowa karła zrośnięta była z dwóch twarzy. Kiedy Alimadż mówił, zwracał się do mnie lewą połową prawej i prawą połową lewej twarzy.

– Słucham?

Trochę cukru dobrze mi zrobi. Zjadłem landrynkę, rzucając papierek na podłogę. Zwitek zamienił się w karalucha i uciekł do dziury prowizorycznie wybitej w kącie.

Niebieskie światło zgasło, ale półmrok nie sprawiał mi już trudności. Szpetny animator narobił mi smaku. Marzyłem o tancerkach brzucha. Na podłodze marmurowe płyty ułożone były w szachownicę. Widownia była pusta. A zatem, przedstawienie tylko dla mnie. To miłe, pomyślałem, tylko kiedy się wreszcie zacznie? Natychmiast wyłoniły się jakby ludzkie sylwetki. Szesnaście figur stało gotowych do gry. Nikt się nie poruszał. Jaskrawe, zielone światło rozjaśniło scenę. Szesnaście lewych rąk wykonało gest, który mógł być prośbą o jałmużnę, zaproszeniem albo odmową. Pionki okazały się kobietami. Miały wypielęgnowaną skórę, włosy posypane pudrem i paznokcie ostre jak igły. Spódniczkę mini dopełniała biurowa bluzka na guziki, które rozchodziły się na sterczącym biuście.

Nagle podniósł się wrzask. Dziewczyny zaczęły się przepychać. Co rusz któraś podbiegała, ale zanim nawiązaliśmy kontakt, podnosiła pisk, a kysz! gnała z powrotem i wskakiwała w kłębowisko.

– Czy pan już wybrał? – zapytał karzeł, który znów pojawił się nie wiadomo skąd. Zielone światło zgasło i zapaliło się niebieskie. Próbowałem dostrzec, czy Alimadż ma jedną czy dwie pary uszu.

– Która pani się panu podoba?

Przyjrzałem się jeszcze raz. Szesnaście pionków wyciągało rękę, nie wiedząc po co. Już chciałem go ofukać, że robi ze mnie pośmiewisko, kiedy jedna figura wystąpiła i zamieniła się w damę. Kobieta ożywiła się, ruchy nabrały tempa, zaczęła drżeć niczym w szalonym tańcu brzucha. Po chwili wybuchła muzyka i kolorowe reflektory oświetliły scenę.

– Proszę! Teraz dla pana, dla drogiego pana... – skrzeczał karzeł – nasza największa gwiazda!

Tancerka wirowała coraz szybciej. Nagle fotelik zachwiał się. Oj! lepiej się nie wspierać, tylko o własnych siłach, oby nie zauważyła mojej słabości!

Muzyka umilkła. Wyrzut zmienił się w satysfakcję. Tancerka przybrała postać szkolnej piękności, z którą nigdy nie udało mi się być. Prosta sukienka na studniówkowym balu tak mi się podobała. Piękność spojrzała z kokieterią. Była okazja, aby prawdę przekuć we wspomnienie.

– Już ją proszę – powiedział Alimadż. – Nazywa się Oppela. Ale lepiej niech sama panu powie.

– Nazywam się Piękność – powiedziała ona. – Po co tu przyszedłeś? Ty tchórzu! Nawet mnie nie pocałowałeś! Jesteś ciekaw... Powiem ci, jak tu jest. Każda z nas ma sznurek narzeczonych. Widzisz ten pierścionek? To od Kerima. Mam ich ze dwadzieścia. Co to są za faceci, co mazgają się po godzinach, a boją się tu przyjść? Lepiej w domu trzepać... Tfu, tacy mężczyźni! Ale dość gadania! Znasz już prawdę, a dla wspomnienia, rozbieraj się, ale już!

– Chce pan, żebym poprosił inną? – karzeł pojawił się w samą porę. – To nie była kobieta, którą sobie pan wymarzył – zaskrzeczał z pewnością telepaty. – Proszę się nie martwić. W końcu każdy ma swoją prawdę i swoje wspomnienia. Niech pan spróbuje jeszcze raz! Bakszisz i zaczynamy!

Wręczyłem banknot i spojrzałem na scenę. Szesnaście pionków wyciągało rękę, nie wiedząc po co. Spojrzałem w środek. Figura zatańczyła jak poprzednio i okazało się, że to dziewczyna z ulicy, która śniła mi się czasem, jak byłem sam.

– Już ją proszę – powiedział Alimadż. – Nazywa się Keszamad. Ale lepiej niech sama panu powie.

– Nazywam się Piękność – powiedziała ona. – Po co tu przyszedłeś, kochanie? Mój milusi. Taki jesteś przystojny, a nie masz dziewczyny? Nie bój się! Jesteś ciekaw... Chcesz, opowiem ci o sobie. Mam tu narzeczonego, nazywa się Kerim. Widzisz ten pierścionek? To od niego. Noszę go codziennie. Aby pamiętać. Kerim spotyka się ze mną po godzinach. Nie chcę, żeby tu przychodził. Dzięki niemu żyję jeszcze w tym okrutnym świecie. Prawdziwy mężczyzna! Chciałabym... ale dość gadania! Znasz już prawdę, a dla wspomnienia, daj mi rękę, możesz tu dotknąć, czy przyjemnie kiedy tak głaszczę?...

– Chce pan, żebym poprosił inną? – karzeł pojawił się w samą porę. – To nie była kobieta, którą sobie pan wymarzył – zaskrzeczał z pewnością telepaty. – Proszę się nie martwić. W końcu każdy ma swoją prawdę i swoje wspomnienia. Niech pan spróbuje jeszcze raz! Bakszisz i zaczynamy!

Wręczyłem banknot i spojrzałem na scenę. Szesnaście pionków wyciągało rękę, nie wiedząc po co. Spojrzałem na koniec. Figura zatańczyła jak poprzednio i okazało się, że to dziewczyna, którą porzuciłem po studiach, zapomniałem dlaczego.

– Już ją proszę – powiedział Alimadż. – Nazywa się Abaqa. Ale lepiej niech panu sama powie.

– Nazywam się Piękność – powiedziała ona. – Po co tu przyszedłeś, przyjacielu? Przecież wolisz mężczyzn. Nie bój się! Jesteś ciekaw... Chcesz wiedzieć, co o tym myślę? Drogi, nic mnie to nie obchodzi. Ha! Śpij sobie, z kim chcesz, byle byś się wyspał! Zdradzę ci sekret. Mój narzeczony, Kerim, jest kobietą. Może lepiej, że się nie umówiliście. Tu przychodzą ci, co... ale dość gadania! Znasz już prawdę, a dla wspomnienia, bądź mężczyzną tak jak on!

Zanim zdążyłem odpowiedzieć, dziewczyna znikła. Alimadż też się jakoś nie pojawił. Przyzwyczaiłem się, że reagował na moje myśli, ale tym razem myślenie nie pomogło. Tymczasem za szachownicą uchyliły się drzwi. Figury jakimś cudem trafiły mi do kieszeni. Na scenie pozostał król, który powiedział, beze mnie nie ma gry, i wyciągnął rękę, arogancko wskazując wyjście. Z bliska wyglądał jak ja dwadzieścia lat później. Dziwne, pomyślałem, ale przez drzwi już zaglądało słońce i świeża zieleń odwiodła mnie od refleksji.

Wszedłem do Leśnego Parku. Drzewa o kształtach nadzianych na patyki stożków i kul naśladowały ogród francuski. Byłem sam, ale czułem się jakbym był w telewizorze i ktoś na mnie patrzył. Korona ciążyła, a ręce krępowało niewygodne jabłko. Jakiś kpiarz nie pozwalał mi ich odłożyć. Sięgnąłem do kieszeni, by wydobyć figurki i zmienić porządek na mojej szachownicy. Ale bierek już nie było. Zamiast nich wyciągnąłem z kieszeni nóż.

Niech kuglarz nie waży się do meczetu! Wyrzuciłem nóż i uciekłem. Na skrzyżowaniu Alimadż rozwinął kotarę.

– Urocze – powiedział. – Jest pan w krainie tysiąca i jednej nocy i boi się pan marzeń. Nie, proszę, niech się pan nie martwi.

Handlarze są z natury samotni i bojaźliwi. Pan myślał, że to tylko gra? Równoległość prawd i niech żyją piękności! Nie. Dał się pan uwieść. Do łaźni wchodzi się nagim. Przecież twoim marzeniem jest być poetą, możemy przejść na ty, dobrze? Widzisz, świat jest polifonią, ale ludzie potrzebują proroków. Jeśli chcesz, pomogę ci.

Czar prysł. Ślepy zaułek skręcił w prawo i przysłonił alejki suku. Z pustych nisz przed wejściem śmierdziało jajkami. Targowa wrzawa ucichła. Ozdobne drzwi łaźni wyglądały jak wejście do świątyni. »Dziś pora kobiet, panom dziękujemy«.

A to pech, zaklął Gerome. I wtedy wagarowicze opowiadaliby eunuchowi, aby ten przetłumaczył, co oni by wcześniej podejrzeli. Bo obrazy pociągają bardziej niż rzeczywistość, w smugach światła z dziur w kolebce sklepienia, nieskazitelność sobie upatrzyli.

– Mówiłem panu. Świerszczyk pierwsza klasa. Przyjemnie było? – uśmiechnął się księgarz.

Czy zaprawdę nie jest słuszne i sprawiedliwie, aby obrazy tworzył tylko Bóg?

Opiewajcie kuglarze poświęcenie ascetów! Uwieść pięknymi dziejami, spędzić miło czas i grać, atmosfera, która uniesie słuchaczy i samego handlarza. Precz z fanatykiem, błędnym rycerzem w świętej ziemi! A relief nad drzwiami łaźni przypomniał papierowy łańcuszek na choinkę, dokładnie taki sam, jaki wieszałem z mamą tuż przed gwiazdką i w zwieńczeniu portalu już wtedy spięty był wstrętną głową małpy.

Dosyć Piotrusia!

Panie malarzu, nie mam z panem nic wspólnego. Nie czytam ludzkich myśli i nie widzę przez zamknięte drzwi, niech się otworzą, jeśli Bóg tak chce! Nie zwodzę młodych chłopców udając, że świat jest Wielką Wyprawą do Leśnego Parku, gdzie mieszkają elfy, które nie robią nic pożytecznego, tylko tańczą pośród Czarodziejskiego Kręgu, aż uwierzą, że pańska opowieść to Historia Prawdziwa, cudownie kolorowa i wymóżdżająca.

Panie malarzu, jest polifonia.

Codziennie, o pięciu stałych porach, muezzini wzywają wiernych na modlitwę. Śpiewający tworzą kanon: kiedy jeden jest przy »wielki«, drugi wyśpiewuje imię Boga, a trzeci, proroka. Kiedy przychodzi pora, niepozorne, ukryte w zaułku mury rozbrzmiewają samotną pieśnią, aby za chwilę włączyć się do chóru, otwierając drogę nowemu miejscu i głosowi.

Tak jak w nowej muzyce, głosy mają swoje miejsca pośród publiczności – ludzi i budynków miasta. Kopuły rozrzuconych po dzielnicach świątyń pęcznieją i zagarniają przestrzeń wokół głośników na szczytach minaretów. Miejskość nabiera kształtu polifonii, a osadzone pośród niej ciało na chwilę zamienia się w słuch i przestaje się brzydzić samego siebie.

W południe przenikliwe wezwania muezzinów nadają monotonny rytm drżeniom gorącego powietrza. Gardłowa, męska mantra wyzywa żar i przez chwilę ściera się o władzę nad światem. Ale głos muezzina milknie szybko. Przestrzeń służalczo rozpościera się przed gorącem i do następnego razu muszę sam unieść rytm, aby i własne ciało nie uległo żarowi.

W meczecie mogę ochłodzić się na dziedzińcu, przemyć się w zimnej wodzie lub zdjąć buty i wejść do środka. Miękkie, rozłożone jeden przy drugim dywany dają odpocząć piekącym stopom. Zamknięte pod kopułą i wyznaczone dziedzińcem miejsce jest jak miejska oaza, w której chłód ukrywa się przed gorącem. O takie oazy zabiegali dawni architekci. Stare miasta pełne są miejsc, w których ludzie kosztują orzeźwienia i towarzystwa. Tu każdy załom dokłada murom szlachetności i daje oazom chłodu jedną szansę więcej.

Wewnątrz meczetów nie ma ław. Siada się wprost na podłodze, jak komu wygodniej. Każdy może się wyciągnąć, a nawet przespać przez chwilę. Dzieci fikają koziołki, dorośli przechadzają się, drzemią lub rozmawiają i czytają wypisy księgi. W meczecie Bóg spotyka się z człowiekiem w codzienności. Na kilka minut wspólnej modlitwy wszyscy przerywają zajęcia, odwracają się w kierunku Mekki i oddają Bogu pokłon. Potem wraca gwar. Na dziedzińcu młode pary dyskretnie odbywają randkę. Rodziny urządzają pikniki.

Kiedy przesila się popołudnie gorąco terroryzuje przestrzeń żądzą posiadania. Żar wzdyma się, zapowiadając wieczór i swoją nieuchronną słabość. Kryjąc się pod kopułami i za murami świątyń, za masywnymi ścianami prywatnych dziedzińców i pokojów, w zaułkach i publicznych ujęciach wody, miałem wrażenie, że duszę się od ścisku, że miejsce pomniejsza się, a mury wokół niego wybrzuszają, jakby się miały na mnie zwalić. Zdawało mi się, że kamienie zaczynają puchnąć. Ściany, im są wyższe, tym bardziej chylą się nade mną, a własna, uniesiona do góry ręka zwiesza się z ponad głowy niczym dłoń olbrzyma, z palcami grubymi jak walce. Nawet jeśli miejsce doczekało pory, przestrzeń kurczyła się tak bardzo, że sam chłód stawał się niczym żar, gęsty i lepki, i równie jak on obrzydzał ciało.

Wzniosłym głosom muezzinów odpowiadają z dachów gołębiarze, którzy o tej porze przywołują swoje stada na posiłek. Każdy gołębiarz ma swój system znaków. Ptaki, wezwane gwizdem i uderzeniami w blaszany garnek, zaczynają krążyć wokół opiekuna. Pętle zacieśniają się, nerwowe uderzenia skrzydeł znaczą głód i nietknięte żarem ciała. Jeśli ktoś wyjdzie z praniem, odstraszy stado, które właśnie ma wylądować. Ale gołębiarze rytualnie gwiżdżą i biją w blachę aż do skutku.

Kiedy huk posiada przestrzeń i obwieszcza miastu, że zbliża się pora, pragnę ciszy. Nawet jeśli posiadanie kończy się, kiedy umilknie ostatni garnek i żar natychmiast odnawia panowanie, natarczywość tajemniczego obrzędu, w którym nie uczestniczę i którego nie rozumiem, jest mi tak przykra, że cisza nie znaczy już tylko końca rytuału, lecz wielką radość, która przysłania ciału gorąco. Tymczasem wezwania gołębiarzy zdają się milsze przestrzeni niż głosy muezzinów. Nakładające się dźwięki nie tworzą kanonu, który pozwalałby mierzyć się z żarem. Dzielnice gołębiarzy wypełnia łomot, rwany agresją przenikliwych gwizdów.

Gdy ptaki lądują i zabierają się za jedzenie, właściciel je przegania. Przestrzeń wyrwa się z nimi w górę i rozsypuje niczym grudka suchej ziemi ciśnięta w niebo. Gołębiarz staje się wspólnikiem żaru i występuje przeciw mnie…

Kiedy przesilało się popołudnie, wychodziłem na zacieniony dach hotelu, przyglądałem się gołębiarzom i pilnowałem, by mi nie wyrosły szpony, bym nie zacisnął pętli i zdradziecko nie rzucił się na chlebodawcę, aby brzydkim dziobem wyrwać mu z krtani ostatni, krwawy gwizd.

Z głową pełną wyobrażeń, jak to też Harun zaanonsuje mi wiadomość od Dżamili, co na to powiem, czy wreszcie zadzwonię do niej od razu, czy też poczekam do jutra, niepewny, czy robić jej wymówki, mówić, że się niepokoiłem, czy tylko zapytać, jak było, otworzyłem drzwi.

Portier przywitał mnie zwykłym cześć. I nic. Nic, jego kupiecka białość.

– Co mogę dla ciebie zrobić, przyjacielu? – zapytał Harun, bo stałem tak długo, że ogłoszenia na recepcji musiałbym znać już na wyrywki.

– Dzięki. U ciebie wszystko dobrze?

– Mhym… Mam co robić, jak widzisz…

Poszedłem do pokoju. Telefon był tylko na recepcji. Położyłem się i nasłuchiwałem dzwonka, aby po krokach portiera zgadywać, dokąd idzie zaanonsować rozmowę.

Nic.

Rano poszedłem obejrzeć samochód. Uliczka, suk… Ja wiem! Naprawdę pamiętam, tam stał ich samochód i że wspomniałem, jak żartowaliśmy z Dżamilą, że wszystkie dziewczyny lecą na taki srebrzysty wóz…

– Co ty tutaj robisz?!

O matko! Osłonięta hidżabem i dyskretnie uwypuklona słońcem… – Nie spodziewałam się ciebie. A to niespodzianka! Szukałam cię. Martwiłam się. Co, nie poznajesz mnie? A, to dlatego. Mój narzeczony prosił, abym założyła hidżab. Jest dla mnie taki dobry. Dzięki niemu nie muszę się tułać po hotelach. Chodź, zaparkowaliśmy za rogiem. Poznasz go. Wiesz, mam prośbę. Nie mów mu, że chodziliśmy razem do restauracji. On jest bardzo czuły na moim punkcie. Mój ty kochaniutki! Czasem mi smutno, że… Nic. Powiem mu, że jesteś przyjacielem rodziny z Francji. Przecież nim jesteś, prawda? Muszę ci opowiedzieć. Wyobraź sobie, dziadek wyzdrowiał! Niedługo przyjedzie odwiedzić nas do Damaszku. Tak się cieszę!

Uwieść pięknymi dziejami, spędzić miło czas… Piękne panie, piękni panowie! Oznajmijcie, że chory z miłości byłem, ale już nie jestem! Siedemset żon księżniczek i trzysta żon drugorzędnych. Cha, cha, cha! Misjonarz innej męskości… Uważaj, aby motłoch nie przewrócił ci w głowie!

A jednak, współczujmy mu. Miejmy nadzieję, że miłość kiedyś rozkwitnie na ziemi i że Kerim, przepraszam, że Salim poczuje się lepiej.

# ROZDZIAŁ 8

## SZYMON I INNI BOSCY ZAWODNICY

Mój powrót do Aleppo mógłby przebiegać tak:

Kiedy przyjechałbym do miasta, spadłby śnieg. Zbliżałaby się gwiazdka. Kolorowe lampki w kształcie Mikołajów i choinek świeciłyby się na ulicach, zawieszone w poprzek jezdni między domami. Śnieg zamieniłby się w szarą maź i stopniałby jeszcze tego samego dnia. Zostałoby zimno. Kaloryfery grzałyby rzadko, a okna nie dawałyby się domknąć. Kiedy minęłyby święta, wybrałbym się do urzędu emigracyjnego, aby przedłużyć wizę. Białe adidasy ubrudziłyby się i przemokły, bo po drodze musiałbym przedzierać się przez zalane jezdnie i resztki brudnego śniegu na chodnikach.

I dalej byłoby tak:

Od rana miałem zły nastrój. W nocy wierciłem się z natrętnymi myślami o urzędzie. Wstałem przed świtem i wyszedłem na taras.

– Uallaahu ak'bar!

Kiedy muezzini wezwali do modlitwy, było ciemno.

– Nie ma bogów oprócz Boga!

Podniosły śpiew rozszedł się w rześkiej ciszy i głosy podzieliły przestrzeń między siebie. W oknach zapaliły się pierwsze światła. Pogrążeni we śnie ludzie budzili się i pod sklepieniami uświęconych dźwięków rozpoczynali nowy dzień. Miasto stało się świątynią opisaną boskim śpiewem.

– Kokosy, pyszne kokosy, świeże, kapusta... – wezwania do modlitwy ustąpiły sprzedawcom, którzy dodawali sobie animuszu, mozolnie ciągnąc wózki z towarem po ulicach.

– Tutuuut! – trąbił nadgorliwy kierowca, spiesząc się do pracy.

Niepokój ogarnął mnie już wieczorem. Wiza wygasała za kilka dni i decydowały lokalne władze emigracyjne. Gdyby odmówili, nie mógłbym się odwołać. Tylko spakować się i wyjechać. Co prawda, konsul zapewniał, że nie będzie problemu, ale tu zdany byłem sam na siebie.

– Spokój!

Niby nie było się czego obawiać. Znałem już dobrze język i zwykle udawało się tym zaimponować. Urzędnicy uprzejmie mnie traktowali. Kiedy wcześniej odnawiałem wizę w Tartusie, przyjęto mnie w nowej siedzibie poza centrum. Naczelnik podziękował, że o nią wystąpiłem, poczęstował słodyczami i herbatą. Był dumny, że odwiedziłem jego kraj. Tu urząd mieścił się w kolonialnej willi przy cytadeli. Nad werandą wisiała odrapana, drewniana tablica z resztkami francuskiej nazwy »Hôtel Simon« i niewyraźnie dopisane po arabsku »Słuchaj, a zostaniesz wysłuchany«.

Mimo porannej pory, w środku kłębili się interesanci. Teraz nie możecie wejść, mówił wątły urzędnik, jakby odźwierny u bramy. Później, możliwe, ale teraz nie! Na hałaśliwym patio pozdrowił mnie jakiś sierżant. Wyprowadził z kolejki i zajrzał do paszportu. Zanim zdążyłem coś powiedzieć, wskazał na prowizoryczny kiosk, który w głębi holu udawał kancelarię. Było duszno. Przed okienkiem tłok. Kiedy przyszła moja kolej, urzędnik wyjął notatnik, wyrwał kartkę i nabazgrał kilka słów, kierując do drzwi obok. Na tabliczce nieczytelna nazwa referatu i arabskie trzy, wyglądające jak przewrócona na plecy trójka z ogonkiem, niczym chorągiewka radośnie powiewająca na patyku.

Byłem zadowolony.

Funkcjonariusz kiwnął przy wejściu, na szczęście nie musiałem przebijać się przez tłum, spojrzał w paszport i dopisał kilka słów – znów nieczytelne robaczki. Z trójki poszedłem do piątki, arabskie pięć wygląda jak kapiąca ze smutku łza, i potem chodziłem tak od pokoju do pokoju. Dopiski mnożyły się jeden pod drugim. Wojskowi zaczepiali mnie przy drzwiach, czytali kartkę, niekiedy coś sprawdzali, odwracając się plecami. Nawet nie śmiałem się odezwać…

Z początku każdy następny pokój miał być ostatnim – nadzieja, że ręka w mundurze wbije stempel i wreszcie wrócę do hotelu... Obok. Spociłem się, zdany sam na siebie. Urzędnicy dopisują i odsyłają, od-do, od-do, od-do... Milczenie utarło się i wydawało mi się naturalne. Dopiero znużenie nieco mnie uspokoiło.

Rozejrzałem po willi, ostrożnie, bo wojskowi bywają drażliwi na punkcie patrzenia. Gdy wyszedłem z pokoju numer cztery, arabskie cztery wygląda jak sigma, suma wszystkiego, usiadłem na patio, odpoczywając. Drzwi były pootwierane. Jeśli tak, pomyślałem, popatrzę.

Pośrodku strzelistych pomieszczeń stały ciemnozielone piece. Gryzący dym odprowadzały w górę rury, które pod sufitem rozgałęziały się niczym potężne drzewo wrosłe w dom, o głębokich korzeniach, konarami sięgające pokojów. Piece ogradzały balustradki. Na rozżarzonych płytach gotowała się woda.

– Dalej, pospieszcie się!

Stoły z komputerami i monochromatycznymi monitorami zsunięto wzdłuż ścian. Na podłodze kłębiły się kable, pestki daktyli walały się tu i tam. Wilgotny, nieświeży zapach przesiąkał smrodem kopcia, kiedy ktoś odkręcał zbiornik z mazutem. W pokojach interesanci przepychali się i machali papierami w zdawało mi się groźnie podniesionych dłoniach. Kiedy ktoś przecisnął się do stolika, oddawał dokumenty i przystawał, pokrzykiwał i blokował tych, co przedzierali się z tyłu.

– Na Boga, szybciej!

Urzędnicy rzadko zajmowali się petentami. Zgromadzeni wokół monitorów dyskutowali, machając rękami. W zimowym słońcu połyskiwały sygnety, a mundury rozłaziły im się na brzuchach. Mimo to stale panował ruch. Ludzie nie byli zaskoczeni. Siwy pan w garniturze pogodnie uśmiechał się ze zdjęć. Odrapane ściany, pożółkłe zeszyty i brudne szklanki – pod okiem wyrozumiałego taty panował przytulny, domowy bałagan.

Tylko ja w swoim czasie uciekłem z domu. Wszechobecny ojciec drażnił mnie. Potem, cóż, wróciłem... Spojrzałem na portret. Dobrotliwe oczy wzbudzały zaufanie. Nagle z pokoju numer osiem, arabskie osiem wygląda jak spiczasty dach, który daje schronienie, wyszedł goniec, miał rozbiegane oczy i zapadniętą twarz, utykał na lewą nogę i nosił garnitur, jak pan ze zdjęć. Kiwnął, abym szedł za nim.

On zna moje miejsce, pomyślałem. Niedługo myślałem. Gdy ruszyliśmy, goniec odwrócił się, spojrzał jakoś dokuczliwie, niby się potknął i z impetem kopnął mnie w kostkę. Wydawało mi się, że szepnął »nie rób kleksów!« Ulegle podążyłem za nim.

O dziwo, goniec z trudem torował sobie drogę wśród petentów. Tłum rozstępował się dopiero przed białym człowiekiem, który szedł za nim. Trzy, pięć, cztery, osiem... Byłem już w tych miejscach. Co prawda, wchodziliśmy teraz dalej i nikt nie kiwał na mnie przy wejściu, ale goniec podawał dokumenty, urzędnicy coś dopisywali i zwracali mu, wyniośle wskazując drzwi. Wreszcie, jak już kartka się skończyła: »please go upstairs!«, goniec uśmiechnął się pogodnie i wskazał schody. Zanim coś powiedziałem, wmieszał się w tłum i zniknął.

Wyłożone terrakotą stopnie prowadziły na galerię. Na stropie powtarzała się kaligrafia, kontrastując z krzykliwie kolorowymi kaflami. Wąski trakt był pusty, a pokoje zamknięte. Próchniejąca balustrada biegła między kolumnami, które wspierały mauretańskie łuki. Bardzo lubiłem takie łuki. We wnękach ozdobionych andaluzyjską ceramiką wisiały fotografie okolic chętnie odwiedzanych przez turystów. Groza zamków Saladyna zblakła, wtłoczona we współczesne ramy. Spojrzałem na patio. Odległość wytłumiła głosy. Kłębiący się w dole ludzie stracili ważność. Postacie na parterze stały się niczym bohaterowie niemego filmu. Do przesadnych gestów jakiś potężny i przebiegły kpiarz nie wyświetlił napisów.

– Uf! – zmęczony odwróciłem się.

Zapomniałem o urzędnikach, o niepokoju, a nawet o wizie, której nadal przecież nie miałem. Na suficie odpryskiwała farba. Lampki połyskiwały kolorowymi szkiełkami, po drutach pełzały karaluchy. W miejscach, gdzie kuto ściany pod instalacje, świeży tynk nie był pomalowany. Do grzejników przystawiono foteliki. Galeria zastawiona była krzesłami, które szukały ciepła kaloryferów.

– Brrr! – zmarznięty podszedłem bliżej.

W kącie pęk kabli biegł za lampką do dziury prowizorycznie wybitej w suficie. Jakiś karaluch zaglądał do środka. Wejść czy nie wejść? Po chwili cień odwłoku rozrósł się do powierzchni kaloryfera i owad znikł.

– Ups! – osłabły przykucnąłem.

Nagle w dziurze, pomiędzy odsłoniętymi cegłami, błysnęło słońce. Wyjrzałem przez otwór i zajrzałem do środka. Wydłużający się cień pokrył marzeniami żebra kaloryfera.

Po drugiej stronie było widno. Musiało być upalne, sierpniowe przedpołudnie i Jan potrzebował chwili, aby oczy przywykły mu do jasności.

A było co oglądać.

Między pustynnymi wzgórzami rozpościerała się oaza. Strome skały otaczały dolinę i osadę, która była niczym potężne drzewo o korzeniach głęboko w ziemi i konarach sięgających nieba.

Czyje to miejsce?

Na placu odbywał się targ. Handlarze przekrzykiwali się, a ludzie tłoczyli wśród straganów. Pasterze gonili ulicami stada i tylko chłopi niespiesznie zbierali plon. Nad oazą górowała katedra.

Bóg jest wielki!

Od południa droga do osady prowadziła przez ciasny wąwóz. Rudy metali zdobiły wypłukane erozją zbocza pasami ciepłych kolorów i mieniły się kryształkami krzemu. W ścianach skał wykuto portale świątyń. Ozdobne kapitele i przepełnione opowieściami tympanony wyłaniały się wprost z kamienia. W opuszczonych wnętrzach panował mrok i przyjemny chłód. Puste nisze dawały świadectwo bóstwom, których imion nikt już nie pamiętał. Na zakurzonym ołtarzu ktoś wyrył słowa.

Snu stara szlachta: kołpaki turbanów
Zwiniętych wokół głów idących z rany
Łona swej matki nietkniętego: panny
– więc czołgających się pod storą bramy
Zmrużonej hymen; panny w włosy, w skórę,
W oczy i w uszy zapłodnionej chmurą
Niebieskiej spermy; głów dwudziestu chłopców
Ociekających nagością jak kość.
I tylko: czemu w turbanach, nie z głową
Gołą: aż sen się ze zdziwienia spocił
Nasieniem w pościel, którą nie jest ziemia,
Lecz spadająca z nieba kobieta.

Do wąwozu wpływał strumień. Przy kładce zebrała się grupa praczek. Dalej, na wysypisku śmieci dzieci szczuły zdezorientowane psy. Mężczyzna w czerwonej dżallabie ciągnął wołu, który zaparł się i nie ruszał.

– Wio! Wiooo!

Jego córeczka wzięła kawałek sznurka, uwiązała gąbkę i spuściła w szczelinę w ziemi, aby za chwilę wycisnąć sobie wodę na twarz. Oswojony struś przechylił główkę i kokietował ascetę, który pod murami seraju zaczął monotonnie szeptać.

– Jestem prawdą, jestem prawdą, jestem...

Nie zwracało to niczyjej uwagi. Czczonego w niedalekim Trypolisie przyjaciela Boga nazywano tu pogardliwie trawojadem. Starzec przyglądał się karawanie słoni, które obładowane kosztownościami ciągnęły na plac. Rumak stanął dęba i zrzucił prowadzącego zwierzęta przewodnika. Dama w lektyce na grzbiecie słonia wychyliła się, odsłaniając puszyste loki i nagie piersi. Drewniana konstrukcja ze spiczastym baldachimem była miniaturą katedry. Ktoś szepnął, że przybywa sama perska królowa, aby prosić o błogosławione olejki.

– Ułóż wiersz – prosił młodego poetę beduin, rozkulbaczając wielbłąda – który zacznie się tak: ujrzały ją oczy moje, napełniły mnie tęsknotą, ale od rozłąki z miłą spotężniało moje pragnienie.

Karawana przybyła z południa i kierując się wedle gwiazd w ciemnościach, wyraźnych znaków, dotarła, kiedy niebo rozcięło się dla jutrzenki.

– Ujrzały ją oczy moje, napełniły mnie tęsknotą – wyrecytował poeta, któremu spod chmary much ledwo widać było twarz – ale od rozłąki z miłą spotężniało moje pragnienie,

Od rozstania się z gazelą, co mnie uroczyła oto,
Kiedym dostrzegł ją okrytą lotosowym cierniem.
Dzban ze srebra zanurzała i czerpała wodę,
Potem ze srebrnego dzbana polewała ciało,
Gdy ujrzała mnie, zakryła dłońmi łono młode,
Lecz i spoza dłoni jeszcze do mnie wyzierało.
Ach jakże jest dusza moja niezmiernie spragniona,
Bym mógł chwilkę lub dwie chwile być u tego łona!

– Brawo! Brawo! – zawołali poganiacze.

– Wystawimy cię w następnych zawodach – powiedział beduin, dając monetę. – Musisz wygrać!

Chłopak skłonił się i pokwitował zlecenie. Uszczęśliwiony wszedł do seraju, gdzie trwał finał corocznej bitwy poetów.

– On będzie prorokiem – zawyrokował poganiacz. – Nareszcie ktoś nam wskaże drogę! – i zabrał się za dojenie mizernej wielbłądzicy, przeganiając małego, który plątał się jej między nogami.

Dziedziniec seraju wypełniał tłum. Po ziemi walały się pestki daktyli. Naczelnicy rodów chronili się w chłodzie jurt, fani rozwijali transparenty, a bukmacherzy zawierali ostatnie zakłady. Przed namiotem z libańskimi proporcami siedziała Śniada Piękność.

Jaka piękna!

W arkadach szpakowaty chudzielec ostentacyjnie zakasał dżallabę i sikał na kolumnę. Ciepła ciecz szybko parowała i zapach moczu mieszał się z oparami kwaśnego wina i czosnku. Tymczasem w cieniu liwanu zebrali się sędziowie. Do finału awansował nieszczęśliwy mistrz, wygnaniec z Toskanii, oraz ślepy mistyk, uczony i głowa okolicznego klanu. Ludzie gorączkowali się i co chwila wybuchały brawa. W czasie półfinałów kibice pobili się i interweniowała straż. Chuliganom, którzy znieważyli słowo, zakazano wstępu na bitwę.

W krużganku trwała rozgrzewka poetów. Pilny Toskańczyk od rana recytował przed grupką fanów i rapsodów. Jego teatralne gesty ukrywały tremę. Samotny mistyk kucał w niszy ozdobionej mukarnasem. Skupienie przerwał mu gorliwy animator z funkcją przewodniczącego jury.

– Drodzy państwo! – przemówił, dając ludziom czas, aby się uciszyli. Jego wysoka czapka owinięta była turbanem, broda zwisała poniżej piersi. Był boso. Pod arkadami przemykali spóźnialscy, których zwabiła wieść, że bitwa będzie się toczyć o raj.

– Ja biedny sługa, niewolnik obecności boskiej i obecności Pana mówię: chwała Bogu, który oddzielił dzień od ciemnej nocy i objawił w nich jasne słońce oraz mroczny księżyc. Ich powstanie to dwaj przewodnicy jasności i mroku. W waszych słowach – zwrócił się do poetów – wyjaśniajcie poprzez obnażanie z szat przed ludźmi, jak pojawia się substancja rzeczy, a także jak ujawnia się sprawa niezwykła polegająca na zerwaniu najwyższej zasłony. Będzie to uniesienie się do nieba, a nie przeniesienie się do konkretnego miejsca na ziemi. Opisujcie... – nagle ktoś pierdnął.

Ludzie wybuchli śmiechem.

– Dosyć! Chcemy poetów! – krzyknął mężczyzna z tatuażem.

– Kiszki się z nudów kręcą! – usprawiedliwił się pierdzący.

Animator spokojnie poczekał na ciszę.

– Opisujcie te stany – podjął niespiesznie, spoglądając na poetów – w formie prozy i poezji nadając im symboliczną lub prostą postać. Opatrujcie zdania rymem, aby ułatwić zapamiętanie. Opisujcie drogę i wyjaśniajcie przeżycia. Nawiązujcie do tego, jak przyjmować z przekonaniem wszystkie tajemnice. Opisujcie także poufne spotkania, wykorzystując liczne wyrażenia. I oto rozpoczynajcie, powierzam was Bogu i niech on was poprowadzi! – konferansjer rozłożył ręce, jakby obejmował zgromadzonych i cofnął się w cień konchy.

– Bitwa o raj! Bi-twa! Bi-twa! – krzyczeli ludzie. Grudki suchej ziemi posypały się za przewodniczącym. W głębi liwanu odbyła się narada.

– Chrrr-pszy! – chrapnął śpiący pijak.

Poeci wyszli na ring. Wygnaniec z Toskanii zaczął niepewnie.

– Gdybym mógł spisać, ile mię porusza
Tych chwil wspomnienie, śpiewałbym napoje,
Z których by wiecznie rada czerpać dusza.
W niebie, co sporzej bożych iskier chłonie,
Byłem; widziałem, czego nie wyświęci
Słowami człowiek, choć był w tamtej stronie.
Bo, przybliżony do celu swej chęci,

Rozum nasz tak w nim przepaściście ginie,
– O! – wśród słuchaczy dał się słyszeć szmer podziwu.
Że nie pociągnie za sobą pamięci
– ile z widzianych w przeświętej krainie
Cudów zaskarbić zdołał umysł gruby,
Obecnie treścią mych pieśni uczynię.
Dobry Apollo, u kresowej próby
Zrób mię naczyniem swej mocy i łaski,
Abym wysłużył wawrzyn tobie luby!
Dotąd wystarczał jeden szczyt parnaski,
Teraz, gdy w szranki mam wstąpić takowe,
Z obydwu na mnie muszą spłynąć blaski...

– Bra-wo! Bra-wo! – Poeta pozdrowił klaszczących i nabierając siły w miarę, jak rósł podziw słuchaczy, pociągnął śmielej:

– Wnijdź w moje piersi, daj taką wymowę,
Jak gdyś wyniszczał w zwycięskiej zabawie
Z pochwy swych członków ciało marsjaszowe!
O boska mocy, gdy przez ciebie sprawię,
Że ów kraj święty, widny wyobraźni,
Bodaj słów cieniem odbity wyjawię,
Pod twój pieszczony krzew podejdę raźniej,
Wieńczyć skroń liściem, którym wyposaża
Dostojność treści i dank twej przyjaźni.

Posypały się brawa. Tłum krzyczał i gwizdał. Toskańczyk wzniósł ręce i tryumfalnie spojrzał na przeciwnika.

– Dawaj! – krzyczeli ludzie. – Śpiewaj te napoje, z których dusza rada!

Poeta wskazał niewidomego współzawodnika, sam wycofując się w głąb ringu. Rozległy się chichoty.

– Chcesz się bić ślepcze?! – ryży grubas popukał się w czoło.

– Choć lat sobie już liczę wiele, dzięki mnie szanują szczep rodzimy, bowiem mój demon księciem jest dżinnów, on daje mej poezji siłę – powiedział cicho starzec, ukłonił się i ustąpił miejsce.

– Co to za dżinn, co dał cię oślepić?! – zawołała kobieta pod arkadami. – Do walki! Pokaż siłę ślepoty!

– Tfu! – splunął szpakowaty chudzielec. – Gdzie rymy, wioskowy ojczulku?!

Starzec ukłonił się jeszcze raz i wskazał mistrza z Toskanii.

– Z wieńcem oliwnym na białej zasłonie – ten zaczął śmiało. – Stała niewiasta w płaszczu barwy ziela,

Pod którym szata jak żar żywy płonie.
Stęsknił się duch mój, że od lat tak wiela
Cudem jej wdzięków nie był czarowany:
Cudem, co wabi i co onieśmiela.
Więc gdy mi błysnął kształt jej ukochany,
Przez moc tajemną, która od niej biła,
Dawnej miłości poczułem kajdany.
Wtedy ujęła mię ta można siła,
Co po raz pierwszy, kiedym był młodziutki
Chłopczyna, zmogła mię i zniewoliła.

Na dziedzińcu zapanowała cisza.

– Posałuj, posałuj! – zaseplenila dziewczynka.

– Cha, cha, cha!

– Gorz-ko! Gorz-ko! – muskularny przekrzyczał tłum i zaczął się oblizywać. Śniada Piękność spojrzała z obrzydzeniem. Co ty wiesz o całowaniu, pomyślała. Jej diadem błysnął w słońcu i światło opromieniło ślepca niczym aureola.

– Dwadzieścia czterej przodownicy – podjął Toskańczyk mimo gwaru – co w ślad świecznika szli za świętym ptakiem,

Do wozu przyszli, do miru stolicy.

Jeden z nich, jakby niebios był śpiewakiem:
„Pójdź, oblubiona z Libanu, pójdź" – woła.
Reszta wtór pieniem zawodzi jednakiem... Cisza! – wrzasnął zawodnik. Poskutkowało. – Wtem, jak o świcie, gdy oblubienicy
Boskiej, spragnionej świętego kochania,
Śpiew budzi męża miłego w łożnicy,
A zegar kółka toczący wydzwania:
„Dzień, dzień", tonami pieszczoty tak słodkiej,
Że się w niej sam duch od lubości słania,
Tak krążąc w świateł wirownicy wiotkiej,
Grali pieśń swoją przesławni lutniści,
W której nikt jeszcze nie pochwycił zwrotki,
Jeno tam, gdzie się rozkosz wiekuiści.

Za bramą seraju zakwilił niemowlak. Rozdrażniona matka zaczęła lamentować. Mówca nie zwrócił na nią uwagi i ciągnął w natchnieniu.

– Wiatr, co się z zimnych obłoków przewali,
Niosąc chłód albo pyły piasku wzdęte,
Pewnie wygląda w locie opieszalej
Temu, kto patrzał na płomyki święte,
Jak swe taneczne porzuciły roty
U serafinów wysokich poczęte.
W trop tych, co niosły najbliżej swe loty,
Brzmiało: „hosanna", tak słodkiej kapeli,
Żem po niej nigdy nie pozbył tęsknoty.
Wtem jeden płomień szybciej ku nam strzeli
I pocznie: „na twą zdajemy się wolę;
Patrz w nas i niech cię nasz widok weseli.
Z księstwami nieba w jednym lecim kole,
Zjednani ruchem, celem, pożądaniem.
O nich śpiewać będziesz tam, na padole"

– Bra-wo! Bra-wo!

– Ty, o czym on mówił? – szepnął chudzielec do szatynki o brązowych oczach.

– Czy to ważne? Pięknie brzmi. Czekaj... Miało być o raju... Wiem! Gdzie się rozkosz wieku ziści!

– Eee... Też mi raj... Słodka hosanna dzień, dzień... Chyba dzyń, dzyń! – popukał się w czoło. – O nie. To nie jest rozkosz mojego wieku!

– Modernista!

– Roty u Serafinów poczęte... – rozmarzyła się Śniada Piękność – musieli być cudowni... Jak mój Szymon...

– Jak kto? – zainteresowała się szatynka. – Poznasz mnie z nim?

– Teraz każdy może go poznać – zagadkowo odpowiedziała Piękność – kiedyś był tylko mój...

– Nie lubię libańskich kobiet! – bąknął chudzielec, który poczuł się wyłączony z rozmowy.

Tymczasem na ring wystąpił mistyk. Zachodzące bielmem oczy tkwiły ponad attyką seraju, gdzie jej potrzeba, za niska, gdzie nie, za wysoka.

– Mów, co widziałeś, ślepcze! – zakpił ryży grubas.

– Bra-wo! Bra-wo!

Strażnicy roztrącili ludzi i wyprowadzili krzykacza.

– Precz z milicją! Mi-li-cja do-do-mu!

– Ogród schronienia znajduje się przy drzewie lotosu ostatniej granicy – starzec zignorował zniewagi. – Powierzchnia raju jest ze srebra, kurz z piżma, trawa z szafranu, komnaty pałaców z hiacyntów, pnie jego drzew są ze srebra, gałęzie z pereł i szmaragdów, a liście i owoce wiszą nisko, aby ten, kto ich zapragnie, mógł sięgać po nie, czy to siedząc, czy leżąc, czy też stojąc.

Wśród szmerów publiczności tylko pierwsze rzędy słyszały poetę. Tekst pozbawiony był rymów, ale zmysłowe metafory ujęły słuchaczy. Ludzie zaczęli się uciszać.

– Rajski ogród otoczony jest murem o kamieniach ze złota i rubinu, a bije od niego światło oślepiającej mocy. Bramy wspierają się na ogromnych kolumnach, które oddziela od siebie odległość wschodu od zachodu. Są tam też strumienie obfite w mleko, nie zmieniające smaku z upływem czasu; są też rzeki pełne nektaru, które Bóg wszechmogący stworzył. Jest tam także wino wieczne, a nie wino tanie i doczesne. Jest ono podobne do tego, które poeta tak oto opisał:

Leczy ból głowy,
A jego substancja nie szkodzi pijącemu,
I głowa nie dostaje od niego zawrotów...

– Bra-wo! Bra-wo! – wybuchły oklaski.

– Niech żyje!

– Za wino… chik! …co leczy… chik! Ale mam kaca…

– Idiota! To wino nie jest podobne do wiecznego! – czarnooka ruda wylał pijakowi napój na dżallabę.

– Kobieto… chik! …co robisz?

Dziewczyna uderzyła go w twarz. – To koniec, baranie!

– Chik! Zaczekaj! – mężczyzna popędził za nią, ściskając kielich.

– Pijący popędzą napełnić kielichy ze złota – podjął poeta – i dzbany uformowane z chryzolitu. W rzekach są naczynia o kształtach pływających ptaków; jedne z nich podobne są do żurawi, a inne do pawi i kaczek. Niektóre są pośrodku, a niektóre na brzegu, a z ich dziobów płynie delikatny jak miraż napój. Będzie tam niezwykłe drzewo, zwane tuba. Korzenie jego są z rubinu, a ziemia na której rośnie, z piżma i ambry bielszej od śniegu. Ma ono owoce przypominające ogromne perły i siedzą na nim ptaki o rozmiarach wielbłądów. U stóp tego drzewa szemrają cztery fontanny wina: czerwonego jak rubin, żółtego jak cytryna, białego jak śnieg i jasnego jak topaz. A w oddali widać góry raju zbudowane z najpiękniejszych szafirów świata.

Starzec ukłonił się i usunął. Brawa rozległy się dopiero po chwili. Wpatrzeni w ring widzowie klaskali jak zahipnotyzowani, rytmicznie i niespiesznie, jakby nieobecni, w pół drogi między bitwą a rajem ślepca.

Toskańczyk wyszedł na ring i zaczął nerwowo podskakiwać. Wierny rapsod nie wytrzymał.

– Wykończ go! Na pohybel dziadowi, co nie umie rymować! – Ludzie oprzytomnieli i brawurowo powitali zawodnika.

– Nie daj się! Jesteś lepszy! – dopingował rapsod. Poeta zawahał się. Skinął, wyszło wiotko, trochę pogardliwie.

– Wracajcie sobie do waszego brzegu,
Ani puszczajcie się na wielkie morze,
Bo zginie, który nie dotrwa w szeregu.

– Naprzód! Do boju! – zagrzewał rapsod.

– Nikt nie biegł nurtem, kędy ja się wożę;
W żagl dmie minerwa, feb drogę odkryje,
Muzy poznaczą gwiazdami bezdroże.
O wy nieliczni, co prężycie szyje,
Po chleb anielski, którym tu żywione,
Lecz syte usta nie były niczyje -
Popchnijcie za mną na te nurty słone
Łódź waszą, nim się zamknie srebrna smuga
I wyrównają wody rozdwojo...

– Pfjuu!

– Sam popychaj! – krzyknął ryży grubas, jakimś cudem znów na dziedzińcu – ja wracam do brzegu!

– Do-ra-ju!

– Po co nam nurty słone!? – deklamator liczył na zaproszenie Toskańczyka, ale ktoś szepnął, że poeta jest wygnańcem, włóczęgą, który sam szuka pracy. – Obcy, precz! Nas gwiazdy wiodą wśród wydm pustyni!

– Do-ra-ju! Do-ra-ju!

Gorliwy animator wyszedł na podest i poprosił Toskańczyka, aby nie odbiegał od tematu. Zawodnik zaczerwienił się. Przewodniczący szepnął mu ciepłe słowo i rumieniec znikł.

– Na Beatrycze spojrzę: ku lewicy

Zwrócona, oczy ze słońcem potyka

Bystrzej, niżeli zdoła wzrok orlicy – z błogim uśmiechem złożył ręce na piersi. – Jak jeden promień z drugiego wynika,

Gdy załamany powrotnie ku górze

Odstrzela na wzór tęsknego pątnika,

Tak ja gestowi Beatryczy wtórzę,

Który się odbił w moich źrenic szybie,

I w słońce patrzę wbrew ludzkiej naturze – mówił rozmarzonym głosem. – Wtem zajaśniało, jakby się podwoił

Dzień i jak gdyby ten, co pięknem darzy,

Niebiosa w słońce podwójne przystroił.

Zapamiętała w kół wieczystych zorzy

Stała Beatryks, ja zaś wzrok odjęty

Od kręgu słońca utkwiłem w jej twarzy.

– Kochasiu! Miało być o raju! – wykrzyknął muskularny. – Daj spokój Beatrycze! Tylko wzrok twój tkwi w jej twarzy!

Posypały się brawa.

– Do konkursu! Zastąp impotenta! – krzyczeli ludzie.

Śniada Piękność rozpłakała się. Tymczasem z sąsiedniej jurty wyszedł naczelnik rodu.

– Wstąp do mnie na służbę! – powiedział muskularnemu, potrząsając sakiewką. – Dobrze zapłacę. Wróg rozpowszechnia pamflet przeciw nam. Pożałują, psubraty! Chcą się bić? Proszę! Oto ich tekst. Mój agent zapisał, kiedy deklamował go jakiś łotr. Ułóż lepszy. Odwdzięczę się... – naczelnik podrzucił monetę. – Brakuje nam wieszcza. Co prawda, już ogłosiłem przetarg, ale jak się zgodzisz, to ty dostaniesz tę pracę. Cha, cha, cha! Płacę komisji, więc mi nie odmówi... I co, zostaniesz naszym poetą?

Śniada Piękność wbiegła do namiotu.

– Daj mu kochać Beatrycze – szepnął Marin, który nie spuszczał z niej oka. – Życie jest pełne niespodzianek...

– Będziecie w raju jako księżyc w pełni – zaczął ślepiec, który już czekał na ringu. – Potem jak najjaśniejsza gwiazda niebios. Będziecie wysocy na sześćdziesiąt łokci i będziecie młodzi i piękni. Włosy będziecie mieć tylko na głowach, brwiach i rzęsach, powieki wasze będą uczernione i każdy otrzyma po siedemdziesiąt szat, a wszystkie zmieniać będą swój kolor aż siedemdziesiąt razy na godzinę. Na palcach będziecie mieli po dziesięć sygnetów. Każdy mężczyzna będzie mógł ujrzeć swoją twarz w twarzy swej małżonki i w jej błyszczących piersiach, a ona zobaczy swoją twarz w jego twarzy i w jego ciele...

– Cudowne... – westchnęła Piękność. – Jego twarz w mych błyszczących piersiach... Chciałabym tak, chciałabym... – wokół palców zaplotła purpurowe kwiaty granatu i białe henny. Nagle zauważyła Marina.

– Ty natrętny psie! – zaklęła i opuściła zasłonę namiotu*.

---

* Wśród koczowników Półwyspu Arabskiego w późnym antyku (przed islamizacją) panował zwyczaj, że jeśli kobieta pozostająca w związku z mężczyzną spuściła zasłonę namiotu przed jego przyjściem, oznaczało to, że nie chce się z nim już spotykać. Kobieta miała prawo decydować o sobie bez względu na swój stan społeczny czy pochodzenie.

– Och! Piersi... Och! Och! – ślinił się chudzielec, gmerając szatynce w staniku.

– Nie będziecie pluć ani wycierać nosów ani też czynić innych podobnie niestosownych dla tego miejsca rzeczy. Aniołowie przyniosą wam różne rodzaje pożywienia. Każdy kolejny kęs da wam rozkosz większą od poprzedniego. I będą tam czarnookie dziewice zwane luba i hurysy, które stworzone są z czterech rzeczy: piżma, ambry, kamfory i szafranu zmieszanych z wodą życia. Mają one wspaniałe talie, niczym uzdy zwężone pośrodku, pulchne przeguby rąk, szyje podobne szyi białej antylopy, biodra wydatne jak piaszczyste wydmy i nogi, niczym zgięte gałązki papirusu, które rosną w wodzie. I pochylą się nad wami. Tylko na takie jak one człowiek rozsądny będzie spoglądał namiętnie, bowiem ich wiek zatrzymał się między dojrzałością kobiety i wdziękiem dziewczęcia.

Frenetyczne oklaski nagrodziły poetę.

– Niech żyje ślepiec! Z tobą do raju! – krzyczeli ludzie. Dostojny starzec skłonił się i usunął.

– Pokaż im! – wierny rapsod przepchał się do ringu. – Nie daj się odszczepieńcom! – przekrzykiwał owację. – Precz z poezją poganiaczy wielbłądów!

Kilku beduinów spojrzało groźnie i rapsod umilkł. Wygnaniec niepewnie stanął na ringu.

– Za czym jam w ducha, który utęskliwiej – powiedział z wysiłkiem. – Pragnął przemówić, oczy moje wszczepił,

Jak ludzie chęcią przemożną lękliwi.
„O duchu błogi, coś się już pokrzepił
Słodyczą blasków wiecznego żywota,
Której nie pojmie ten, co sam z nich nie pił,
Niechaj pozwoli łaska i ochota
Poznać twe własne i innych koleje...”

– Dawaj koleje! – krzyknął ryży grubas.

Konferansjer wyszedł na ring i nakazał ciszę, grożąc rozstawieniem milicji na widowni.

– Lecz powiedz: szczęśni, którym dano zbożeć,
Czy pożądacie wyższego mieszkania,
By widok albo użycie pomnożyć?"
Na to uśmiechnie się duchów kompania,
A zaś Piccarda, szczęsna anielica,
Jakby w zapale pierwszego kochania:
„Bracie – powiada – chęć naszą nasyca
Zupełnie miłość, która chcieć nam radzi,
Co posiadamy: i to jest granica
Żądz naszych. Byśmy wyżej byli radzi,
Znalazłaby się wola nasza w sporze
Z wolą Onego, który los nasz ładzi.
Nieradość w sferach nieba być nie może;
W kochaniu Boga żywie, kto tu gości,
A miłość stąpa po zgodliwym torze.
Raczej jest formą naszej szczęśliwości
Trwać, kędy boża każe nam potęga,
Z wolą się bożą skupiać do jedności... Ślepiec wzburzony wybiegł na ring.

– Z wolą bożą skupiać się w jedności?! – krzyknął, odpychając Toskańczyka. – W kochaniu Boga żywie, kto tu gości!? Nie! Nieeghh – zakrztusił się. – Posłuchajcie! Oto opowiedział Ibn Manzur, który towarzyszył mi w raju: Piękność o czarnej barwy spojrzeniu, kształtów młodych, o zaokrąglonych piersiach, kochająca, stworzona w sposób doskonały, przyszła ku mnie, lekko się kolebiąc. I było tak, jak zapisano piórem niebieskim. Nie dotknął jej żaden dżin, czysta i dobra, miała stać się żoną. I oto opowiedział

Ibn Manzur: kiedy ukojony miłością ułożyłem się u jej boku, serce przepełniło się smutkiem, jej biodra nie były okrągłe ani ociężałe. Lecz On, wspaniały i miłościwy, niech Go chwalą ziemia i niebiosa, wejrzał na moje strapienie. Przebudziwszy się, zastałem dziewicę o biodrach wydatnych, jak piaszczysta wydma Al-Dahna. O Wszechmogący, litości! zawołałem. Ty, który nadajesz blask słońcu, i który obdarzasz błagalników łaską, ja, Twój uniżony sługa, proszę, niech Piękność nabierze ludzkiej miary! Twoja doskonałość przerosła marzenie i nie zdołam jej objąć! I oto opowiedział Ibn Manzur: jej biodra stały się jak owal strusiego jaja. Odtąd spoczywałem szczęśliwie u jej boku.

– Teraz mi nagle wybłysło odkrycie – rzekł z ironią Toskańczyk, który spokojnie wysłuchał kaleki – że w całym niebie – raj, lecz łaska rosi

Tutaj obficiej, a tam mniej obficie.
Bo jak gdy służba potrawy obnosi,
Kto syty jednej, drugiej patrzy chutnie:
Tutaj dziękuje, a o tamtą prosi,
Tak on spragniony i ciekaw okrutnie
Prosił słowami i gestami przy tem
Pleść nici na tym niedotkanym płótnie...

– Cha, cha, cha! – ludzie wybuchli śmiechem.

– Dziadu! Raj do poprawki?! – zawołał ryży grubas.

– Precz z powiększaniem! – krzyknęła matka, której wreszcie udało się uśpić niemowlę. – Moje siedzenie należy do mnie! – rozprężyła się radośnie, oj, uradowała się matka rozdrażniona, od ucha do ucha, od spalonego słońcem ucha lewego do prawego; czy miała prawo ignorując znudzonego męża wpatrzyć się w szpakowatego chudzielca naprzeciwko niej?

Tymczasem konferansjer odciągnął ślepca w głąb ringu.

– Światłość to zatem, czyniąca widoczną – podjął Toskańczyk, któremu przychylność ludzi przywróciła swadę – twarz stworzyciela poprzed stworzeń wzrokiem,
Które w nim jednym, wiedzą, że odpoczną.
A rozciąga się kolistym otokiem
Tyle, że całe jego rozpowicie
Byłoby słońcu pasem zbyt szerokiem.
Całe z promieni, przegląda się w szczycie
Owego pierworuchowego koła,
Co bierze odeń i władzę, i życie.
A jak pagórek od stóp aż do czoła
Odbija w wodzie kształt swój, gdyż mu miło
Widzieć się strojnym i w kwiaty, i w zioła,
Tak ponad światłem wokół się piętrzyło
W tysiąc tysięcy stopni każdą stroną
To, co zostaje z nas poza mogiłą.
A gdy najniższe stopnie tyle chłoną
Wielkiego światła, pomyśl, jak go wiele
Chłonie ta róża całą swą koroną! – poeta skłonił się i wycofał.

– Kwiatki, bławatki! – zakpił muskularny, popisując się przed naczelnikiem – dajcie mi rajskie kochanki!

– Cwaniak! – szatynka wyrwała się chudzielcowi – sam ma Beatrycze, a dla innych zioła! – i zakasała dżallabę ogłupiałemu żądzą mężczyźnie.

– Kiedy w raju padniecie przed Bogiem na twarz – zaczął spokojnie ślepiec – usłyszycie głos: podnieście głowy! Minął czas i nie miejsce tu na modlitwę. Wtedy przestaniecie myśleć o tym, co niepotrzebne. Nieśmiertelni młodzieńcy będą na was czekać w cieniu drzewa rajskich stworzeń. Gdyby ich zobaczyć, uznałoby się ich za perły rozsypane. Ich członków nie dotknie żadne zmęczenie.

Anioł rzekł o tym drzewie: weź jeden z jego owoców i rozłup go. Chwycicie przeto pigwę, granat, jabłko lub inny owoc, jakiego zapragniecie, i rozłupiecie go. I oto wyjdzie z niego czarnooka dziewica, której piękno oślepia i powie: kto ty jesteś, sługo boży? I odpowiecie: jestem taki to a taki, syn takiego a takiego. Na to odrzecze: zaprawdę! Pragnęłam spotkania z tobą cztery tysiące lat zanim Bóg stworzył świat. I staniecie się piękniejsi, niż byliście poprzednio.

– Tak! Młode kochanki przez tysiące lat! – zawołał muskularny.

– Chcemy twego raju! – chudzielec odepchnął szatynkę – prowadź nas proroku!

– Pro-wadź! Pro-wadź! – skandowali ludzie. Poeta skłonił się i usunął.

– Pro-ro-ku-pro-wadź! – krzyczała publiczność.

Oddany konferansjer zakończył bitwę i sędziowie udali się na naradę. Kilku fanów zebrało się wokół Toskańczyka.

– Tylko sumienie nieczyste – żalił się wygnaniec – z własnych lub cudzych win, moich orędzi

Surowość przykro poczuje – zaiste!
Jednak z prawdy dróg nie zboczę ni piędzi:
Opowiem w pieśniach wszystką moją zjawę,
A niech się taki skrobie, kogo swędzi.
Chociaż użali się na cierpką strawę,
Posmakowawszy, potem z jej dosytu
Soki wynikną na zdrowia poprawę.
Wołanie moje będzie wiatr u szczytu
Gór, co najwyższe potrząsa konary,
A to mi doda nie lada zaszczytu.

– Wołanie jego będzie jak wiatr u szczytu gór, co najwyższe potrząsa konary, a to wam doda nie lada zaszczytu – manipulował rapsod, prowadząc mistrza do wyjścia. Tymczasem w niszy pod arkadami ślepiec szeptał ulubionemu uczniowi.

– Wiesz, co to jest raj? To wiary świat. Rajski ogród to majestat Boga, a widzenie – kontemplacja jedności. Rajskie dziewice – to rozum, poddanie i pokora to najwyższa władza, rajskie drzewa – siła rozumu dobrych, rajskie rzeki – dusze pobożnych. Wiedz, że rajskie pałace – to cnoty proroka. Hurysy – to stany ekstazy, rajscy młodzieńcy – powiew dziewiczych myśli, a niewolnicy – zapach powiewu myśli. Rajskie kobierce, to metafory, brokat i jedwab – alegorie. Ozdoby to cnoty, odzież – bojaźń boża. Podczaszy to pan, a wino – to oświecenie. – Uczeń wielbił starca, ale mimo żmudnych ćwiczeń, wszystko zapominał.

Na dziedzińcu rozpoczęły się przygotowania do festynu, który miał trwać do rana. W myśl tradycji, ogłoszenie wyników odbywa się po zachodzie słońca, a zwycięski tekst wyszywa się złotem na jedwabiu i wiesza na starożytnym kamieniu. Laureat wygłasza mowę. Naczelnicy rodów składają podarunki, aby pozyskać poetę i liczyć na reklamę, skoro uczyni ich bohaterem kolejnego utworu. Rapsodzi uczą się zwycięskiego poematu, nierzadko dodając coś od siebie.

– Patroni do kasy! Kandydaci na przesłuchania! – sekretarz rozpoczął zapisy, bo w arkadach zebrali się już kandydaci do kolejnej bitwy. Beduin odnalazł swojego zawodnika, wpłacił kaucję i poszedł do rejestracji. Chłopak skakał z radości.

– Dziękuję, dziękuję! Wygram dla was następną bitwę!

Śniada Piękność ruszyła w stronę katedry. Jej srebrzysta szata była w nieładzie. Diadem przekrzywił się, a w oczach połyskiwały łzy. Teraz albo wcale, i Marin pośpieszył za Pięknością. Jego świetliste włosy zdradzały barbarzyński rodowód.

Z seraju ciągnęła się w dolinie droga, szeroka niczym pień potężnego drzewa o konarach sięgających nieba. Wschodnią odnogę zamykała brama, przed którą zgromadził się tłum błagalników. Wąska ścieżka wiodła w górę, do ascety stojącego na słupie. Ludzie napierali na wejście, przepychali się, niejeden groźnie podnosił dłoń.

– Nie, teraz nie możecie wejść! – mówił wątły mnich, odźwierny u bramy. – Później, możliwe, ale teraz nie! – Przepaska z suchych liści palm odciskała mu na biodrach krwawy ślad.

Tłum posłusznie ustępował. Pozbawiony nóg kaleka z cyrkową sprawnością balansował na jednej kuli, aby drugą okładać zdezorientowanych sąsiadów i przeciskać się do przodu. Ślepiec zadziwiająco łatwo mknął trawersem, omijając kolejkę. Grube łańcuchy tak ciążyły pielgrzymowi, że pełzał na czworaka. Spod obręczy sączyła się krew. Jakiś chłopiec przytraczał sobie kamienie do nóg.

– Ludzie, nie wysilajcie się tak! – przystojny mężczyzna ze zgorszeniem patrzył na pątników. – Przecież nie modlicie się do głuchego, ani do nieobecnego; wzywacie tego, który wszystko słyszy i widzi! – Nikt się nim nie przejął. Ślepiec wrzasnął, kiedy ryksza dostojnika zmiażdżyła mu stopę. Usłużny kaleka podsunął kulę i zajął jego miejsce. W ruinach grobowca naznaczona ospą osobistość kradła sakiewkę dekurionowi pobliskiej Antiochii.

Kobieta przebrana za mężczyznę wykorzystała zamęt i wmieszała się z synkiem w tłum. Nagle ospowaty przejrzał podstęp.

– Niewiasta! – krzyknął i zerwał z niej odzienie.

– Hańba! Hańba! – wokoło zgromadzili się ludzie.

– Stójcie! – chłopiec osłonił skuloną na ziemi kobietę. – Dzieckom i bękart pospolity lecz łona matki będę bronił jak syn. Biel albo czerń: jego to jest los, choć wargi zawsze porasta ciemny mech.

Murzynek wlazł na kamień, podkasał dalmatykę i zaczął kłaniać się, parodiując ascetę na słupie.

– Cha, cha, cha! – zaśmiali się ludzie. Kiedy kobiecie udało się wymknąć, chłopiec zeskoczył z kamienia i uciekł.

– Jak będę duży, też zostanę słupnikiem! – powiedział schowany w jaskini. – Jeszcze wam pokażę! Będziecie się jak robaki czołgać przede mną!

– Nie opuszczaj mnie jak twój ojciec! – przytuliła go matka. – Tylko ty mi zostałeś!

Rosły Murzyn tańczył w targowym zaułku. W brzuchu tkwił mu nóż. Muzycy zapamiętale bili w bębny, rytm narastał, bum, bumbum, bubububum, nagle tancerz padł. Murzynek stłumił krzyk matki. Tymczasem mężczyzna wstał, poślinił ranę i wyciągnął klingę. Krew znikła i skóra natychmiast się zagoiła. Ludzie zaczęli się przepychać.

– Cud! – krzyczeli – patrzcie, cud! To prawda, nie poezja!

Ryży grubas przyprowadził psy. Tłum rozstąpił się i uformowała się kolejka. Dogi obwąchały gapiów, kiedy ich pan pokazywał mężczyźnie, jak ma prezentować bok. Kto podchodził, kłaniał się, oddawał grosz i dotykał zagojonej rany. Czasem ktoś potarł skrawkiem odzienia. Centurion z blizną na policzku ofiarował inkrustowany sztylet.

– Masz! Będziesz porządnie wyglądał... – wręczył nóż grubasowi, a ten gwizdnął na psy i oficer długo, poza kolejką obmacywał murzyna.

Śniada Piękność obeszła zbiegowisko.

– Jak to możliwe, że ryży jest tu przede mną? – spojrzała w dal, na męża na słupie. – Przeklęty motłoch przewrócił ci w głowie! Siedemset żon księżniczek i trzysta żon drugorzędnych... Oznajmijcie mu, że chora jestem z miłości!

Tymczasem przed bramą tłum napierał na mnicha.

– Nie, teraz nie możecie wejść! – mówił, przekrzykując zgiełk. – Później, możliwe, ale teraz nie!

Ludzie posłusznie ustąpili. Nagle brama otwarła się i w ciżbę wpadł orszak saracenów.

Mówią, że to bogaty szajch, który błagał o zdrowie dla syna. Z rany na lewej stopie męża sączyła się krew. Gęste krople spływały po słupie wytartym prośbami pielgrzymów. Oddany mnich podstawiał naczynie i regularnie je opróżniał. Szajch zbliżył się do słupa, złożył pokłon i skinął na palankin z synem. Mąż wejrzał na chorego, ze świętej rany wypadł karaluch, Saracen porwał go, przyłożył sobie do oczu, do ust, piersi i krocza, a robak zamienił się w perłę. Mąż rozkazał leżącemu, wstań! I chory wstał, skłonił się mężowi, a perłę schował do kieszeni.

– Cud! – krzyczał szajch. – Cud! – i torował sobie drogę wśród błagalników. – Ludzie, cieszcie się! On chodzi! Kto jest głodny, niech się naje do syta! Kto bez opieki, niech wstąpi na służbę! U mnie niczego wam nie zabraknie!

– Tata, daj spokój! – syknął syn. Spiął konia i rzucił kilka groszy w tłum.

– Jedzcie ludzie, jedzcie do syta! – krzyczał bezwolny ojciec.

Na pamiątkę tego wydarzenia szajch kazał w swoim kraju ozdabiać świątynie smukłymi wieżami, aby przypominały słup męża. Wielu podejmowało potem trud i jak on poświęcało się*. Pośród okrzyków świty, w tumanach kurzu, ojciec i syn napełnieni nową wiarą pędzili po drodze, która była jak konar potężnego drzewa, sięgający nieba. Śniada Piękność ledwie uskoczyła. Marin strzelił za szajchiem, ale trafił tresowanego strusia i dziewczynka wybuchła płaczem.

– Buuu! Buuu!

W zachodniej kotlinie beduini drzemali wtuleni w wielbłądy. Obozowisko zamykał las palm daktylowych. Kiedy wiatr wiał od

---

* Czasownik dżahada oznacza podejmowanie trudu, wysiłek i poświęcenie, a także wojnę w słusznej sprawie. Od niego biorą się pojęcia mudżahid i dżihad.

tamtej strony, stęchły zapach mieszał się ze mdłym aromatem owoców. Bo mieszkać w oazie niepodobna.

Przed namiotem komiwojażer opowiadał o swoich podróżach. Pawie pióro na czapce mieniło się kolorami. Rytmiczna proza kołysała nomadów do snu. Nikt nie zauważył przechodzącej Piękności ani skradającego się za nią Marina.

– Nie, teraz nie możecie wejść! – uniósł się głos mnicha. – Później, możliwe, ale teraz nie!

Tłum posłusznie ustępował, aby za chwilę wezbrać i postąpić ku bramie.

Wykute w zboczu stopnie prowadziły do zaniedbanej katedry. Potężny ośmiobok okalały cztery bazyliki zwrócone w cztery strony świata. Główna kopuła wspierała się na eliptycznie uszeregowanych kolumnach. Wysokie sklepienie wieńczyło miejsce, gdzie stał kiedyś szałas męża. Niezwykłej piękności arkady otwierały widok na potrójną absydę, zamykającą bazylikę skierowaną na wschód. Krużganek i wsparty na łukach portal zwracały się ku oazie.

Zachodnia ściana katedry ozdobiona była belwederem, skąd roztaczał się widok na seraj i plac. Zmęczona Piękność oparła się o balustradę. Moment nieuwagi i Marin wdrapał się niezauważony. W dole trwał ślub i z uchylonego namiotu wydobywały się wonności.

– Jeśli kobieta i mężczyzna umówią się zawrzeć małżeństwo na czas określony – pouczał kadi – ich związek trwa osiemdziesiąt osiem dni. Następnie mogą go przedłużyć wedle upodobania. Lecz jeśli zechcą się rozejść, niech nie wszczynają sporu. Zatem pytam cię, Piękna, czy chcesz wziąć za męża swego na czas określony tego tu Szlachetnego?

– Tak, chcę!

– I ciebie pytam, Szlachetny, czy chcesz wziąć za żonę swoją na czas określony tę tu Piękną?

– Tak, chcę!

– A zatem jesteście mężem i żoną. Kochajcie się i cieszcie waszym zespoleniem, póki jedno z was nie odprawi drugiego!

Goście usiedli do stołu. Szlachetny wziął Piękną na ręce, zaniósł do namiotu i opuścił zasłonę. Kilkuletnia dziewczynka podkradła się do wejścia i zaczęła podglądać, rozbawiając kadiego.

– Czemu nie on i ja? – Śniada Piękność gwałtownie się odwróciła. – Ty pyszałku! Gdybym wtedy mocniej zapukała... – osunęła się na kolana. Wytatuowane ręce zacisnęła, jak do modlitwy. Zaczęła się lekko kołysać. Szata zlewała się z mozaiką na podłodze. Palce zbladły i stały się zimne, jak marmur belwederu. Marin patrzył na nią i wspomniał grecką wyrocznię z młodości.

– Ten, który chmury gromadzi,
On Afrodycie polecił w urodę przyoblec jej lica,
Wlać w nią tęsknotę bolesną, co troski miłosne podsyca.
Bogów posłańca, Hermesa, przymusił wyraźnym rozkazem
Dać jej myśli przebiegłe i chytre postępki zarazem.

Piękność nigdy nie wpuściła go do swojego namiotu.

– Najmilszy mój – szeptała teraz – znakomity pośród tysięcy, na łożu mym szukałam umiłowanego mej duszy. Wstałam, po mieście chodziłam, wśród ulic i placów, szukałam go, lecz nie znalazłam. Spotkali mnie strażnicy, którzy obchodzą miasto, zbili i poranili mnie, płaszcz mój zdarli ze mnie strażnicy murów. Nie znalazłam umiłowanego duszy mej! Jeśli go spotkacie, oznajmijcie mu, że chora z miłości... Byłam, ale już nie jestem! Ja ci pokażę! – pogroziła Szymonowi. A więc to tak? Wolisz jego...

– Mam cię! – i Marin przywalił ją do ziemi.

Piękność nie stawiała oporu. Diadem spadł i potoczył się w kotlinę. Suknia rozpłynęła się na mozaice, a obnażone ciało zlało się z marmurem. Kobieta znikła. Marin rozkraczył się na podłodze.

Mówią, że mąż wiązał się kiedyś do słupa, aby nadać ciału postawę godną służbie. Dziś obdarzony był łaską i jego ciało samo stało się niczym słup, który stoi na słupie. W piątki, od zachodu słońca do wschodu, mąż wznosił ręce i trwał. Coroczny post spędzał dwadzieścia dni stojąc, dziesięć kucając i dziesięć leżąc. Nie jadł i nie pił. Przez noc i w zwykły dzień do dziewiątej godziny bił pokłony i mruczał w obcym języku, bo nie pochodził z tych stron. Kiedyś młodzieniec niezwykłej urody, znakomitym pośród tysięcy, kędziory jego włosów, jak gałązki palm.

Kapitel kolumny ogradzała balustrada. Z góry zwieszał się szlauch. Do sznura przywiązany był bukłak i kosz. W niszach muru suszyły się podobizny z kału męża świętego, malowane na niebiesko dla Rzymian i zielone dla miejscowych.

Mówią, że w pozostałe godziny mąż podejmował służbę publiczną. Dyktował listy do biskupów, kazał rzeszom i wysłuchiwał pielgrzymów. Ludzie gromadzili się u stóp wzgórza i słuchali go.

Mówią, że w pozostałe godziny mąż podejmował służbę publiczną. Dyktował listy do biskupów mnichowi oddanemu, kazał mu i nie dopuszczał pielgrzymów.

– Nie, teraz nie możecie wejść! – odźwierny przekrzykiwał zgiełk. – Później, możliwe, ale teraz nie! – tłum posłusznie ustępował, aby zaraz wezbrać na nowo. Błagalnicy przepychali się, niejeden groźnie podnosił dłoń. Ścieżka spod bramy wiła się trawersem i była niczym śmiała gałązka, która poza koroną drzewa sięga nieba. Przed wejściem była kontrola. Mnich oddany dawał stołeczek i kazał czekać. Furtka jest przeznaczona tylko dla ciebie, powtarzał.

Tymczasem kuternoga doglądał kozy przed katedrą. Po Piękności nie było śladu. Beduinom nawet nie udało się odnaleźć diademu. Wszystko to zwidy, pomyślał podnosząc się Marin, pragnienie, słońce, zaniedbana gimnastyka…

– Studnia! – pogonił kozy i wsadził głowę do wiadra z zimną wodą.

W hotelu portier opowiedział mu o Żydach, którzy zabłąkani trafili do męża w czasach, gdy dolinę zamieszkiwały gazele. Słupa jeszcze nie było. Mąż mieszkał w szałasie, pozdrowił podróżnych i wysłuchał. Obiecał przewodnika, który wskaże drogę, aby nie szukali. Kiedy słońce zbliżyło się ku zachodowi, zjawiły się lwy i posłuszne jak psy, wyprowadziły wędrowców. Ci sławili jego imię w żyznym Libanie, w Antylibanie, a nawet w dalekim Konstantynopolu. Kiedy przybyło błagalników, gazele uciekły. Mówiono, że włos męża leczy impotencję. Nocami ktoś skubał mu łydki. Znany filantrop sfinansował słup. Pielgrzymi wybudowali drabiny. Mnich oddany pojawił się w samą porę. Miał zapadniętą twarz, był niski i utykał na jedną nogę. Nie nosił habitu. Jego badawcze spojrzenie jakby skrywało drwinę. Przybyli następni i powstał klasztor. Nową kolumnę otoczono murem. Podobizny sprzedawały się z miesięcznym wyprzedzeniem. Pewien lichwiarz zdobył kredyt pod zastaw brody męża. Ruszyła budowa hoteli. Na powstanie targu nie trzeba było długo czekać. Dziś niecierpliwy tłum wypełniał dolinę. Każdy czekał na wezwanie i wierzył, że furtka jest przeznaczona tylko dla ciebie.

– Straciłem ją... – jęknął Marin i wyciągnął się na leżaku luksusowego hotelu. Jeśli tak, pomyślał, popatrzę.

W obozowisku beduinów komiwojażer opowiadał historię królowej Izmaelitów. Królowa była nieszczęśliwa. Strumyk szumiał. Olejki męża pomagają zostać ojcem. Strumyk szumiał. Mąż nie dopuszcza do siebie kobiet. Strumyk szumiał. Kobiet nie dopuszcza się do męża. Królowa Izmaelitów pragnęła potomstwa. Posłaniec miał wstawić się za nią u ascety. Nie minęło wiele czasu, a kobieta urodziła. Wyprawiła posłańca z synem, aby rzekł: ten jest kłosem. W bólu i łzach przyjmowałam nasienie modlitwy, lecz wierzyłam i zostałam wysłuchana. Dzięki tobie, o mężu, wydałam plon. Oto posyłam architekta. Niech wybuduje kolumnę i niech będzie piękna.

Wybujała konstrukcja zawaliła się, zanim ją ukończono.

W krużganku katedry usiedli dwaj poeci. Przybyli z miasta na wschodniej pustyni w drodze do Rzymu, którego wieczność zdawała się właśnie dobiegać kresu.

– Bracie, podaj mi chleba – zwrócił się jeden do drugiego. Z nieba spadły płatki purpurowych kwiatów granatu i białe henny, niepokojąc kozy.

– Bracie, oto ostatni bochenek. Jesteśmy braćmi więc dam ci go, choć skazuję go na śmierć.

– Bracie, chleb ten – powiedział obdarowany – zmiesza się z moimi wnętrznościami i gdy będę jęczał w modlitwie, wytchnę z niego cząsteczki najwyższego, bo w moim żołądku jest objawienie.

– Bracie, prawdę mówisz i płody ziemi nie zapłaczą, gdy się nimi posilisz.

– Bracie, i wzrosło napięcie pośród mieszkańców – kuternogi pasterz niestety nie słyszał początku opowieść – odkąd wzrosła liczba jego uczniów i uczniów tej prorokini, jak on głoszącej objawienie. Bitwy kończyły się bójkami, choć słyszałem ją, jak wzywała do zgody. Poradziłem mu: wyjdź przed miasto i rozbij kolorowy namiot. Wyściel w nim podłogę drogimi materiałami i jedwabiem. Uperfumuj go w przecudny sposób najróżniejszymi wonnościami: wodą różaną, kwiatem pomarańczy, głogiem, jaśminem, goździkami, fiołkami i innymi pachnidłami. Później każ spalić w złotych kadzielnicach kadzidło. Postaraj się, by namiot był szczelny i żadne zapachy nie ulotniły się stamtąd. Kiedy dym kadzidła dobrze zmiesza się z zapachami wonności, usiądź na swoim tronie i każ ją sprowadzić...

– Bracie, doskonale mu poradziłeś!

– Bracie, powiedziałem mu jeszcze, przyjmij ją w namiocie i zostańcie tam tylko we dwoje. Kiedy poczuje tyle zapachów, jej upór się złamie. Będzie oszołomiona. Wtedy zacznij się zalecać do niej z szacunkiem, jak przystało na człowieka twojego stanu. Odda ci się zupełnie. Kiedy ją posiądziesz, uwolnisz się od zła, jakie mogłaby ci wyrządzić. I stało się, jak powiedziałem. Kiedy zapytał ją, jaka pozycja odpowiada ci najbardziej, rzekł jej, mów! a twoje życzenie będzie zaspokojone, odpowiedziała mu, pozwól, niech zstąpi na mnie boskie objawienie, o proroku Najwyższego! Odpowiada mi każda pozycja.

– Bracie, i co prorokini powiedziała swoim ludziom?

– Bracie, co powiedziała? – poeta zawiesił głos z wprawą retora, który w kulminacyjnym punkcie potęguje napięcie – zgromadziła swoich uczniów na placu otoczonym domami o płaskich dachach i pozbawionymi okien od ulicy, przed cytadelą o kwadratowej wieży z latarnią, w której rozpalano ogień, aby płomień stał się znakiem garnizonu, postrachu nieprzyjaciół, wystąpiła i powiedziała: recytował mi objawienie boskie. Obnażył przede mną szaty i pokazał prawdę. Skłoniłam się przed nim i wy czcijcie go, bo jest posłańcem.

– Bracie, tak! Zaprawdę objawienie nie jest darem, tylko dokonuje się w ciele. Chwała niechaj będzie Bogu, który stworzył proste członki podobne do włóczni, by wbijały się w pochwy. Oddajmy bogu należną cześć, uderzajmy i wyciągajmy, domagajmy się i pukajmy do drzwi, starajmy się, by najmilsze uderzenia następowały po najgwałtowniejszych. Niech dusza zwraca się ku ciału, a ciało napełnia duchem! Słowo i zmysły, logos i eros... Objawienie ma postać poezji i jest w nas, mój bracie poeto...

– Zrozumiałem z tego tylko namiot i wonności! – zirytował się pasterz.

– Dobry człowieku, czy w czymś ci pomóc? – zapytali poeci jednocześnie.

– Skąd wiecie, że jestem dobrym człowiekiem? Zresztą jeśli chodzi o poetów, to postępujący za nimi błądzą. Czy ty widzisz – pasterz spojrzał na kózkę, która plątała mu się między nogami – jak oni wędrują po wszystkich dolinach i mówią to, czego nie czynią? Czyż porzuca się swojego Pana dla opętanych poetów? Nadejdzie czas i przemówi prorok, posłaniec szlachetny, a jego słowa nie będą słowami poety, ani słowami wróżbity, tylko objawieniem! – powiedział pasterz i ruszył za stadem, ignorując oniemiałych poetów.

– Szata przechodząca w mozaikę – zastanawiał się Marin – dłonie niczym marmur… Przecież człowiek to nie duch!

Wezwanie wyrwało go z zadumy. Minęła dziewiąta i mąż podjął służbę publiczną. Odźwierny czekał na Marina. Ludzie rozstąpili się z szacunkiem, ktoś szepnął, że oto wysłannik cesarza odstępcy, który ku pośmiewisku ludu pisze satyry o trawojadach.

…Mąż wznosi ręce do nieba. Ścięgna nóg są napięte, rany na kolanach, na czole i stopach krwawe i ropiejące. Usta potężne, wargi grube, lubieżne, brwi szerokie, na czole zrośnięte. Palce grube i nabrzmiałe, paznokcie zagrzybione. Ze szlauchu dochodzi smród fekaliów. Ponad mężem unosi się Śniada Piękność z kwiatami granatu i henny. Szata trzepocze na wietrze. Nikt oprócz męża jej nie widzi ani nie słyszy. Piękność zwraca się do męża. Z desperacją mówi:

– Mój miły jest mi woreczkiem mirry wśród piersi mych położonym. Ręce jego jak walce ze złota, nogi – kolumny z białego marmuru, kędziory jego włosów jak gałązki palm, czarne jak kruk! Ja jego jestem gołąbką pośród nałożnic osiemdziesięciu, a dziewcząt bez liczby! Choć spałam, lecz serce me czuwało! Oto pukałeś do drzwi, wstałam, aby otworzyć, a z rąk mych kapała mirra na uchwyty zasuwy! Lecz ukochany mój już odszedł i znikł! Szukałam go, lecz nie znalazłam, spotkali mnie strażnicy, zbili mnie i poranili!

Mąż ogląda nogi i ręce, które nagle jakby same wykonują rytualny gest. Ciało przyjmuje postawę godną służby. Mąż wieszczym głosem tłumaczy alegorię. Mówi:

– Rzekł anioł: przebudźcie się, bo czuwaliście, a śpicie, gdy usłyszeliście wezwanie! Bolesna będzie droga dla tych, co zaniedbali oczekiwanie i modlitwę! Pamiętajcie, jak piękne jest imię Jego i przymierze Jego! Bowiem wybrani jesteście ponad inne narody i wywyższeni!

Mnich oddany przekłada Marinowi słowa męża. Mówi:

– Rzekł mąż: otwórz się i przyjmij Jego, który zwraca się do ciebie! On nie wdziera się, tylko puka w ciszy! Syn Jego królem jest mądrym i wspaniałym, który daje odpowiedzi na pytania świata! Wybrani są wybranymi spośród wielu i wywyższeni ponad nich! Do nich należy królestwo i jego wspaniałość!

Piękność mówi kokieteryjnie:

– Woń twych pachnideł słodka, pociągnij mnie za sobą! A nie patrz na mnie, żem śniada, bom piękna! Wskaż, gdzie pasiesz swe stada i wprowadź mnie do domu wina! A łoże nasze z zieleni!

Mąż słucha z przymkniętymi oczami. Mówi:

– Rzekł anioł: Wybrani modlą się i wzywają, aby im wskazać drogę powrotu! Niech odnowione zostanie przymierze miłości, bo choć zgrzeszyli i ponoszą winę, piękni są skoro nie utracili wybrańswa!

Mnich oddany przekłada:

– Rzekł mąż: pragnij zjednoczyć się z dobrem najwyższym! Tylko Syn Jego poprowadzi cię do życia, bo choć grzeszny jesteś, nigdy nie utraciłeś powołania!

Piękność zbliża się do męża. Chwilę unosi się przed nim, potem zaczyna zalotnie pląsać po niebie. Jej szata połyskuje w słońcu. Mówi:

– Oto jestem, która wyłaniam się z pustyni owiana wonią mirry i kadzidła! Powstań wietrze, wiej przez ogród mój, niech płyną wonności ku tobie. Bo ogrodem zamkniętym jestem, nos mój jak baszta Libanu spoglądająca ku Damaszkowi, a piersi są wieżami warownie zbudowanymi, o tysiącu tarcz na nich zawieszonych. Pod moim językiem miód i mleko, a zapach szat moich, jak woń wszelkich drzew żywicznych. Oczy moje, jak gołębice nad strumieniami wód, a sztandarem nade mną jest miłość!

Mąż trwa niewzruszony. Równym, natchnionym głosem mówi:

– Rzekł anioł: piękna i bogata jest ziemia odzyskana i szczęśliwi będą w niej wybrani! Z Jego miłością wezmą ją w posiadanie i odnowią przymierze.

Mąż spogląda na Piękność, nagle napręża się i wyciąga rękę...

– A kysz! – mnich oddany zrywa się i jakby zapomniał, że przekłada, krzyczy: – Słaby jesteś! Rzekł święty: o własnych siłach nie przejdziesz próby i nie dostąpisz życia! On jest wielki i miłosierny dla tych, którzy wierzą. Dopiero kiedy się odrodzisz w nim, promieniować będziesz apostolstwem, będziesz pięknym i szczęśliwym!

Mąż spuszcza głowę i kuli się, jak zbity pies. Piękność znienacka rzuca się na męża i woła:

– Oto ty, ukochany mój, jesteś! Mówiłeś: powstań piękna ma przyjaciółko i pójdź! Znalazłam umiłowanego duszy mej! Schwytamy lisy małe, co pustoszą winnice! Mój jest miły mój, a ja jestem jego. Pochwyciłam go i nie puszczę, aż go wprowadzę do domu mej matki, do komnaty mej rodzicielki!

Mąż wzdryga się, wykręca, ale nie może się wyrwać. Po chwili przestaje się opierać i zaczyna mówić. Zaskoczona Piękność puszcza go. Na początku z trudem, stopniowo płynnie, wreszcie z mocą mąż mówi:

– Rzekł anioł: wysłuchane będą modlitwy i powrócą wybrani do świętej ziemi. Pasożytują w niej inne narody, ale On jest wielki i miłosierny dla tych, którzy wierzą! Radosne będzie nawrócenie do nowego przymierza!

Mnich oddany zwraca się znów do Marina. Przekłada:

– Rzekł mąż: syn Jego wzywa cię, woła, żebyś opuścił krainę grzechu i śmierci. Powołany jesteś do życia wiecznego i podążaj za synem Jego, który wzywa cię! Ale kto nie przejdzie próby wiary, będzie wydalony!

Piękność smutnym głosem mówi:

– Miły mój zszedł do swego ogrodu, ku grzędom balsamicznym, aby paść swoje stado w ogrodach i zbierać lilie. Cieszę się jego widokiem. O gdyby był moim bratem, który ssał pierś mojej matki, spotkawszy na ulicy, ucałowałabym go, i nikt by mną nie mógł pogardzić. Biegnij miły mój, bądź podobny do młodego jelenia w górach, wśród balsamowych drzew – Śniada Piękność zamienia się w gazelę o nogach jak zgięte gałązki papirusu, które rosną w wodzie. Mąż ma ciało niczym słup, który stoi na słupie. Gazela bieży w niebo i znika. Słychać beczenie kóz pod katedrą. Mąż słabym głosem mówi:

– Rzekł anioł: jeśli nie będziecie czuwać, odwróci się od was Pan i da moc waszym wrogom. Kto wytrwa w miłości, temu obiecał urodzaj plonu obfitego i ustanowił miłość. On dał nam przewagę nad wszystkimi na wieki.

Mnich spokojnie przekłada:

– Rzekł mąż: wielka jest moc Jego i siła wspólnoty Jego. Woła cię Pan i uwodzi do krainy życia Syn Jego! Spotkają go zastępy i pójdą z jego miłością na wieki! I taki jest sens słowa!

Mąż kurczy się, potem podnosi, powoli pochyla, bije pokłon, najpierw jeden, potem drugi, z początku z wysiłkiem, stopniowo sprężyściej, mruczy niezrozumiałe słowa. Strużka krwi sączy się po słupie. Mnich podnosi spod szlauchu bobek do ususzenia.

Tymczasem Marin zbiega z góry. W dolinie wykonuje serię ćwiczeń gimnastycznych: przebiega dwa stadiony dookoła zaniedbanej katedry, skacze przez strumyk i ukradzione figurki ciska w kolumny świątyń bóstw, których imion nikt nie pamięta. Potem idzie do łaźni i wraca do hotelu, gdzie na tarasie je kolację, oglądając program artystyczny. Kobiety w tradycyjnych strojach tańczą, urządzają rozmaite zabawy i śpiewają. W przerwie rześko opowiada handlarzowi wspomnień, co widział. Dosiada się bezrobotny deklamator.

Marin mówi:

– Wiązały męża o różnych pomysłach pęta ukryte,
Widziałem: nie do zerwania, ciężkie, tuż przy środku słupa.
Wypuściła się bestia z rozpostartymi skrzydłami,
Ta mu wątrobę zżera nieśmiertelną, ona odrasta
Nocą – tyle co w dzień zżarła bestia, trzepocąc skrzydłami.
Przeto i jemu i nam – ludziom – cierpieć tyle wypada,
Bo zło nam posłano miast miłości szczęścia ogromnego:
Zło, którego w swych sercach przestać kochać nie potrafimy.

Handlarz wspomnień improwizuje:

– Słucham, zachowuję wszystko to w pamięci swojej, zgoła
Podziw bierze, lecz mój umysł nic sensu ująć nie zdoła!

Przyjaciel Boga podnosi się spod seraju, przestaje powtarzać »jestem prawdą« i nasłuchuje. Przed nim ciągnie się nowa droga, która jest jak młody, szybki pęd potężnego drzewa, sięgający nieba.

Marin mówi:

– Wyjaśnię: bo na ziemi ludzie mieszkali wpierw w radości;

Lecz gdy za cudzą pomocą sprzeciwili się mądrości – uśmiecha się dumny z udanego rymu – srodze się stwórca rozgniewał, co poznał wieczne zamiary.

Ich wybieg zważył ten, których chmury gromadzi. Bez miary

Doskonały dar, cud zamyślił ludziom butnym ulepić.

Twór tak obdarzyli niebianie, aby człowieka zgnębić.

Chytre postępki, kłamstwo i obłudę z wdziękiem ukryli,

Srebrzystą szatą i diademem złocistym przesłonili.

Od niego strapienie człowieka: przebiegły ród kobiecy,

Biedy znosić niezdolny tylko zbytków przepychy – Marin krzywi się niezadowolony z ostatniej frazy, deklamator pozdrawia go i wskazuje na siebie. – Wszem przestrzegał mąż, żeby daru chytrego nie przyjmować:

Próżno; widziałem – jak spętany, on nie uniknął kary! – Marin bezradnie rozkłada ręce i spogląda na deklamatora.

Handlarz wspomnień pyta:

– Tedy czy próżna ofiara i próżno cierpieć wypada,

Czy też w goryczy jest nadzieja oraz sensu zasada? – Na taras wychodzi wierny rapsod i dosiada się do towarzystwa.

Marin mówi:

– Syn dzielny o pięknych kostkach poskromi chytrą bestyję:

Prorok objawi go w słowach doskonałego języka.

Czekać nam więc wypada posłańca i jego praw nowych

O kobietach – zgubie mężów śmiertelnych – i innych rzeczach!

Rapsod przekręca toskańskiego mistrza i mówi:

– Wołanie jego będzie wiatrem u szczytu gór, co niebiańskie potrząsa konary, a to wam doda nie lada zaszczytu... – kłania się Marinowi i razem z deklamatorem zabierają się do rymowania. Tymczasem przyjaciel Boga wchodzi na taras i zwraca się do publiczności:

– Narodzi się posłaniec spośród nas samych, którego przodkowie będą nam znani i którego prawdomówność, wierność i czystość uznamy. On będzie tym, który wezwie nas do niego, aby wyznawać tylko jego jako jedynego i czcić jego samego, odrzucając kamienie, bałwany i inne stworzenia, które czczone są tu i wszędzie wśród nas zamiast niego. On poza tym nakaże nam być prawdomównymi w naszych rozmowach, oddawać innym to, co im się należy, stać przy naszych rodzinach i powstrzymywać się od czynienia zła i rozlewu krwi. On zabroni popełniania cudzołóstwa, składania fałszywego świadectwa, pozbawiania sierot ich słusznego prawa i mówienia źle o czystych kobietach. On nakaże nam czcić jego samego, nie łącząc go z nikim innym. – Ludzie wstają i biją pokłony, a tancerki wstydliwie zasłaniają twarze. Rozgoryczony Toskańczyk w płaszczu z wielkim krzyżem na plecach potrząsa mieczem. Stoi samotnie pod hotelem i mówi:

– Mniej pluszcze, kiedy klepka zeń wypadnie,
Ceber niż mara, co stała rozryta
Na skróś od brody aż po części zadnie.
Między nogami wisiały jelita,
Widniały płuca z owym smutnym worem,
Gdzie w kał się zmienia potrawa spożyta.
Gdym nań z litośnym poglądał uporem,
Dłońmi roztargał łono duch wyklęty;
„Patrz – rzekł – ręce mi własnym są toporem.
Oto ci widne są proroka szczęty"

...Gwizdy! Tupot! Wrzaski!

Na patio urzędu emigracyjnego coś się musiało stać. Oczy oswoiły się z zimowym światłem i wydłużający się cień zniknął z kaloryfera. Marzenia prysły. Zostałem sam. Pogodne oczy taty znów uśmiechały się sponad garnituru. A więc wróciłeś. Jesteś wyczerpany. Przyłącz się do nas. Odpoczniesz. Damy ci szansę.

Z pokoju siedem-siedem-siedem, arabskie siedem wygląda jak Wiktoria, znak zwycięstwa, wyszedł oficer w szamerowanej kurtce. Poprosił o kartkę z dopiskami. Wygnieciony tekst rozmazał się i zrobiły się kleksy, jak na abstrakcjach Klee. Ale wspomnienia nie są dopisywaniem podobieństw.

Oficer uśmiechnął się ze zrozumieniem. Kartka wylądowała w koszu.

– Nie będzie nam do niczego potrzebna! Willa jest co prawda stara, ale my już patrzymy w przyszłość. Niedługo przenosimy się do nowej, przestronnej siedziby przy bulwarze.

Przeprosił, że pewnie się nachodziłem.

– Tam nikt nie będzie niczego szukał. Drogi będą oznakowane i dla każdego będą drzwi przeznaczona tylko dla ciebie.

Wiza gładko trafiła do paszportu. Kwit wydrukowany z komputera złożyłem na dole w kancelarii.

Zimowe słońce połyskiwało kolorami na patio. Nad werandą kołysał się napis »Hôtel Simon«. Jakiś funkcjonariusz zamazywał dopisek »Prawdy nie ma, bo prawdy są«. Kiedy przeniesiono urząd, willa szybko popadła w ruinę. Pewnego dnia zakradłem się do środka. Była noc. Po portretach na ścianie zostało białe wspomnienie. W górę pięła się rura, jak martwa gałąź potężnego drzewa, która chciała sięgnąć nieba. W przewróconym koszu znalazłem kartkę. Jest pełna kleksów, do niczego niepodobna, bez początku i bez końca.

# ROZDZIAŁ 9

## MIREK LUB SPEŁNIONE PROROCTWO SALIMA

Przypominam sobie…

Inaczej: najpierw synteza, gdyby ktoś miał dość rozbuchanych metafor i brakowało mu funkcjonalizowania.

Kiedy rankiem wychodziłem z hotelu, na dworze było cieplej niż w pokoju. Różnica szybko się wyrównywała. Wnętrza nowoczesnego miasta stawały się nie do wytrzymania. W Akabie jest dużo pustej przestrzeni. Proste drogi podbiły serca mieszkańców, a i obcy nie gubią się na skrzyżowaniach. Próżny ekshibicjonizm nadaje ton.

Tylko co tu pokazywać? W mieście brakuje zabudowy. Bloki otoczone są ogródkami i w rzadkich szeregach wyglądają jak zabawki w socjalistycznym sklepie. Monotonna podaż w sterylnej przestrzeni. Wydawałoby się, że białe domy stonują blask i nie będą oddawać ciepła. Tymczasem cień klei się do ścian i mury potęgują światło, blask, co cień usuwa w cień.

W pijalni soków udało mi się odpocząć.

Kiedy przesila się popołudnie, gorąco wzdyma się, zapowiadając wieczór i swoją cykliczną słabość. Budowniczy porzucają domy przed wykończeniem, beton kruszy się i zamienia w gryzący pył. W nowoczesnym mieście kurz nadaje ton. Pustynia nie jest kolorowym morzem piasku z telewizora, idą, ciągną kable, dźwigają lampy i mikrofony. Pustka materializuje się niczym bezkształtny anioł zagłady i ludzkie zaniedbanie karze nie apokaliptyczną katastrofą, ale cichą, przykurzoną zagładą.

W Akabie nie ma zaułków i wnęk, brakuje oaz chłodu. Rozproszona przestrzeń nie skupia się wokół minaretów. Kiedy przychodzi pora, przykurzone wezwania pauperyzują się i są tylko echem staromiejskiej świetności. Nowoczesny czas wyklucza obrzędy codzienności.

Pewnego razu szedłem po Akabie. Było pusto. Rolety w oknach opuszczone. Nagle, och ty! Odsłoniła, konsternacja, pozbierała się, odetchnęła i uśmiechnęła się jakoś połowicznie, zaraz wyprostowała, za-skoczyła, za-klaskała, i skakała i klaskała... Obca nowoczesność jakby zaplątał się tu z wiktoriańskiego żurnala.

Przeszedłem Akabę od murku do murku. Z klimatyzowanego samochodu takie miasto wygląda inaczej. W końcu śmieci nie rzuca się na ulicę. W plastikowych workach wkłada się je co rano do kontenerów. I zamyka. Dopiero pod wieczór ludzie wychodzą i rozkładają pikniki. Nawet jeśli dziecko zapuści się dalej, czujny dorosły zaraz przywoła je do porządku. Po co tam chodzić? Lepiej nie zbaczać z drogi. Zawsze jest boisko, jeśli trzeba się wyszaleć.

Kiedy brakuje mediny, miasto odwiedza się bez zaszczytu. Siada się na wprost domu, patrzy i martwi, czy sąsiad nie wybudował ładniejszego.

– Nie rozumiem – powiedział mi pewien mieszkaniec przedmieścia. – Turyści głównie interesują się starymi rzeczami. Co w nich jest ciekawego? Nie podziwiają pięknych, nowoczesnych domów w stolicy, za to kręcą się po ponurych, starych wnętrzach, po ruderach i zaśmieconych ulicach.

Cicho, bardzo cicho... Przeszedłem się po medinie. Nocą medina jest jak zespół, który w trakcie występu przestał grać. Czasem instrument zadźwięczy jeszcze jakby echem urwanej melodii. Ale pojedynczy głos nie ma sensu. Nie ma go nawet głos miłości.

U wylotu ulicy śpiące miasto nasyciło się zapachem. Średniowieczny meczet pochylił się ze starości. Kolorowe jarzeniówki pięły się po minarecie, niczym pęd potężnego drzewa, sięgający nieba. Na skwerze była piekarnia. Tu toczyło się życie. Umorusani piekarze wydawali chleb. Przed okienkiem stała kolejka. W przytulnym cieple dzieci układały stosy placków. Niosły je potem przez ulicę i sprzedawały na przeciwległym krawężniku.

Medina to schronienie, w którym człowiek zamyka się i zapomina o wszystkim. Jest też ustawicznym zwycięstwem ludzi nad pustynią. W rozpadające się mury szybko wbudowuje się nowy dom, bo wolna przestrzeń ulega groźnym przybyszom, gorącu. W dawnych miastach nie mieszkali ekshibicjoniści, którzy chcieli pokazać światu swoje gusty i pieniądze. Kolorowe kafle i filigranowe arkady uwodzą tylko we wnętrzach arabskich domów. Chwalą właściciela, który zapraszając gości, sam dobiera sobie lustra.

Brudne ulice i ślepe zaułki pomyślane są dla obcych. Tylko Bóg trzyma zawsze drzwi otwarte. Dobry Panie Boże, a co ze mną, zapytał przymilnie diabeł? W meczetach i w łaźniach łatwo jest porzucić obcość. I tak medina staje po stronie mieszkańców i ich gości. Dzień i noc, dwa przeciwieństwa Zachodu, łączą się na Wschodzie w jedno, aby dzielić się na pięć pór, pięć elementów polifonii, które pozwalają we wspólnocie mierzyć się z gorącem i pustką. Nowoczesność dnia i nocy jest obca porom. Udaje, że szuka zaproszenia, aby uwieść i odgraniczyć. Samotny gość to desperat, który rzuca się na chlebodawcę, aby wyrwać mu z krtani ostatni, krwawy gwizd.

Przypominam sobie...

Inaczej: przytoczono mi kiedyś opowieść o mieście. Otaczały je rajskie ogrody, które nie widziały słońca ani zimna. W dole płynęły strumyki. Z palm daktylowych zwieszały się grona, które pochylały się nisko do ludzi. I dojrzewały drzewa granatu i drzewa akacji i były obwieszone owocami. Na wzgórzach pięły się gaje oliwne i ogrody winnej latorośli. Obficie tryskały źródła płynące. I były wśród drzew lotosy bez cierni, były ptaki, jakich ludzie zapragnęli i były zboża dające różnorodne pożywienie. Było wszystko, czego dusze zapragną i czym rozkoszują się oczy.

I wypoczywali kobiety i mężczyźni, wsparci na łokciach, na łożach wyszywanych brokatem, w cieniu zwróceni ku sobie twarzami. Nie słyszeli pustej gadaniny, ani też nie odczuli podniety do grzechu. Karawany przybywały do miasta ogrodów. Kierowały się wedle gwiazd w ciemnościach – wyraźnych znaków, i docierały, kiedy rozcinało się niebo dla jutrzenki. Wszyscy otrzymywali zaopatrzenie bez rachunku.

I były w ogrodzie dziewczęta jednakowej młodości, o wielkich oczach, o zaokrąglonych piersiach, kochające, stworzone w sposób doskonały. Nie dotknął ich żaden dżin. I były czyste i dobre i stawały się żonami. I krążyli pośród nich młodzieńcy nieśmiertelni. Kiedy by ich zobaczyć, uznałoby się ich za perły rozsypane. I nie dotykało ich członków zmęczenie i stawali się mężami. Podawali jedni drugim puchary ze srebra i dzbany ze złota, jedli owoce dowolnie wybrane i mięso ptaków, jak zapragnęli. Był w ich czaszach napój z płynącego źródła, od którego nie cierpieli na ból głowy, ani nie doznawali upojenia.

I było miasto to jak pałac, w którym każdy krok miał swój sens i miało wszystko swoje miejsce. Była fontanna śpiewająca, serce bijące domostwa, aby było można wychodzić i było można wracać. Były obory pełne trzód obfitych i stajnie z końmi wyróżniającymi się szlachetnością. Były spichlerze z ziarnem i pestkami, które pękały w ziemi i wyprowadzały żywe z martwego. Miała każda sala przeznaczenie i nie używano ich inaczej. I były w pałacu pewne miejsca przebywania i pewne miejsca schronienia. Oto poznali ludzie reguły obdarzone wielkością.

I nie był władca tego miasta władcą z ziemi.

Przytoczono mi opowieść o władcach szalonych. Zapragnęli władcy miast wspaniałych. Aby otaczały je rajskie ogrody, które by nie widziały słońca ani zimna. W dole by płynęły strumyki i palmy by dojrzewały i by były obwieszone kiściami owoców, i aby nie dotykało ich mieszkańców zmęczenie. Lecz zapoznali władcy reguły wielkości. Wybudowali stolice, każda pośrodku oazy, aby nie wyschły ich źródła nigdy. A mieszkać w oazach niepodobna.

I przyszedł czas i nikt nie potrafił ani go opóźnić, ani też przesunąć go naprzód, choćby o jedną godzinę. Przyszła srogość w czasie południowego spoczynku. Zaniosło się powietrze zgnilizną i udusili się władcy szaleni. Przestały być źródła – płynące. I przyniosły owady zarazę. Wymarły drzewa i ogołociły się ogrody do samych drabinek. I przyszły cierpienia palącego wiatru od pustyni. Przestały być znaki – wyraźne i błądziły karawany, i nie docierały. Rozproszyli się ludzie i pouciekali.

I byłem wśród ruin miasta. Otaczają je palmy i mają bujne gałęzie. I gniją owoce w wodzie niepłynącej, skoro ich nikt nie zbiera. Zburzony jest pałac i zawalone są świątynie. Widzą pękające ściany słońce. I budują w ruinach ludzie nieszczęśliwi samotnie z dykty i budują w ruinach – ze słomy. Nie zwracają się do siebie twarzami. I czynią obrazy niczym reguły obdarzone wielkością: na pięknych kobiercach abkari dziewice o skromnym spojrzeniu, jak rubin i koral. I czynią obrazy: sad i winnice, młodzieńcy podobni do pereł ukrytych, odziani w szaty zielone z atłasu i z brokatu. I ukryli się ludzie nieszczęśliwi i zasłonili oblicza. Oto poważył się kuglarz do meczetu.

Czy zaprawdę nie jest słuszne i sprawiedliwie, aby obrazy tworzył tylko Bóg?

Przypominam sobie...

Inaczej: wyrzuciłem nóż, który był zamiast figurek. Rano wstałem później niż zwykle. Kiedy zszedłem na parter, wujka Ibu już nie było. Szkoda. Wczoraj wywiązała się ciekawa rozmowa, którą chcieliśmy dokończyć. Tymczasem zmiennik uśmiechnął się do mnie w głębi korytarza i wrócił do sprzątania. Drużyna młodzików, która o świcie wyjechała po panarabskim turnieju siatkówki, zostawiła mu dużo pracy.

Zanim poszedłem na śniadanie, postałem chwilę w drzwiach, aż oczy przyzwyczaiły mi się do światła. Somalijczyk pomachał z radością, jakby od rana na mnie czekał i bakłażany smażył w kotle tylko, aby mieć zajęcie.

– Przyjacielu, jak się spało? – zapytał. – Coś późno dziś na śniadanie...

– Dobrze się spało i dlatego późno. U ciebie wszystko w porządku?

W jadłodajniach na placu były pieczone kurczaki, fetta i szauarma z sosem czosnkowym lub ostrym. Były też sałatki, z których najbardziej lubiłem futusz – polane cytryną i oliwą kawałki pity z grilla, pomidor, ogórek i dużo świeżej mięty.

– Oczywiście. Już robię ci kanapkę – powiedział z ochotą.

Nad kuchnią Somalijczyka wisiał poster z Neuschwanstein. Róg plakatu odkleił się. Wieże szaleńca pochyliły się nad kotłem. Pożyczyłem klej i umocowaliśmy obrazek, nieskazitelność w smugach światła, która jaśnieje jak Alpy w innych jadłodajniach.

– Dziękuję, przyjacielu.

O pięciu stałych porach sprzedawca rozkładał dywanik i na chwilę klękał przed swoim kramem. Jego kanapki były najlepsze w mieście. Z radością witałem u niego każdy nowy dzień. Swoje centrum spotkania ze światem pogodny demiurg ustawiał codziennie w trochę innym miejscu.

– Jedna nie wystarczy, prawda?

Bo prawdy nie ma, bo prawdy są.

Była pora pożegnania. Z Somalijczykiem poznaliśmy się zaraz po moim przyjeździe z Ammanu. O brzasku zjawiła się taksówka do Akaby. Było nas pięciu i kierowca. Stary Ford kombi z dźwignią biegów przy tablicy ruszył, żegnając stolicę chmurą brudnofioletowego dymu. Wątły mężczyzna z przedniego siedzenia wiózł ogromną pakę. Mocowaliśmy ją sznurkami i ledwo nam się udało.

– Twój bagaż zajmuje cały dach – perorował kierowca, który od wątłego domagał się pięciu, a nie, jak od wszystkich, trzech dinarów za przejazd. – Spalam więcej ropy, opór powietrza jest większy. Prawie jakbym was zabrał sześciu.

Na dworcu umówiłem się z jakimś Egipcjaninem, że za nas obu porozmawia o cenie. Nie znałem taryfy i nie chciałem liczyć na humor kierowcy. Porządek świata znają tylko ci, którzy już go wcześniej poznali. W samochodzie puściliśmy do siebie oko i zadowoleni daliśmy im się kłócić. Ale Egipcjanin nie wytrzymał.

– Słuchaj, cztery, jest w porządku – powiedział kierowcy – ale więcej to przesada. Masz pełny kurs, a w stronę morza jest z górki.

Taksówkarz stracił zapał i dał za wygraną. Po chwili puścił kasetę z recytacją Koranu. Raz po raz rytmiczna proza przechodziła w surowy śpiew w akompaniamencie warkoczącego silnika. Słońce wyszło zza gór i sterczące skały za oknem nabrały czerwonego koloru. Biała droga do Filarów Mądrości, była jak obumierająca gałąź, która przerosła potężne drzewo i spaliła się, sięgając nieba.

– W Imię Boga Miłosiernego i Litościwego. Miłosierny! On nauczył Koranu. On stworzył człowieka. On nauczył go jasnego wyrażania się. Trawy i drzewa wybijają pokłony. I niebo – On wzniósł je i ustawił wagę, abyście ważąc nie oszukiwali. Ustawiajcie wagi sprawiedliwie i nie powodujcie straty na wadze! I ziemię – On ją rozpostarł dla stworzeń. Na niej są owoce i palmy z wiechami, ziarna w kłosach i rośliny aromatyczne. Przeto które z dobrodziejstw waszego Pana uważacie za kłamstwo?

Szeroka szosa prowadziła przez wioski i małe miasteczka. Kozy podskubywały krzaki, a dzieci skakały i machały taksówce. Co jakiś czas wyprzedzaliśmy przeładowane, wlokące się ciężarówki. Wydawało mi się, że piękność, która tak mnie zmęczyła w Damaszku, otwiera przede mną cudowną krainę gór, raf i czar Petry. Czułem się, jak po nurkowaniu. Monotonny śpiew i monumentalny krajobraz oszołamiały niczym podwodne zaprzeczenie natury, wolność od sił ciążenia.

– A tego, który się lęka stanąć przed swoim Panem, czekają dwa Ogrody – Przeto które z dobrodziejstw waszego Pana uważacie za kłamstwo? W nich będą owoce i palmy, i granaty. Przeto które z dobrodziejstw waszego Pana uważacie za kłamstwo? W nich będą dziewice dobre i piękne. – Przeto które z dobrodziejstw waszego Pana uważacie za kłamstwo? – hurysy strzeżone w namiotach. Będą oni wypoczywać wsparci na łokciach na zielonych poduszkach i na pięknych kobiercach abkari. Przeto które z dobrodziejstw waszego Pana uważacie za kłamstwo? I będą krążyć pośród nich młodzieńcy nieśmiertelni; kiedy ich zobaczysz, uznasz ich za rozsypane perły. A kiedy popatrzysz, zobaczysz tam szczęśliwość i wielkie królestwo.

Umysł nurka opornie godzi się z doświadczeniem ciała, które na brzegu ledwo porusza się, dźwigając butle z powietrzem w niewygodnym kostiumie, a pod wodą szybuje nad urwiskiem i, niczym jedwabny tiul, poddaje się unoszącym je prądom. Majestat przedłużonych płetwami nóg, które poruszają się bez wysiłku i spojrzenia fosforyzujących ryb przejmowały mnie dreszczem.

– Przeto które z dobrodziejstw waszego Pana uważacie za kłamstwo?

Podziw dla doświadczonych nurków, którzy pod wodą nie wykonują zbędnych ruchów i porozumiewają się za pomocą jakby spowolnionych znaków migowych, nie powstrzymywał mnie od powrotów do beztroskiej zabawy, jaką pamiętałem z czasów, kiedy tata nosił mnie na barana. Przewijając się między torsem i karkiem taty, nie bałem się, że mnie wypuści. Samolot szczęśliwego inżyniera wznosił się i kręcił beczki, warkocząc jak silnika Diesla.

– Przeto które z dobrodziejstw waszego Pana uważacie za kłamstwo?

Pod wodą zatrzymywałem się nieraz przy linie, którą na skraju rafy umocowana była boja. Apatia ustępowała dziecku i sznur stawał się drążkiem do fikania koziołków. Podwodne salto nie jest obrotem, którego szybkość chroni ciało przed upadkiem. Nurek może kręcić się pomału i zatrzymać, nie chwytając się niczego.

– Przeto które z dobrodziejstw waszego Pana uważacie za kłamstwo?

Najwspanialsze były wraki. Na zatopionych pokładach nie szukałem skarbów, ale unosiłem się na wprost rufy i powoli wkładałem głowę przez okno. Czasem jakaś ryba przyjrzała mi się z naprzeciwka. Czułem się jak we śnie, w którym szybuję ulicami Grenady i zaglądam do pokojów, przedrzeźniając zaskoczonych mieszkańców.

– Przeto które z dobrodziejstw waszego Pana uważacie za kłamstwo?

Na śródokręciu bywały ławki podobne do parkowych. Pilnując, aby się nie zaplątać w resztki want, drobnymi ruchami płetw opuszczałem się, aż w końcu siadałem, nie dotykając zardzewiałej konstrukcji. Do fikołków świetnie nadawały się reje. Występowałem niczym w zaczarowanym cyrku, którego akrobaci rozpięli liny niczym sznurki z bielizną między oknami w wąskich zaułkach Palermo.

– Przeto które z dobrodziejstw waszego Pana uważacie za kłamstwo?

Taksówka z Ammanu miała stałą trasę i najpierw wjechaliśmy do portu. Pożegnałem Egipcjanina, który wybierał się na prom do Taba. Ostatni postój był w centrum. Przy dworcu trafiłem na imbis Somalijczyka, zamówiłem kanapkę i potem codziennie jadłem u niego śniadanie: zimne frytki, smażone plastry bakłażana, świeże pomidory i ogórki w ciepłej picie. Zatar i łyżka majonezu od sąsiada.

Przypominam sobie…

Inaczej: już pierwszej nocy w Akabie nie mogłem oderwać myśli od Ejlatu. Za dnia niczego nie zauważyłem. Zanim znalazłem hotel, umyłem się i wypakowałem, słońce przeszło już na drugą stronę zatoki i panoramę miasta spowijała słoneczna mgła.

Trafiłem do małej restauracji w zaułku, między centrum a plażą, gdzie potem spotykałem Salima. Przy cichej uliczce stał nowoczesny meczet z kolorowym minaretem, dalej centrum handlowe. O tej porze zapalały się światła i granica z Izraelem przestawała być widoczna.

Siedziałem pod jednym z białych dachów Akaby. Kelner przyniósł laminowany jadłospis. Restauracja była pusta. Cudzy pot czepiał się nadgarstków i niszczył radość chłodu.

Z tarasu rozciągał się widok na zatokę. Motorówka minęła tankowiec i kiedy wpłynęła do portu, na ulicach izraelskiego miasta rozbłysły latarnie. Wyobraziłem sobie, że ktoś stamtąd na mnie patrzy, zastanawia się nad poetą, który właśnie zabiera się za kolację, może boi się go, ale może chce wysłuchać jego opowieści. Wyobraziłem sobie, że ten ktoś jest mi bliski. Tak jak ja nie lubi bitew, ale przypomina sobie i jest miłośnikiem wielogłosu. Spotkamy się i opowiemy sobie wspomnienia. Pełne kleksów, na pomiętej kartce, będą do niczego niepodobne, bez początku i bez końca. Będziemy rozmawiać wieloma językami i w tanim hotelu odczytamy ślady stóp na kamiennej podłodze.

Nie doszedłem do przejścia i nigdy nie zobaczyłem granicy między nami. Co wieczór siadałem na plaży i patrzyłem na światła orientalnego miasta. Potężny i przebiegły kpiarz pozostawił mi świadomość. Tej nocy zamknąłem szczelnie okna pokoju, przycisnąłem łóżko do ściany, aby nie skrzypiało i masturbowałem się, myśląc o biuście Dżamili. Nie odważyłem się go dotknąć, kiedy w Damaszku przyszła całować mnie do pokoju. Próżno czekałem, aż pierwsza zsunie mi rękę na pośladki, głaszcząc sweterek między ramiączkami stanika.

Dżamila wyrwała się i wyszła. W recepcji Harun spytał, czy tak jej się podobało lizanie, bo ledwo szła na drżących nogach.

Przypominam sobie...

Inaczej: handlarz wspomnień pomaga przecież wyjść z opresji. Jezdnie bulwaru przegrodzone były płotem z drucianej siatki. Aby przejść na drugą stronę, musieliśmy kawałek obejść. Po środku ulicy zakładano pas zieleni, roboty były na wykończeniu. W świetle stylowych latarni połyskiwały kolorowe główki spryskiwaczy niczym zabawki porzucone przez dzieci. Ławki pachniały lakierem. Na świeżo oheblowanym drewnie zebrała się żywica. Obwiedzione cienką blachą klomby przypominały ogrody francuskie. W płytkie dołki wzdłuż chodnika wsadzono drzewka o kształtach nadzianych na patyki stożków i kul.

Rodzina Salima mieszkała na parterze. Otwarte drzwi prowadziły za kotarę. Schowałem się za fikusem i zajrzałem w okno. Na podłodze siedziały matka i siostra. Spodziewały się wizyty, bo miały zawiązane hidżaby. Kobieta nosiła brudnoszarą dżallabę, zużytą i poplamioną. Córka była niska, gruba, pod brodą wisiały fałdy tłuszczu. Zielony dres z napisem »Nike« czynił jej sylwetkę jeszcze mniej proporcjonalną.

Salim przeprosił siostrę, kazał jej się ukryć i dał matce czas, aby się uładziła. Dziewczyna wyglądała z kuchni. Jej ciepłe, brązowe oczy wzbudzały sympatię.

– Chodź! – zawołał Salim zza kotary.

Zdjąłem buty. W pokoju ukłoniłem się matce, choć jej mnie nie przedstawił.

Wyciągnięta na podłodze, przedwcześnie postarzała kobieta pozdrowiła mnie wylewnie i zasypała pytaniami.

– Ojca nie będzie – powiedział Salim ni to do niej, ni do mnie. – Wróci późno z pracy.

Pośrodku masywnego segmentu stał telewizor. W serialu osiemnastowieczne damy spacerowały wsparte o mężczyzn w białych perukach, w burbonkach i z żabotami. Ich upudrowane włosy i ściśnięte gorsetem talie nienaturalnie wyszczuplały sylwetki. Scena rozgrywała się wśród sztucznych drzewek udających ogród francuski. Nagle na spacerowiczów rzuciła się banda obdartusów. Nikt nie rozumiał ich wrzasków.

– Poznajcie się – przeszliśmy do drugiego pokoju i Salim wskazał brata. – Mój brat Fatih. Fatih, to jest Mirek (a co, przecież jestem Mirek!).

– Fajnie – Fatih poderwał się z kanapy. – A to mój kumpel. Chcesz łyknąć? – na podłodze stały puszki piwa i prawie pusta butelka taniej whisky.

– Dzięki, siadajcie – powiedziałem. Stanie wyraźnie sprawiało im trudność.

– Mirek, ty siadaj! Zaraz przyniosę foteliki – Salim wyszedł na balkon.

Na obdrapanej, wspartej na cegle komodzie stał drugi telewizor. Teledysk z MTV leciał tak głośno, aby przekrzyczeć obdartusów.

– Dzięki! Bardzo jesteście mili – uśmiechnąłem się.

Włosie dywanu przyjemnie drażniło stopy. W pomieszczeniu brakowało mebli. Było gorąco. Przy otwartym oknie brzęczał wentylator, ale powietrze i tak kleiło się do ciała. Pot znów zalewał oczy i twarze połyskiwały tłuszczem. Nad wejściem do pokoju wisiała deska z kaligrafią z Koranu. Obok zdjęcie wielkiego meczetu w Mekce przyprószonego brokatem i otoczonego gwieździstą aureolą. Na ekranie roznegliżowana piosenkarka prześlizgiwała się między tancerzami w jakimś wirtualnym wnętrzu.

– Niezła laska! – zauważył Fatih.

Do drzwi zapukała siostra. Nie pokazując się, wsunęła tacę z jedzeniem. Brat zawołał jeszcze, aby przyniosła szklanki. Ser był pyszny, humus z supermarketu, trochę mniej dobry. Salim jeszcze raz przeprosił, że nie ma nic innego.

– Daj spokój! – powiedziałem. – Smakuje mi. Podziękuj mamie ode mnie.

Po zjedzeniu siostra dyskretnie odebrała tacę i przyniosła herbatę. Salim wyciągnął zdjęcia z kartonowego pudła na podłodze.

– Patrz!

Dziewczyny pozowały w tym samym studio. Fotograf dobierał kolory tła do barwy ich oczu. Chłopak stał zawsze z tyłu, ona siedziała. Wiele kobiet przekroczyło pięćdziesiątkę. Było kilka zdjęć na pustyni, z wielbłądami albo przed klubem nurkowym.

– Gustujesz w dojrzałych, co? – uśmiechnąłem się.

Piosenkarka pląsała teraz między rejami jachtu.

– Daj spokój. Mówiłem ci, że wszyscy jesteśmy zdesperowani! – Salim schował zdjęcia. – To co, może przejdziemy się jeszcze?

– Gówno, lepiej z próchnem niż z Nauri – wtrącił się Fatih. – Wiesz co to są? Po nosie można je poznać. Chik! Kurwią się z matki na córkę. Ich rodzinom to nie przeszkadza. Mężowie sprowadzają żonom klientów. Chik!

– Fatih, uspokój się! O co ci chodzi? – zdenerwował się Salim.

– O co, o co? Twoje dojrzałe, choćby i próchno, są lepsze. Jakbym cię z Nauri zobaczył... Nie byłbyś moim bratem.

– Odczep się! Mirek, przepraszam cię.

– Jak się nazywasz? – Fatih zwrócił się do mnie – Mirek? Mirek, myślisz, że jestem pijany?... Chik! Wiem co mówię. Są piękne, dżamila – powtórzył arabski przymiotnik kilka razy. – Wiesz co to znaczy nauar, naur, nawet nuri... Oświecenie czy dziwka, nikt się nie połapie w tym cholernym języku...

– Mirek, chodź – powiedział Salim. – Przejdziemy się na plażę.

Siostra znów wstała sprzed telewizora, a ja podziękowałem matce za poczęstunek. Na dworze było chłodno. Nie zdążyliśmy wyjść z podwórka, kiedy podleciał dudek:

– Telegram!

– Dla mnie? – zdziwił się Salim.

– Tak. Proszę tu podpisać – z prawej maczek arabski z prawa na lewo – tu, tu i jeszcze tutu. A to wiadomość.

– No czytaj! – zawołałem.

Handlarz wspomnień pomaga wyjść z opresji.

– Już: Maj low STOP aj send de inwitasjon STOP si ju in moskow STOP.

STOP!

STOP!

Bo prawdy nie ma, bo prawdy są...

STOP!

# ROZDZIAŁ 10

## ISNADY, CZYLI KTO CO POWIEDZIAŁ

Oto koniec, który u Arabów jest zawsze na początku:

Jak napisał Subart, co mówili Jan, Mirek i Kerim, także mama i tata Subarta, o czym wspominała babcia jedna i druga, bo dziadków Subart niestety nie poznał, jak zanotował Francesco Cataluccio (w *Niedojrzałości. Chorobie naszych czasów* w przekładzie Stanisława Kasprzysiaka wydanym w Krakowie w 2006 roku), czym zwodził Ubert Eco (w *Baudolino* w przekładzie Adama Szymanowskiego wydanym w Warszawie w 2001 roku), jak sprawozdawał Marian Płachta i Jan Czarnik (w *Polscy geolodzy na pięciu kontynentach* pod redakcją Wiesława Śliżewskiego, Wojciecha Salskiego i Zbigniewa Wernera, wydane w Warszawie w 2005), co zaobserwował Andrzej Stasiuk (w *Dukli* opublikowanej w Gładyszowie w 1997 roku), na co zwracał uwagę Lars van Trier (w filmie *Przełamując fale* wyprodukowanym i pokazywanym w wielu krajach Europy i poza nią w roku 1996 i później) co powiedział Nizzar Kabbani (publikowany w tłumaczeniu Aleksandry Witkowskiej i Janusza Daneckiego w *Literaturze na świecie*, w numerze 6/1977 wydanym w Warszawie), jak opowiadał Tahar Ben Jelloun (w przekładzie autora z niemieckiego wydania *Zina oder Die Nacht des Irrtums* opublikowanego w Reinbeck w 2000 roku), jak kazał swoim aktorom mówić David Lynch (w filmie *Ogniu krocz za mną* wyprodukowanym we Francji i w USA oraz pokazywanym w wielu innych krajach w 1992 roku i w latach późniejszych), o czym śpiewał Lady Pank (słowami Grzegorza Ciechowskiego nagranymi na płycie *Tacy sami* w 1989 roku i wykonywanymi w latach późniejszych), co dowodził Józef Bielawski (w *Klasycznej literaturze arabskiej* wydanej w Warszawie w 1995 roku), jak wspomniał Jaques Berque cytowany przez Alberta Houraniego (w *Der Islam im europäischen Denken* wydanym we Frankfurcie nad Menem w 1994 roku i przytaczanym tu w przekładzie autora), o czym rozwodził się

Chomejni (cytowany w polskim tłumaczeniu przez Marka Dziekana w jego *Symbolice arabsko-muzułmańskiej* wydanej w Warszawie w 1997 roku), co zauważył Jerzy Kosiński (w *Randce w ciemno* w tłumaczeniu Tomasza Mirkowicza wydanym w Krakowie w 2003 roku), jak mówił Rafał Wojaczek (w tomiku *Nieskończona krucjata* wydanym w Krakowie w 1972 roku), za czym tęsknił Marek Hłasko (we *Wszyscy byli odwróceni* wydanym w Warszawie w 1994 roku), jak fantazjował Jorge Louis Borges (w *Fikcjach* w przekładzie Andrzeja Sobol-Jurczykowskiego wydanym w Warszawie w 1972 roku), jak fascynował się kolorami Jean-Luc Godard (w filmie *Pogarda* wyprodukowanym w 1963 roku we Francji i we Włoszech i od tego czasu pokazywanym w kinach wielu krajów świata), czego uczył Federico Fellini (w filmie *Osiem i pół* dziwnym zbiegiem okoliczności również wyprodukowanym w 1963 roku we Włoszech i we Francji, pokazywanym od tego czasu w kinach w wielu krajach świata), co wykrzyczał Kazik Staszewski powtarzając za swoim ojcem Stanisławem (utrwalone na płycie *Tata Kazika* w Warszawie w 1993 roku), jak spostrzegł Albert Camus (w *Obcym* po polsku w przekładzie Marii Zenowicz wydanym w Warszawie w 1958 roku), co pokazał Luis Bunuel (w filmie *Szymon Słupnik* wyprodukowanym w 1959 roku w Meksyku), co przemyśliwał Antoine de Saint-Exupery (w *Twierdzy* w polskim przekładzie Aleksandry Olędzkiej-Frybesowej wydanym w Warszawie w 1999 roku, a także w *Małym księciu* w polskim przekładzie Barbary Przybyłowskiej wydanym także w Warszawie w 1999 roku), jak protestował Louis-Ferdinand Celin (w *Podróży do kresu nocy* po polsku w przekładzie Oskara Hedemanna wydanym w Izabelinie w 2005 roku), czym martwiła się Zofia Nałkowska (w *Granicy* wydanej w Warszawie w 2003 roku), jak opisywał Edward Morgan Forster (w *Drodze do Indii* w przekładzie Krystyny Tarnowskiej i Andrzeja Konarka wydanym w Warszawie w 1979 roku), co wyszło z dadaistycznych inspiracji Hermanna Hesse (w *Wilku stepowym* po polsku w przekładzie Gabrieli Mycielskiej wydanym w Warszawie w 2005 roku), o czym przestrzegał Pierra Loti Nazim Hikmet (przytaczany tu za niemieckim przekładem zamieszczonym na www.saladins.de i spolszczonym przez autora), czym zamartwiał się James Matthew Barrie (w *Przygodach Piotrusia Pana* w przekładzie Macieja Słomczyńskiego wydanym we Wrocławiu w 1991 roku), czego żałował Pierre Loti (jak pisze Judyta Yamato w *Gazecie Klubu Polskiego w Japonii* w Tokio w 2005 roku), jak na to patrzył Gustave Flaubert (w *Kuszeniu świętego Antoniego* w przekładzie Antoniego Langego wydanym we Lwowie w 1907 roku), co trawiło Rene Descartesa (w *Rozprawie o metodzie* w przekładzie Wandy Wojciechowskiej wydanym w Warszawie w 1981 roku), jak polecał Szajch Nafzawi swojemu chlebodawcy (cytowane za *Ogrodem rozkoszy* w polskim przekładzie Idy Lisowicz wydanym w Warszawie w 1998 roku), co mówił Daud al-Antaki (przytaczany za *Kobieta w islamie* Wiebke Walther w przekładzie Janiny Szymańskiej wydanym w Warszawie w 1982 roku), jak improwizował Mehmed (przytaczany zgodnie z *Księgą miłości* w przekładzie Małgorzaty Łabęckiej-Koecherowej wydanym we Wrocławiu w 1987 roku), o czym rozmyślał As-Sujuti (przytaczany za niemieckim przekładem zamieszczonym w *Hinter den Schleiern des Islam* Erdmute Heller i Hassouny Mosbahi, wydane w Monachium w 1993 roku), jak napisano w Księdzę 1001 nocy (spolszczonej przez Władysława Kubiaka oraz Jerzego Ficowskiego i wydanej we Wrocławiu w 1959 roku), jak pouczał Ibn Kajjim al-Dżauzijja (przytaczany za *Kobieta w islamie* Wiebke Walther w przekładzie Janiny Szymańskiej wydanym w Warszawie w 1982 roku), o czym mówił Zakani (w *Perskie cnoty i niecnoty* w przekładzie Zofii Józefowicz-Niedźwieckiej, wydane w Warszawie w 1999 roku), co zanotował An-Nuwajri (przytaczany za niemieckim przekładem zamieszczonym w *Hinter den Schleiern des Islam* Erdmute Heller i Hassouny Mosbahi wydanym w Monachium w 1993 roku), co wyobraźnia podpowiedziała Dantemu Alighieri (w powszechnie dostępnym przekładzie Edwarda Porębowicza), co opisywał Ibn Battuta (w ogólnodostępnym przekładzie Tadeusza Majdy i Haliny Natorf), co mówił Ibn Bassam (cytowany przez Heinza Grotzfelda w *Das Bad* wydanym w Wiesbaden w 1970 roku i spolszczony przez autora), jak myślał Al-Ghazali (przytaczany za *Über die Ehe* w niemieckim przekładzie Hansa Bauera wydanym w Halle w 1917 roku i również spolszczony przez autora), co dowodził Ibn 'Arabi (w *Księdze o podróży nocnej do najbardziej szlachetnego miejsca* w polskim przekładzie Joanny Wroneckiej wydanym w Warszawie w 1990 roku), o czym rozprawiał Abu al-Ala al-Ma'arri (przełożony we fragmentach na polski przez Ryszarda Piwińskiego w *Mitologii Arabów* wydanej w Warszawie w 1989 roku), jak mówiła Rabi'a z Kozdaru (w *Drugim dywanie perskim* w przekładzie Władysława Dulęby wydanym w Krakowie w 1980 roku), co radził młody Ibn Hazm (w *Naszyjniku gołębicy* w przekładzie dokonanym przez Janusza Daneckiego i Aleksandrę Witkowską i wydanym w Warszawie w 1976 roku), o czym rozważał Abu Bakr Ibn Kuzman (po polsku w przekładzie Aleksandry Witkowskiej i Janusza Daneckiego opublikowanym w *Literaturze na świecie*, w numerze 6/1977 wydanym w Warszawie), jak pisał Hamid ad-Din al-Kirmani (przytaczany w polskim przekładzie Ryszarda Piwińskiego w *Mitologii Arabów* wydanej w Warszawie w 1989 roku), jak powiedział Al-Hamadani (w *Opowieściach łotrzykowskich* w polskim przekładzie Janusza Daneckiego wydanej w Warszawie w 1983 roku), czego dowiedział się Abu al-Faradż (przytaczany tu w przekładzie autora za niemieckim zbiorem tekstów Al-Faradża *Und der Kalif beschenkte ihn reichlich* wydanym w Tybindze i w Bazylei w 1977 roku), jak napisał As-Salabi (przytaczany w przekładzie autora na podstawie *Dziejów proroków* wydanych w Damaszku w roku nieznanym), co twierdził Al-Buchari (przytaczany za *O małżeństwie, kupcach i dobrym wychowaniu* w przekładzie Jolanty Kozłowskiej wydanym w Warszawie w 1999 roku), jak mówił Ibn al-Waszsza (przytaczany za *Kobieta w islamie* Wiebke Walther w przekładzie Janiny Szymańskiej wydanym w Warszawie w 1982 roku), jak uważał Ibn Abi Tahir Tajfur (też przytaczany za *Kobieta w islamie* Wiebke Walther w przekładzie Janiny Szymańskiej wydanym w Warszawie w 1982 roku), co wspominał Ibn Hiszam (przytaczany za *Dziejami Arabów* Philipa K. Hitti w przekładzie Wojciecha Dembskiego, Marii Skuratowicz i Edwarda Szymańskiego wydanymi w Warszawie w 1979 roku), co twierdził Al-Dżahiz (przytaczany w przekładzie Krystyny Skarżyńskiej-Bocheńskiej za jej niepublikowaną pracą *Poglądy Al-Dżahiza na retorykę i stylistykę* z 1969 roku), czym prowokował Abu Nuwas (po polsku dzięki przekładowi Aleksandry Witkowskiej i Janusza Daneckiego w *Poezji arabskiej - wiek VI-XIII* opracowanej przez Janusza Daneckiego i wydanej we Wrocławiu w 1997 roku), co trapiło Al-Walida Ibn Jazida (po polsku także dzięki przekładowi Aleksandry Witkowskiej i Janusza Daneckiego w *Poezji arabskiej – wiek VI-XIII* opracowanej przez Janusza Daneckiego i wydanej we Wrocławiu w 1997 roku), co jest napisane w Koranie (przytaczanym w przekładzie Józefa Bielawskiego wydanym w Warszawie w 1986 roku), za czym trapiła nostalgia Ghajlana Ibn Ukbę, zwanego Zu ar-Rummą, którego przytacza Al-Hamadani (po polsku cytowanego za Al-Hamadani, *Opowieści łotrzykowskie* w przekładzie Janusza Daneckiego wydanym w Warszawie w 1983 roku), co martwiło Antarę (przytaczanego tu w przekładzie autora z niemieckiego zbioru tekstów Al-Faradża *Und der Kalif beschenkte ihn reichlich* wydanym w Tybindze i w Bazylei w 1977 roku), co mówił Imru al-Kajs (przytaczany w polskim przekładzie Aleksandry Witkowskiej i Janusza Daneckiego opublikowanym w *Literaturze na świecie*, w numerze 6/1977 wydanym w Warszawie), o czym wspomniał św. Augustyn (w *Wyznaniach* w przekładzie Zygmunta Kubiaka wydanym w Warszawie w 1978 roku), jak zanotował Theodoret (autor korzystał z niemieckiego przekładu Konstantina Gutberleta zatytułowanego *Mönchsgeschichte* i wydanego w Monachium w 1926 roku), co twierdził Hezjod (w *Theogonii* w przekładzie Jerzego Łanowskiego wydanym w Warszawie w 1999 roku), jak napisano w Starym Testamencie (zgodnie z wydaną w Poznaniu w 2003 roku *Biblią Tysiąclecia*), o czym wspominał anonim i inni – przyjaciele, znajomi i przypadkiem spotkani ludzie oraz arabskie piosenkarki i piosenkarze, których nazwisk często nie sposób się dowiedzieć, kiedy słyszy się piosenkę idąc ulicą, także trzeba wymienić opowieści, które daje się wyczytać z obrazów Salvadora Dali, Witkacego, Jean-Leona Gerome, Felixa Wygrzywalskiego, Jean-Auguste-Dominiquea Ingresa i również z historii, jakie opowiadają budowle najczęściej nieznanych architektów-opowiadaczy, bo wielu jest architektów, którzy jednocześnie są opowiadaczami. A jeśli ktoś został niebacznie pominięty, to autor bardzo prosi o wiadomość i obiecuje, że zostanie wspomniany w następnym wydaniu tej powieści. Dziękuję.

**Zrób to sam!**

Czytajcie, aż wspomnicie.

Najlepiej na głos

(To uwagi dla tych, którzy najpierw zaglądają na ostatnią stronę książki).

Wydawnictwo JEDEN ŚWIAT
Warszawa 2009
Wydanie pierwsze
Druk i oprawa: INTERDRUK, Warszawa ul. Kowalczyka 21A